JN302877

イノベーションリーダー

こんな経営者になりたい！
こんな経営者になってほしい！

内山 力 著

同友館

プロローグ

「本書の読者対象は経営者、マネジャー、一般社員などイノベーションを志向するすべての企業メンバーである。彼らに本書によって企業を変革しようという勇気を与えることがその目的であり、本書が日本におけるコーポレート・イノベーションのトリガーとなってもらえれば幸いである」

これは私が2006年に上梓した『コーポレート・イノベーション』(産業能率大学出版部) という本のまえがきに書いたことである。

この本は1990年代の後半から2000年代半ばにかけて私が携わってきた「企業変革の考え方、進め方」について書いたものである。そしてこの本を教科書として、私はそれからも経営塾、変革マネジャー養成塾という仕事を続けた。これはクライアント企業内に変革を担う経営者、その変革を支えるマネジャーを育てるというコンサルティングである。

この経営塾、変革マネジャー養成塾は上記の教科書および指定されたテキストで知識学習を自らで行い、半年～1年にわたって月1回セミナーに集まり、テーマを設定して他社ケース、および自社についてグループディスカッションするというスタイルをとっている。セミナー終了後、受講者が自らの気持ち(「こういう経営者になりたい」「こういうマネジャーになりたい」) をレポートにまとめる。最後にそのセミナー、レポートを通して私が経営者、マネジャーとしての適性を評価するというものである。この評価は「経営者、マネジャーとしての潜在的な力を見る」という意味でポテンシャル評価とよんでいる。私が今までにこのポテンシャル評価をした受講者は1万人を超えた。

ポテンシャル評価を行い、その結果をクライアント企業へ報告していくうちに、あることが見えてきた。それはこの変革をリードする人の"像"である。この"像"を書いたものが本書『イノベーションリーダー』である。

前著『コーポレート・イノベーション』がイノベーションという"仕事"に

プロローグ

着目したものなら、本書はそれを行う"人間"について書いたものである。

団塊の世代の遺言

『コーポレート・イノベーション』を書いた2006年当時、変革企業をリードしていたのは主に団塊の世代とよばれる人たちであった。1947〜49年という戦後ベビーブーム時代に生まれ、日本の高度成長を支え、世界に冠たる日本的株式会社、ジャパニーズカンパニーを築き上げた人たちが、サラリーマンとしての最後のポスト「社長」に駆け上がっていた。

彼らは持ち前のバイタリティでバブル崩壊後、士気を失ってしまった自社に"渇"を入れるべく、変革、イノベーションを訴えた。ちょうど小泉首相（当時）が日本政治に抜本的改革を訴えた時代と重なっている。そして彼ら変革経営者のリードの下、私もその意思を継ぐ世代を作り続けた。

今、彼らは経営の第一線から去っていこうとしている。そのバトンを受けるのは我々の世代（私は1955年生まれ）、そしてもっと若い世代である。これも政治が安倍首相（1954年生まれ）へバトンタッチされた時代と重なっている。

本書はこのバトンを受ける新しいリーダーに対する彼らの遺言であり、彼らが作り上げた日本的株式会社のDNAである。

彼らが望むのは、ライバルに勝ち、グングンと成長を遂げていく若者のような"やんちゃな"会社ではない。能力の高いプロフェッショナルが集まり、品格があり、和を大切にして、組織の末端で働く若者たちの明日を創ることをいつも考える"大人の会社"である。そしてこれを支えるのが品格、能力、明るさという三拍子揃った次世代のリーダーである。これが本書のタイトルとした「イノベーションリーダー」である。

彼らの創ったこの像を世に問うことで、多くのイノベーションリーダーが誕生し、明るい光が見えつつある日本で、従業員が"働く喜び"を感じるエクセレントカンパニーが生まれることが本書の願いである。

本書のコンセプト

本書はある特定のタイプの会社を対象としている。それは会社のトップ（社

長、会長）が従業員出身ということである。したがって会社の中には従業員という仲間しかいない。カリスマオーナーがいたり、外部からプロの経営者が来て変革をしている会社ではなく、従業員の代表たる経営者が、従業員のために新しい会社を目指していることが前提である。

　本書の読者対象はサラリーマンとして会社に入り、そこでイノベーションリーダーを目指す人すべてである。今、会社でどんな仕事をやっていようと「いつかは社長に」と思っている人のために、その道を考えるものである。

　本書は2つのPARTに分かれている。PARTⅠはイノベーションリーダーの像について記述したものであり、PARTⅡは「イノベーションリーダーという人がやる仕事の具体的なイメージ」をつかんでもらうものである。
　セミナーで言えば、PARTⅠは講義であり、PARTⅡは演習である。

　本書は私が机の上で考えた空論を書いたものではない。経営塾、変革マネジャー養成塾という仕事を通して、クライアント企業の経営者、そして1万人を超える受講者の方々と一緒に考え、実行してきた実践書である。特にアズビル株式会社、高砂熱学工業株式会社、千代田化工建設株式会社、コカ・コーラウエスト株式会社の経営者、人事部門、受講者の方からは、この仕事をやらせていただく中で「教えること」より「教わること」の方が圧倒的に多かった。
　このまえがきを借りて、そして皆様たちが目指したものを本書で社会に訴えることによって、感謝の言葉に代えさせていただきたい。

2014年3月

　　　　　　　　　　　　　　　　　　　　　　　　　内山　力

目　次

プロローグ ……………………………………………………………… 1

PART Ⅰ　イノベーションリーダーのフレームワーク

第1章　イノベーションリーダー組織 ………………………… 11

1　コーポレートガバナンス ……………………………………… 12
（1）　アメリカのコーポレートガバナンス…………………… 12
（2）　日本的ガバナンススタイル……………………………… 14
（3）　イノベーションガバナンス……………………………… 19

2　ボードの機能と構成 …………………………………………… 22
（1）　ボードの機能……………………………………………… 22
（2）　取締役会との関係………………………………………… 22
（3）　ボードメンバーの構成…………………………………… 24
（4）　ボードにおける意思決定………………………………… 27
（5）　マネジメントとの関係…………………………………… 29
（6）　プレイヤーとの関係……………………………………… 34

3　イノベーションリーダーの選定 ……………………………… 40
（1）　イノベーションリーダーとは…………………………… 40
（2）　イノベーションリーダーのフレームワーク…………… 40
（3）　イノベーションリーダーの選任………………………… 42

第2章　イノベーションリーダーの条件 ……………………… 45

1　資質 ……………………………………………………………… 46

	(1)	メンタル面…………………………………………………	46
	(2)	ポテンシャル能力………………………………………	67

2 キャリア ……………………………………………………………… 87

	(1)	事業部門長…………………………………………………	88
	(2)	機能スタッフ部門長………………………………………	92
	(3)	経営スタッフ部門長………………………………………	92
	(4)	トップ………………………………………………………	93

3 知識 …………………………………………………………………… 95

	(1)	イノベーションリーダーと知識………………………	95
	(2)	事業に関する知識…………………………………………	97
	(3)	マネジメントに関する知識……………………………	98
	(4)	経営に関する知識…………………………………………	100

4 イノベーションリーダーを育てる ……………………………… 105

	(1)	育成フロー…………………………………………………	105
	(2)	経営塾のフレームワーク………………………………	105
	(3)	ポテンシャル評価………………………………………	109
	(4)	選定＆自己啓発…………………………………………	110
	(5)	フォローアップ…………………………………………	110

第3章　イノベーションリーダーの動作原則 …………………… 115

1 変革原則 ……………………………………………………………… 116

	(1)	未来思考……………………………………………………	116
	(2)	従業員思考…………………………………………………	116
	(3)	変革の4原則………………………………………………	117
	(4)	変革の指標＝ES…………………………………………	119

2 意思決定原則 ………………………………………………………… 126

	(1)	フロー思考…………………………………………………	126

（2）　意思決定の構造 ································· 128
　（3）　一般的な意思決定 ······························· 130
　（4）　相手のいる意思決定 ····························· 134
　（5）　原因の特定 ····································· 141

③ コントロール原則 ···································· 143
　（1）　コントロールとは ······························· 143
　（2）　リスク対応原則 ································· 151

④ 予測原則 ·· 158
　（1）　予測の構造化 ··································· 158
　（2）　回帰分析 ······································· 160
　（3）　PDCA ··· 162

⑤ 文書作成原則 ·· 163
　（1）　文書コミュニケーション ························· 163
　（2）　構造化原則 ····································· 164
　（3）　図表テクニック ································· 168
　（4）　マインド ······································· 169

PART Ⅱ　イノベーションリーダーのオペレーション

第1章　パブリック・リレーションズの変革 ··············· 173

① パブリック・リレーションズの全体設計 ··············· 174
　（1）　CSRの設計 ····································· 174
　（2）　インテグリティ ································· 190

目次

② パブリック・リレーションズの個別設計 …………………………… 199
- （1） 国 …………………………………………………………………… 199
- （2） 株主・投資家 …………………………………………………… 202
- （3） 顧客 ………………………………………………………………… 207
- （4） 取引先 ……………………………………………………………… 209
- （5） ライバル会社 …………………………………………………… 210
- （6） 銀行 ………………………………………………………………… 215
- （7） マスコミ …………………………………………………………… 217

③ 理念設計 …………………………………………………………………… 219

第2章 戦略立案の変革 …………………………………………………… 221

① 戦略立案という仕事 …………………………………………………… 222
- （1） 戦略フロー思考 ………………………………………………… 222
- （2） 経営戦略委員会 ………………………………………………… 223

② ビジョン作成 …………………………………………………………… 224
- （1） ビジョンのフレームワーク …………………………………… 224
- （2） シーズと社会ニーズのマッチング …………………………… 225
- （3） コアコンピタンスの定義 ……………………………………… 225
- （4） ニーズ分析 ……………………………………………………… 227
- （5） ビジョン作成 …………………………………………………… 230

③ 戦略ベクトル作成 ……………………………………………………… 231
- （1） 基本ベクトル …………………………………………………… 231
- （2） 事業が第1ビューのケース …………………………………… 234
- （3） 顧客が第1ビューのケース …………………………………… 245
- （4） 組織戦略ベクトル ……………………………………………… 246

④ 経営目標作成 …………………………………………………………… 253

（1）　年度目標 …………………………………………………… 253
　（2）　売上目標 …………………………………………………… 254
　（3）　利益目標 …………………………………………………… 255

第3章　資源の調達・配分の変革 …………………………… 257

1　ヒトの調達・配分 …………………………………………… 258
　（1）　ヒトの調達 ………………………………………………… 258
　（2）　ヒトの配分 ………………………………………………… 268

2　投資＆ファイナンス計画 …………………………………… 271
　（1）　投資計画 …………………………………………………… 272
　（2）　ファイナンス計画 ………………………………………… 273

3　マネジメントシステムの設計 ……………………………… 278
　（1）　マネジメントシステムのフレームワーク ……………… 279
　（2）　予算システムの変革 ……………………………………… 280
　（3）　給与システム＆人事制度の変革 ………………………… 283
　（4）　人事評価システムの変革 ………………………………… 289
　（5）　人材育成システムの変革 ………………………………… 298

4　情報の調達と配分 …………………………………………… 302
　（1）　情報システム ……………………………………………… 302
　（2）　コミュニケーションシステム …………………………… 306

エピローグ ……………………………………………………… 312

PART I

イノベーションリーダーのフレームワーク

PART Iではイノベーションリーダーという像を設計していく。
イノベーションリーダーの組織における位置づけ、
なるための条件、行動スタイルといったものである。
常に自分を見つめながら、理解し、チェックし、
そしてイノベーションリーダーへの意思を固めてほしい。

第1章

イノベーションリーダー組織

PART I　イノベーションリーダーのフレームワーク

1　コーポレートガバナンス

　イノベーションリーダーは会社における「経営者」というポジションに就く。本書では、この「経営者」を選び、かつチェックする「仕組み」およびその「選任権」のことを「コーポレートガバナンス」（略してガバナンス）と定義する。
　イノベーションリーダーのコーポレートガバナンスを理解するため、アメリカおよび従来の日本のコーポレートガバナンスから考えてみよう。

（1）　アメリカのコーポレートガバナンス

①　法的背景
　アメリカには各州ごとに会社法（corporate law）が定められており、それぞれの間に相違点がある。ただし、模範事業会社法、統一商事法典という共通モデルが存在し、各州の会社法はこれに基づいて作成されているため、根幹部分には大きな違いはない。会社の種類としては、ビジネストラスト（business trust：マサチューセッツトラストとも言われる。会社設立の手続きをとらずに会社の利点を得ようとする組織）、パートナーシップ（partnership：日本の合名会社に近い）、リミテッドパートナーシップ（limited partnership：日本の合資会社に近い）なども認めているが、その中心は日本の株式会社に当たる事業会社（business corporation）である。

②　ガバナンススタイル
　アメリカ会社法においては、株主総会（stock-holders meeting）にて選任される取締役会（board system, board of directors）という単一機関が経営、およびそのチェックという2つの機能を持っている。日本のような監査役は存在しない。さらに上場会社はこの法の下、以下のようなコーポレートガバナンスをとるのが一般的である。
　取締役会が、役員（officer）を選任し、経営の一部をこの役員に権限委譲する。

ここでは取締役会が経営における基本的な意思決定を行い、経営の実行（operation：「執行」と訳すことが多い）は役員が行う。役員には多数のメンバーが選任されることが多いが、そのうちの幹部クラス（executive officer：上級経営執行役員）が経営会議（このスタイルではこれをボードとよぶことが多い）を形成し、そのトップとしてCEO（Chief Executive Officer：最高経営執行役員）が選任される。経営会議（ボード）が実質的な経営機関であり、このボードメンバーの多くは取締役を兼任する。そのため経営の方針決定、実行、およびそのチェックなども彼らが担うようになる。

しかし、この取締役会と経営会議との分担がはっきりとせず、権限、チェックの責任の所在が不明確なため、モニタリングモデル（常時チェックする機関）として社外取締役（従業員以外、つまり上級経営執行役員以外の取締役）を選任する。そのうえで取締役会の内部に委員会を設け、取締役会の機能（＝権限）をその委員会の範囲に限定している。多くの場合は委員会機能の中心を経営チェックに置き、それを行う監査委員会のメンバーは社外取締役が担う。これにより経営執行とそのチェックという2つの機能の分離を図っている。そしてチェック側（取締役会）に経営者の選任権、解任権（＝コーポレートガバナンス）を与え、そのチェック権限を強烈なものにしている。つまりチェックする側に「言うことを聞かなければクビ」という最大の権限を持たせることである。

さらに上場規定や連邦証券所法（日本の金融商品取引法に当たる）によって、社外取締役の数を上場要件にするといった形で、コーポレートガバナンスのチェック機能の強化を求めている。

しかし実際には、取締役会のトップ（the chairman とよばれる。「取締役会議長」が正確な訳だが、日本では「会長」と訳す）がCEOを兼務することも多く、必ずしも経営執行とチェック機能は分離しているとは言えない。この場合「会長兼CEO」は、実質的な経営実行をCOO（Chief Operations Officer）に権限委譲することも多い。

（2） 日本的ガバナンススタイル

次に日本を見てみよう。日本は法的にはアメリカとよく似たルールであるが、その実態はまったく異なるものであった。

① 従来型ガバナンススタイル
（ⅰ） 法的ルール
日本の株式会社は、旧商法によって規定されていた。ここでは株主総会で経営者として複数の取締役を選び、彼らが取締役会を形成し、合議制（というよりも多数決）によって経営方針の決定およびその実行を担う。さらに取締役の中から代表取締役を選任し、彼（複数も可）が対外的な活動（契約など）を行う。一方、株主総会は監査役を選任し、取締役をチェックする（取締役同士にもチェック義務を課している）。

さらに上場会社は金融商品取引法（旧証券取引法）によって規制を受ける。その最大のものはディスクローズ*であり、その公開情報の妥当性を株主総会が指名する公認会計士（会計監査人と言う）がチェックする。

* 株価に関する自社の情報をすべて公開すること。

（ⅱ） 実態
戦前、戦後誕生した株式会社の多くは、創業者オーナー型であった。ここでの経営者は実質的には創業者1人であり、彼が株主であり取締役であり、むろん代表取締役である。したがって、株主総会（過半数の株を創業者が持っているのでほとんどのことを1人で意思決定できる）、そこで選ばれる取締役、監査役も意味をなさず、すべての権限はこの社長である創業者が握っている。むろん法律で求められている取締役は選任するのだが、経営者とは言えず、社長の部下であり、すべて部門長である。この取締役という機関は当然のことのように組織としての序列を求め、副社長、専務、常務という肩書きが生まれる。財務担当副社長、営業担当専務取締役、人事担当常務取締役といったものであり、その部下に部長、課長、係長といった序列を作る。まさにマンガの「課長

第 1 章　イノベーションリーダー組織

島耕作」が歩んだキャリアステップである。

　こうして組織内は社長を頂点としたワンマン・ワンボス*1となり、戦争をするには最も適したものとなる。この軍隊組織は業界ごとに戦争を行い、トップ会社、2位会社といったランキングを作り、さらには海外へ進出し、連戦連勝を重ねる。本来この組織をチェックすべき監査役も当然のことながら社長（株主として）が選任し、チェック機関としての意味を持たない。監査役は取締役を定年退職した後のポストとして、経営をバックからサポートする形となる。

　成長した多くの会社は、さらなる業界内戦争を行っていくための軍資金を証券市場に求めて上場する。上場当初はこの創業者（またはその一族）がガバナンスをキープすべく過半数の株を持っている。そのため組織内にはなんら変化が生じない。つまり相変わらず取締役、監査役もその意味をなさない。上場後、証券市場から得られるカネで組織は次第に大きくなっていくが、創業者がトップにいるため、時が経っても上がつかえて取締役の新陳代謝がうまくいかない（一番上の社長が辞めないので上がれない）。そこで取締役をインフレ化し、部門長の下のクラスをも取締役としていく。しかしこれでは社長を中心として経営を話し合うメンバーが多すぎるので、別途常務取締役以上で経営会議（常務会とよばれることも多い）を形成していく。

　一方、上場によって必要となる会計監査人によるチェックも、その機能が今一つ働かない。それは会計監査人も創業社長が株主として選定するからである。

　しかし、当然のことではあるが創業者も年老いて、いつか経営者の座を譲らざるを得ない。多くの創業者は自分の子息にその座を引き継ごうと考える。しかしいきなりのバトンタッチは難しいので、会長というポストを新設し、自らがそれに就き、社長というポストを子息（「ジュニア」と表現することが多い）に継ぐ。会長は先ほどの取締役会の長ということではなく、社長の後見人というスタイルであるが、実質的にはトップである。この体制で徐々にトップの仕事を社長へ引き継いでいこうとする。

　しかし多くの会社ではこれがうまくいかない。創業者の子息が必ずしも経営者としての適性がないこと、そしてどこから見てもジュニアよりも経営者にふさわしい従業員がいることである。ジュニアの業務経験の何倍もその会社で働

き、その成長を支えてきた従業員幹部である。こうしていつの日か従業員が社長となり、創業会長も組織を去っていく（むろん、ジュニアに経営者適性があり、その会社を引き継いでいくこともある。ただこのタイプの会社は本書の対象外である）。

また、増資[*2]、そして相続[*3]などにより、次第に上場会社の株主は証券市場の投資家[*4]たちへと移っていき、創業者（または一族）が法的なガバナンスを持つこと（会社が発行している株の50％超を持って、経営者の選任権を持つこと）は難しくなる。

しかしそれでも多くの会社は、メインバンク[*5]などの金融機関の支援、株の持ち合い[*6]、さらには株を数多くの人に少しずつ持ってもらうことにより、株主のガバナンスを行使させず、実質的な経営者選任権を組織内に留める。そのうえで創業経営者の作ったコーポレートガバナンスを維持していく。つまり社長（会長）を頂点としたピラミッド組織として、従業員である社長がオールマイティな権利を持つというものである。これを本書では「従業員ガバナンス」と表現する。

*1　組織のすべてのメンバーに1人の上司（直属と表現する）がいること。
*2　会社が新たに株を発行してカネを得ること。
*3　相続する株にも相続税はチャージされる。
*4　証券市場内で株の売買（マネーゲームと言われる）を行う人。
*5　その会社の中心となる取引金融機関。
*6　自社の株を持ってもらう代わりにその会社の株を持つ。

② 法の改正

2006年より会社は商法から独立した「会社法」という法律の下での機関となった。会社法は株式会社のさまざまなスタイルを設計した。

上場会社にとって最大のインパクトは、委員会設置会社（2003年の商法改正で設置され、会社法に引き継がれた）という新しいガバナンススタイルが求められたことである。

これは先ほどのアメリカ上場会社のコーポレートガバナンスを、日本の上場

会社に取り入れることを求めるものである。つまり経営とチェックを分離し、チェック側に経営者の選任権、解任権を持たせることである。

具体的には次のようなスタイルである。

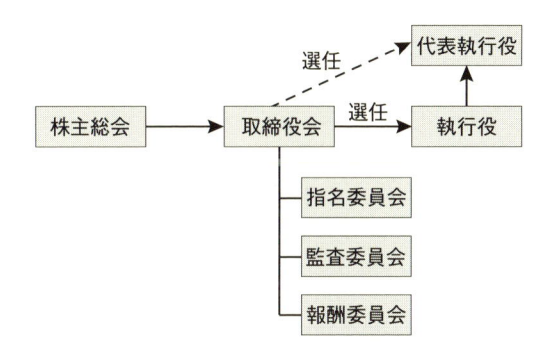

```
                    選任   ┌→ 代表執行役
株主総会 → 取締役会 ─────→ 執行役
                    選任    ↑
                ├─ 指名委員会
                ├─ 監査委員会
                └─ 報酬委員会
```

株主総会で取締役を選任し（この候補者は指名委員会で決定）、取締役会で執行役*および代表執行役（従来の代表取締役）を選任、解任するというものである。取締役会は指名委員会、監査委員会、報酬委員会（取締役、執行役の個人別の報酬を決める）からなり、すべての委員会のメンバーはその過半数が社外取締役でなくてはならない。

取締役と執行役の兼任は可能（つまり取締役が自分を執行役に選んでもよい）であるが、監査委員会のメンバーはこの兼務ができない（自らをチェックすることはできない）。むろん、監査役は設けず、株主総会で決まる会計監査人も監査委員会で候補者を決定する。

　*　委員会設置会社では次に述べる執行役員を執行役とよぶ。

③ 執行役員制

委員会設置会社は上場会社に衝撃を与えた。「従来のコーポレートガバナンス＝従業員ガバナンスを一新しろ」という要求である。この背景には外国人投資家の増加がある。

1990年代初頭のバブル崩壊によって日本企業の株価は暴落した。見方を変えれば、株価が下がったので「買いやすくなった」のである。多くの日本人投資家がさらなる株価ダウンの恐怖から（「これ以上損をしたくない」）、株を放

出していく中で、代わってこれを買い支えしたのが外国人投資家である。

そして彼らが上げた声はコーポレートガバナンスの透明化である。株には金銭的な配当権だけでなく、経営者を選ぶ権利（コーポレートガバナンス）が付いている。彼らは「コーポレートガバナンスは株主にあり」と声高らかに宣言した。過半数の株を持っていない社長にその権利はないというものである。

その具体的なガバナンスの姿が委員会設置会社であり、証券市場、そしてその設立母体である国を通して提案してきた。

この時すでにグローバル化している（というよりもアメリカを主力マーケットにしている）会社はこれに応じざるを得ず、委員会設置会社へと変身した。

しかし日本国内を主力マーケットとし、海外取引も輸出、現地法人という形の「国内中心会社」はこれに抵抗した。委員会設置会社への移行は法的には任意であり、その会社の意思に任されている。

多くの上場会社は2003年あたりから執行役員制というコーポレートガバナンスを選択する。「委員会設置会社も視野に入れながら、その移行措置として執行役員制をとる」というものである。法的には従来型の株式会社として株主総会、取締役会、監査役、代表取締役という機関を設けるが、法的枠組みの外に「取締役が選ぶ執行役員という機関を作る」というものである。そして取締役は重要な経営の意思決定、執行役員の選任、チェックに留め、経営の実行を執行役員に移すというものである。

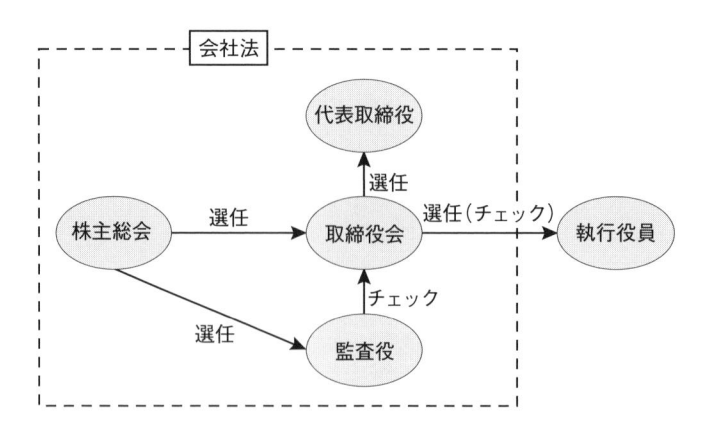

第1章　イノベーションリーダー組織

当面は取締役の多くが執行役員（従業員）を兼ねるが、取締役に徐々に社外取締役（従業員以外）を入れていくというものである。

このスタイルでは取締役に序列を作る意味がない（取締役同士に指揮命令[*]が存在せず、多数決で決めるので上下関係がない）ので、執行役員側でその序列を引き継ぐ。つまり従来の専務取締役、常務取締役は、取締役専務執行役員、取締役常務執行役員となる。また代表取締役社長は（少し違和感が残るが）「代表取締役・社長執行役員」となる。そのうえで執行役員の数を従来の取締役より増やし「幹部従業員＝執行役員」というイメージを作る。

一方、この組織で働く一般従業員は執行役員制が導入されてもその意味がわからず（説明されず）、「取締役の下に執行役員ができたくらい」の感じで、なんの変化も感じない。そしてコーポレートガバナンスにおいても、少し肩書きの名称が変わっただけで、なんの変化もなく、相変わらず社長（会長）がトップですべての経営を担い、担当部門長が副社長、専務、常務という名で、部門の利益代表者となったままである。

[*]　仕事の指示を行うこと。

（3）　イノベーションガバナンス

イノベーションリーダーが経営者となる会社でのコーポレートガバナンスは、法的には現在の株式会社のフレームをバックボーンとし、以下のように設計する。

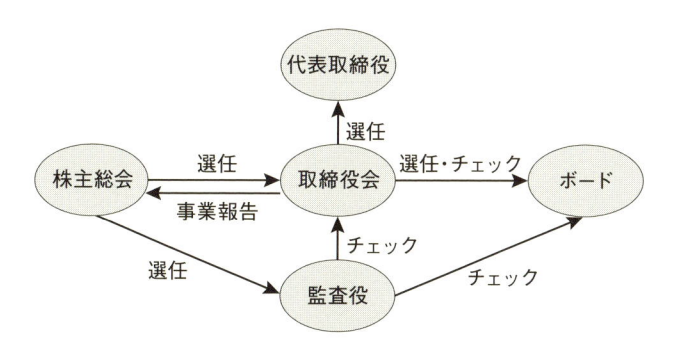

PART I　イノベーションリーダーのフレームワーク

　ここでは基本的にはすべての経営機能をボードとよばれる機関が担当する。ボードとはいわゆる経営会議のことである。ボードメンバーの職務は「経営」であるが、後述するようにその多くは部門長である。しかし経営者であるので、部門の業績ではなく経営の結果、つまり会社としての業績によって評価される。ボードメンバーに東京支社長がいても、彼は東京支社の業績が上がっても評価されず、会社全体の業績のみがその目標であり、評価対象となる。

　ボードメンバーは従来の「常務執行役員以上」あたりがその対象であり、後述する組織構造によって決定される。

　そのうえで次のようなコーポレートガバナンスをとる。

- ボードメンバーは原則としてすべて会社という組織で働く人、つまり従業員にて構成され、社外メンバーは存在しない。その移行性を考慮し、従来の執行役員、常務執行役員という名称を使ってもよい。
- ボードにはトップが存在し、ボードにおける最終意思決定者となる。肩書きは社長、CEOなどが一般的である。
- トップ以外のボードメンバーは基本的にはフラットなものとする（上下関係、つまり指揮命令関係はない）。ただし、なんらかの事情でトップ不在の場合のトップ代行、対外的序列（責任者としての肩書き）、内部的序列（組織としての序列）が必要と思われる時は副社長、専務、常務といった社外、社内ですでに認められている序列ランクを用いる。この序列という絶対的な上下関係ではなく、ボードメンバー間の意見の優先度（本書では「秩序」と表現する）は必要となるが、この設計については27ページで述べる。
- ボードメンバーの選任権、解任権および人事権（後述する部門担当、序列）はすべてトップが有する。
- トップの選任権は原則として前任のトップが有する。
- トップは自らを長とし、自らが選んだボードメンバー名簿を取締役会に提出し、その承認を得る。これを否認する時（緊急時）は、取締役会がトップを含めたボードメンバーの選任権、解任権を持つ。つまり原則としてボードのトップがガバナンスを持つが、緊急時（不祥事発生、業績の悪化、……）には取締役会がこれを持つ。

- 次期取締役メンバーはボードでその候補者名簿を作成し、その時点での取締役会の承認を得る。否認の場合は上記に準ずる（つまり取締役会で次期取締役候補を決定する）。
- 新監査役も同様にボードでその候補者名簿を作成し、監査役会（または取締役会）の承認を得る。否認の場合も上記同様。
- 承認された取締役候補、監査役候補は株主総会へその名簿が提出され、承認を得る。
- 取締役会はボードの経営をチェックすることが主な仕事であり、上記のとおり緊急時にはその選任権、解任権を持つ。主なチェック対象は戦略ベクトルの妥当性、CSR（後述）である。取締役は従業員以外（社外取締役）だけでなく、後述する理由によりボードメンバーの一部もこれを担う。
- 監査役は取締役会、ボードメンバーのチェックが主な仕事である。つまり取締役会を通して間接的に、そして直接的にボードメンバーのチェックを行う。その最大のポイントはコンプライアンス（法、ルールを守ること）である。いわゆる「会社ぐるみの違法行為」をチェックするだけでなく、社会に対してのインテグリティ（後述）のチェックを行う。
- ボードのトップ（社長など）およびその代理（副社長など）は代表取締役として対外的な経営活動を行う。したがってトップ、代理は取締役を兼任する必要がある。

　つまり会社法の下で、現状の実質的なコーポレートガバナンスをそのまま継承し（従業員ガバナンスを維持し）、それをはっきりと透明化するものである。
　また委員会設置会社に移行している会社では、執行役がボードメンバーであり、監査役を監査委員会と置き換えればよい。

2 ボードの機能と構成

（1） ボードの機能

ボードは次の3つの基本機能を持つ。

・パブリック・リレーションズ（Public Relations）

従来はPRと略されていたが、異なるニュアンスで用いられることが多いので、本書ではこれを略さず「パブリック・リレーションズ」と表現する。これはその言葉のとおり、社会（パブリック）との関係（リレーションズ）を考えることである。

・戦略立案

組織全体としての「仕事の指針」について考えるものが戦略である。戦略という言葉は戦争をイメージして必ずしも実態に合っているとは言えないが、従来から使っていて浸透していることを考え、本書でもこの言葉を用いる。

・資源の調達・配分

ヒト、モノ、カネ、情報といった経営資源（会社が仕事を実行していくうえの財産。略して資源）を、戦略に基づいて外部から調達し、これを組織内に配分していく仕事である。

（2） 取締役会との関係

① パブリック・リレーションズと取締役、ボードの関係

パブリック・リレーションズの出発点はIR（Investor Relations）である。IRは本来は「投資家（Investor）との関係」であるが、これを「株主との関係」ととらえる。投資家は「今、株主になっていなくても株主になる可能性のある人」（株を買う可能性のある人）であり、社会の誰もがなり得る人である。

法的には株主が社会の代表として、会社組織の出発点といえる取締役を選任する。したがって、社会と会社の関係（パブリック・リレーションズ）の第1

は株主と取締役の関係というIRである。このIRは法的には取締役会が担う。一方、(1)の項で定義したとおり、パブリック・リレーションズという仕事は経営者としてのボードが担う。

　この2つを満たすには、ボードメンバーの一部が取締役を兼務し、取締役会の中心メンバーとしてパブリック・リレーションズという機能を果たすしかない。

　また監査役は法的には取締役の仕事をチェックする立場にあるので、このパブリック・リレーションズが良好となっているかを第3者としてチェックすることになる。

② 社外取締役、監査役のメンバー

　パブリック・リレーションズを考えると、社外取締役は株主、投資家を含めた社会の代表者が望ましいと言える。これにより、取締役会でボードメンバーと社外取締役が接することで、内部でのパブリック・リレーションズが行われる。

［図：株主、投資家を含む社会 — パブリック・リレーションズ — 監査役（チェック）／取締役会（社外取締役 ↔ ボードメンバー、内部パブリック・リレーションズ）／従業員＝会社（代表）］

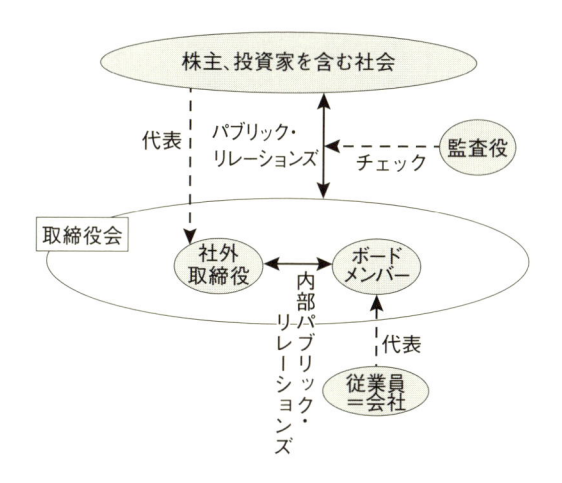

　社外取締役のメンバーとしては、具体的には次のような人が考えられる。
- **株主の代表者**
　……大株主などの株主の利害調整を担う人。

- 投資家の代表者
    - ……証券市場との利害調整を担う人。自社の会計監査人以外の公認会計士、会社法・金融商品取引法のプロである弁護士、法人投資家としての他企業の経営者などが考えられる。
- 公共の代表者
    - ……社会全体との利害調整を行う人。大学教授、弁護士、元役人(自社の事業に利害があると「天下り」と批判されるので、基本的には事業と直接関係のない役所の元役人)など社会的には公正な立場をとると思われる人。いわゆる有識者。
- グローバルの代表者
    - ……グローバル化を意識している会社では、外国側の代表者。外国人の有識者(大学教授、弁護士など)、外国人経営者などが妥当であろう。

　一方、監査役はパブリック・リレーションズとコンプライアンスのチェックなどを行うのであるから、上記の「公共の代表者」あたりが妥当であろう。

(3) ボードメンバーの構成

① ボードメンバーに求められるもの

　ボードメンバーは資源の調達・配分を行うことから、前記のとおりその評価指標を会社の業績にするしかない。そうなると資源を配分される「部門」からは独立していることが求められるようにも思える。つまり東京支社長といった人は不適ということである。東京支社長がヒトやカネの配分をすれば、どうしても東京支社の業績が上がるように資源配分をする(というよりも求める)。つまり売上を上げるべく自部門へ営業マン、プロモーション予算を要求し、利益を上げるために間接スタッフを削減し、さらには自部門の売上目標を低くしようとする。むろん、それは会社全体としての最適配分ではない。

　ヒトの調達、つまり採用に関しても現在の仕事の状況の過不足からしか考えられない。採用したヒトが、その会社で30年、40年と働くことを知っていても"今"(自分の部下)だけを見て採用してしまう。

しかし現実的な問題として、現場部門の代表（＝部門長）による「部門の状況を考慮したうえでの意見」なくして調達・配分はあり得ない。ボードの第2の仕事である戦略立案についても、部門長の意見なくしてこれを行うことなどできない。

そうなるとトップ以外は部門の代表者、つまり部門長をそのメンバーとせざるを得ない。そのうえでこの部門長の評価指標を会社の業績とする必要がある。

ただそれでも部門長は自らの部門が"かわいい"。つまり部門利益をつい考えてしまう。この部門間の利害調整をすべてトップ1人に任せるのはやや問題がある。ここにトップの補佐的なボードメンバーが求められる。資源配分がその最大テーマであるので、資源別の調整者が求められることになる。つまりヒト、モノ、カネ、情報といった資源別のトップ支援者である。

② ボードメンバー

以上のことからボードメンバーを中心として、組織構成を考えてみよう。

一般に会社は複数の機能（営業、技術、生産、オペレーション、購買、……）を持ち、かつ上場会社の多くは複数の事業単位（地域別、商品別など）を持っている。この2つを組み合わせて組織が構成されるのだが、どちらを第1キーとするかを決めなくてはならない。

ボードメンバーが行う戦略立案は、事業ポートフォリオ[*1]がそのベースであり、資源配分もそれによってなされる。さらに採用（ヒトの調達）についても、後述するように機能別に即戦力を求めるのではなく、総合職という形でどの機能も担いうる新卒[*2]を採用し、採用後に職種へ配置およびその転換を行うことを基本とする。

こう考えると、組織を構成する第1キーは「事業」となる。つまり事業部門を組織の中心（これをラインとよぶ）とする。そのうえで、このライン組織に横串しのように機能別のサポート部門（機能スタッフ）を作っていく。

また先ほどの資源別のトップ支援スタッフ（これを経営スタッフとよぶ）として、人事部（ヒト）、マーケティング部（モノ）、財務部（カネ）、情報システム部（情報）、さらには広報部（パブリック・リレーションズ）、法務部といっ

PART I　イノベーションリーダーのフレームワーク

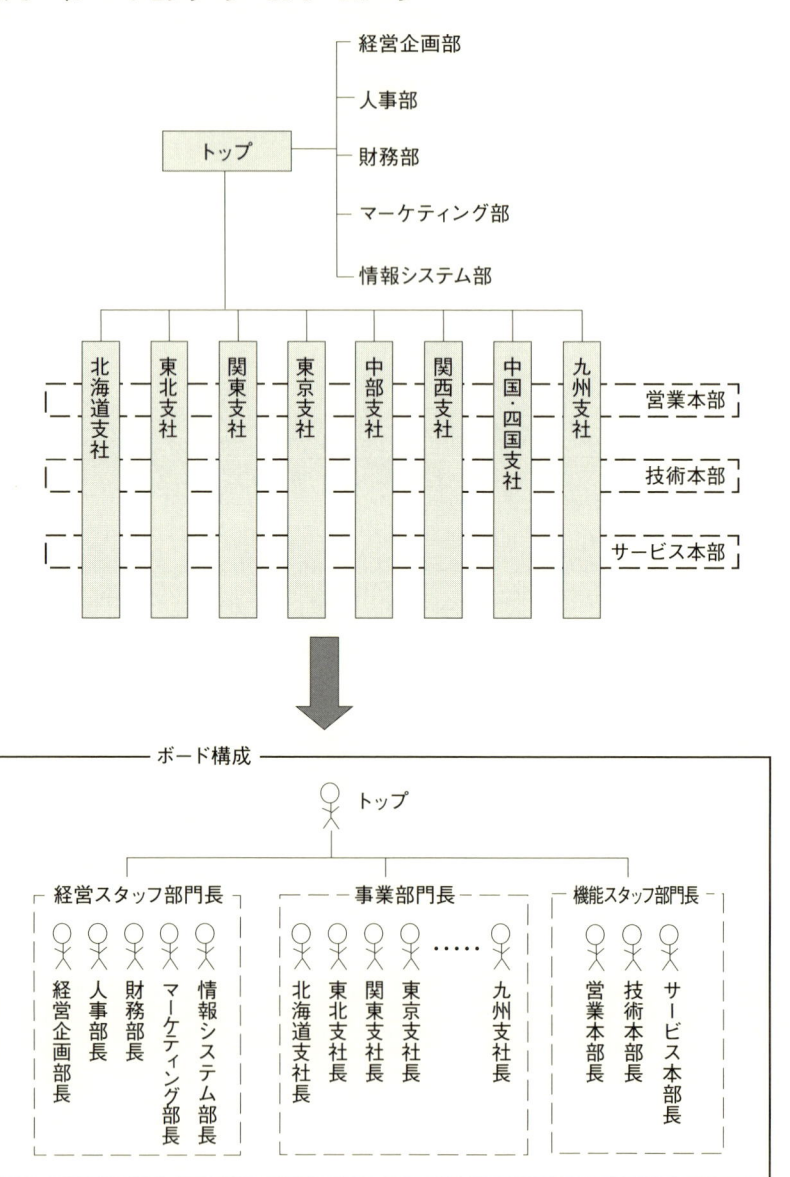

```
                    ┌─ 経営企画部
                    ├─ 人事部
         ┌─────┐    ├─ 財務部
         │ トップ │────┤
         └─────┘    ├─ マーケティング部
                    └─ 情報システム部
```

北海道支社	東北支社	関東支社	東京支社	中部支社	関西支社	中国・四国支社	九州支社	営業本部
								技術本部
								サービス本部

↓

ボード構成

　　　　　　　トップ

経営スタッフ部門長	事業部門長	機能スタッフ部門長
経営企画部長 人事部長 財務部長 マーケティング部長 情報システム部長	北海道支社長 東北支社長 関東支社長 東京支社長 …… 九州支社長	営業本部長 技術本部長 サービス本部長

26

た部門を作り、これら経営スタッフ部門間の調整役として経営企画部、社長室といったセクションを作ってトップ直属のスタッフとするのが標準である。

そのうえでこれらの各部門長をボードメンバーとする。

たとえば、事業を地域単位（この時のラインの事業部門は支社と言われる）とすれば、前ページのような組織、ボードメンバーとなる。

事業セグメントを商品、商品グループ単位に行う時も同様である。たとえば食品メーカーで言えば、支社に当たるものが飲料事業部、加工食品事業部、健康食品事業部といったものである。

事業ラインの一部を子会社などの別会社で構成している時は、この社長も事業部門長の1人としてボードメンバーとなる。

いずれにしてもボードメンバーはトップ、経営スタッフ部門長、事業部門長、機能スタッフ部門長で構成する。

*1 どの事業に力を入れていくかを考えていくこと。
*2 学校を卒業したばかりのヒトを採用することを新卒採用、他企業での勤務経験のあるヒトを採用することを中途採用と言う。

（4） ボードにおける意思決定

ボードでは経営に関するさまざまな意思決定がなされる。

従来、多くの会社ではトップが意思決定するための情報を各部門が作成し、これをもとにトップダウンで意思決定するというスタイルであった。しかしこれではボードメンバーを作る意味がない。だからと言って、会議を開いてカンカンガクガクと意見をたたき合わせ、意思決定するというものでもない。ここでは「秩序」というルールと「権限委譲」というマネジメントテクニックを用いる。

① 秩序

ボードメンバーはすべてのことを全員が集まって意思決定するわけではない。そのテーマの関係者だけが集まって、これを決定することもある。意見の

秩序とは「ボードメンバー間の意見が異なった場合、どちらの意見を優先するか」というルールである。ボードメンバー間の秩序という「意見の優先度」は次の順である。

・トップ

　最終意思決定者はトップである。したがってトップは常に1人である。

・トップサポート

　トップをサポートする経営スタッフ部門長がトップの次に優先度を持つ。このスタッフ部門間の調整のために経営企画部、社長室といった無任所のスタッフ部門を作った時は、他の経営スタッフ部門長よりこの部門長の意見が優先される。

・事業部門長

　事業部門長と機能スタッフ部門長では前者の意見が優先される。機能スタッフ部門は事業部門のサポーターである。

② 権限委譲

　マネジメントにおける権限委譲とは、組織の下位者が計画を作成し、上位者とこれを調整し（計画修正し）、最終的に上位者がこれを了承することで、その計画が組織で採用され、その計画実行権限が下位者に委譲されるというものである。

　たとえば、ヒトの資源配分であれば、ラインの各事業部門長が機能スタッフ部門長のサポートを受けながら長期的な自事業部門における人事計画（人員配置、人材育成）を立て、これを受け人事部長が会社全体の人事計画を作成するため、各事業部門の計画を調整していく。合意のとれた時点で人事計画はトップへ提出される。トップは他の経営スタッフ部門長（財務部長、マーケティング部長、……）からの計画と合わせ、これを調整し、各計画を確定するとともに経営計画としてまとめる。そう考えると経営スタッフ部門間の調整を担い、全社計画を立てる経営企画室、社長室といった「トップの仕事を直接的にサポートするメンバー」はどうしても必要となる。とてもトップ1人ではできない。

　この経営計画がトップに了承されることですべての計画は有効となり、計画

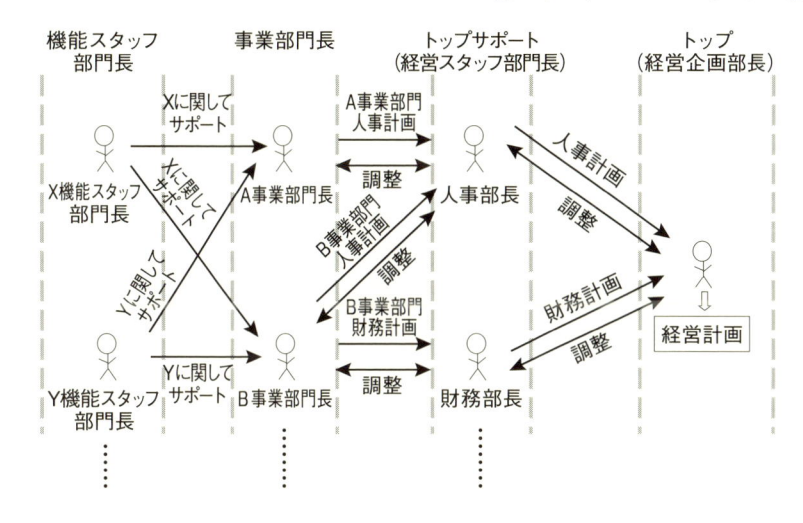

第1章　イノベーションリーダー組織

の実行権限が計画作成者に委譲される。

（5）　マネジメントとの関係

①　ミドルマネジメントとロワーマネジメントの定義

　会社組織はタテ方向から見ると3階層が存在する。経営（ボードが担う）、マネジメント（マネジャーが担う）、現場（これを担う人を本書では「プレイヤー」と表現する）である。

　ここで経営の仕事は先ほどの3つである。現場の仕事は各人に与えられた職務を遂行していくことである。残ったマネジメントには「マネジメント総務部論」が適用される。すなわちマネジメントの仕事は経営、現場以外のすべての仕事がその対象となる。

　ここでボードメンバーはトップを除いて部門長を兼務している。したがって部門長としての仕事も担当するのだが、これは経営でも現場の仕事でもないのでマネジメントである。すなわち部門長もマネジメントを担当する。これを「ミドルマネジメント」と表現する。

　一方、この部門長が直接現場のプレイヤーをマネジメントすることはその仕

事量から言って考えづらい。この仕事を「ロワーマネジメント」、それを遂行する人を「ロワーマネジャー」、1人のロワーマネジャーとその部下であるプレイヤーのグループを「チーム」と表現する。

② ミドルマネジメントとロワーマネジメントの関係

　部門長（ミドルマネジャー）とロワーマネジャーの関係にも権限委譲を適用する。すなわちロワーマネジャーが計画を作成し、これを部門長と調整し、その承認を得ることで、プレイヤーをマネジメントする権限が部門長から委譲するというものである。

　この計画の最大のポイントは、チームへの資源配分（特にヒト、カネ）である。ヒトについては人員配置であり、カネについては予算配分である。ロワーマネジャーは自らのチームに与えられた職務から「チーム目標」を立案し、その目標を達成するための資源（ヒト、カネ）を見積もり、計画を立てる。この計画立案の方針がボードが立てた戦略である。戦略のベースは組織全体の最適化であり、場合によってはチーム目標達成から見るとマイナス要因もある。つまりロワーマネジャーは戦略という枠組み、約束事の中でチームの最適化を図り、計画を立てる。部門長はこのチーム計画の戦略準拠性、および特に社会と接するチーム（営業、サービスオペレーションなど）についてはパブリック・リレーションズ（この枠組みの中で戦略はできているのだが）にまで遡り、これをチェックする。

　そのうえで部門長は必要資源と目標について、部門内でのチーム間調整を行う。そしてロワーマネジャーと合意のうえ（合意なき場合はロワーマネジャーの交代、異動も行う）、部門に配分された資源をチームへ再配分し、権限を委譲する。権限委譲は部門長に承認された（合意された）計画によってなされるものであり、ポスト（課長、部長）になされるものではない。

　権限委譲後は、ロワーマネジャーは計画を遂行する責任およびリアルタイム・アカウンタビリティの責任を負う。アカウンタビリティとは「計画」と「仕事の実行」の間の差異についての報告のことであり、これをリアルタイムに行う。つまり計画を実行していて、差異が生まれることを予知した段階で、上司へ報

告する責任がある。平時（計画どおり実行している）においては部門長への報連相（報告・連絡・相談）は不要である。

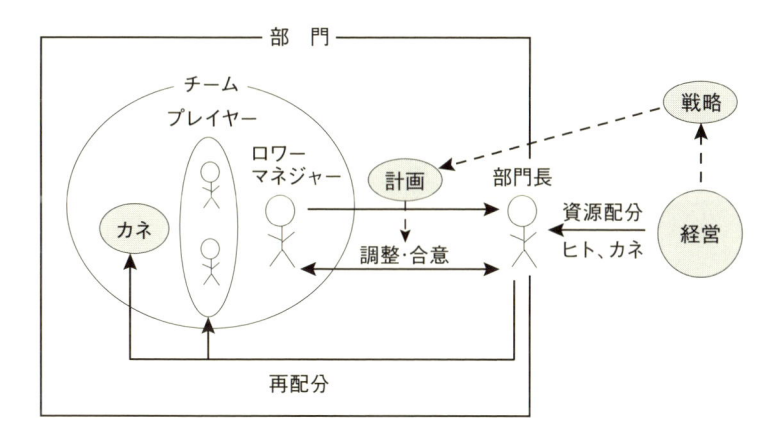

③ ミドルマネジメントの階層化

部門長がミドルマネジメントを実行し、その部下がロワーマネジャーというのが理想形であるが、ある程度の規模を持った組織ではこれが困難である。それは部門長の負荷が大きすぎるからである。この場合は部門長とロワーマネジャーの間にミドルマネジャーが必要となる。課長（ロワーマネジャー）、部長（ミドルマネジャー）、本部長（部門長＝ボードメンバー）といった階層である。

これは部門長の管理範囲[*1]とロワーマネジャーの人数に依存している。たとえば部門長の管理範囲が3人で、部門にロワーマネジャーが20人いれば、間にミドルマネジャーが必要となる。このミドルマネジャーの管理範囲が4人であれば5人のミドルマネジャーが必要であり、これでは部門長の管理範囲3人を超えるので、もう1階層必要となる。つまり事業本部長（部門長）の下に本部長（2人）、部長（5人）、課長（20人）という階層である。

このように多階層化（ピラミッドと言う。その反対はフラット）してしまうと、事業本部長⇔本部長、本部長⇔部長、部長⇔課長、課長⇔プレイヤーという形で伝言ゲームをやっていくことになってしまう。なかでも資源配分（トッ

プダウンとボトムアップからの調整）を極めて複雑にし、時間がかかるだけでなく、時間切れとなってトップダウンで押し切ることにもなり、組織に不満感が充満する。特にプレイヤーの不満（「なんでうちのチームだけ人手不足で忙しいんだ」「向こうのチームはプロモーション費用があるのにこちらはない」など）があちこちに現れ、組織に大きなストレスを生む。

そのため大企業ではマネジメントの階層数を減らしていくことが求められる。この方策としては次のようなものが考えられる。

（i） 部門長の管理範囲の拡大

これは部門長の経営者能力、ミドルマネジメント能力に依存している。この拡大のための方策が次に述べるボードメンバーの選定（経営能力、マネジメント力の高い人を部門長にする）であり、「PART Ⅱ　イノベーションリーダーのオペレーション」である。

（ii） 部門長の数を増やす

つまりボードメンバーの数を増やすことである。先ほどの事業本部長(1人)、本部長（2人）、部長（5人）、課長（20人）という階層なら、事業本部長というポストを廃止し、本部長をボードメンバーにしてしまうことである。しかしこれではボードメンバーが倍以上に増えることは確実であり、ボード内での調整作業の増大によるトップ、トップサポートの負荷が大きくなってしまう。やはり上記の例なら事業本部長の管理範囲を5人に拡大することを考える方が妥当と言えよう。

（iii） ロワーマネジャーの管理範囲の拡大

先ほどの例では「課長20人」というのは、課長というロワーマネジャーの管理範囲によって決まる。つまりこれを拡大すればロワーマネジャーの人数が減っていき、結果として組織はフラット化する。

しかし、ロワーマネジャーの管理範囲は近年むしろ縮小傾向にある。その要因は次の3点である。

第1章 イノベーションリーダー組織

・プレイヤーの多様化

　今や組織は年功序列（勤続年数に応じて出世していく）をとることができず、かつ労働スタイルは多様化している。したがって、ロワーマネジャーの部下であるプレイヤーは、自らの先輩社員、派遣労働者や出向者といった他社の従業員、さらには継続雇用[*2]となった超ベテラン社員、職種転向者、外国人といった形で多様化し、ロワーマネジャーのマネジメント環境は非常に困難（マネジメントがやりづらい）なものとなっている。

・ビジネスモデルの変化

　ITなどの進化により、仕事のやり方は大きく変化している。これがマネジメントの仕事を変化させているだけでなく、ロワーマネジャーの大切な仕事である例外処理（プレイヤーができない突発的なイレギュラーの仕事を担当する）が増えている。

・グローバル化

　多くの会社はグローバル化を目指している。しかしそのために現場のプレイヤーの人数を増やすのではなく、生産性の向上によって現有メンバーで対応しようとしている。そうなるとチームの人数（管理範囲）を減らしてチーム数を増加させるしかない。日本の仕事と海外の仕事を同一チームでやることはほぼ不可能であり、グローバル化によってチーム数が増え、管理範囲が小さくなっていくのは当然の結果といえる。さらにこのグローバル化そのものがロワーマネジメントを難しくし、管理範囲を縮小させている。

　この管理範囲縮小化トレンドを止め、さらにはこれを拡大していくためには、3つの方法が考えられる。1つはマネジメントシステムの充実、2つ目はマネジメントサポート力の向上、3つ目はマネジメント力の向上である。この3つは部門長を兼ねるボードメンバーの仕事であり、詳細は本書の次章以降で述べていくこととする。

　*1　「1人の上司が何人の部下を持てるか」という人数のこと。
　*2　266ページ参照。

(6) プレイヤーとの関係

ボードメンバーは基本的にはロワーマネジャーを通してプレイヤーと接していく。そしてロワーマネジャーの最大の仕事は、プレイヤーが働きやすく、能力を発揮しやすい環境を作ることであり、それを部門長は後述するマネジメントシステム（マネジメントをしやすい環境を作る）をもってサポートする。

プレイヤーとロワーマネジャーの関係において、ボードメンバーがなすべきことがマネジメントシステム以外に1つある。それは労働法のコンプライアンス*徹底である。ボードメンバーとしては、労働法の詳細なコンプライアンスについては労務担当（労働法のコンプライアンスチェックを担当する人）、顧問弁護士などに権限委譲すべきだが、次のようにそのフレームワークを作っておく必要がある。

* compliance とは要求や命令への服従のことであるが、ビジネスでは法、ルールを遵守することを言う。

① 労働法のベース

労働法は多くの法律から成り立っているが、大きくは雇用関係法（労働条件に関する法律。労働基準法がその代表）、労使関係法（使用者と労働者の関係についての法律。労働組合法、労働関係調整法）、労働市場法（労働権、労働義務に関する法律。職業安定法、労働保険法など）の3つに分類される。

このうち労働基準法、労働組合法、労働関係調整法は戦後「労働改革」と称されて真っ先に作られたことから「労働三法」とよばれている。なかでも労働基準法は労働条件の詳細を記述しているだけでなく、労働法全体のコンセプトを表す基本法としての役割を持っている。

この労働法のベースはアメリカ型マネジメントであり、そのバックボーンは資本主義である。資本主義とは次のようなイデオロギーである。

「労働以外の生産手段（カネ、設備、……）を資本、これを持つ人を資本家、労働力を提供する人を労働者とよび、資本家は労働者から労働力を買い（！）自らの持つ資本と組み合わせて財を生産することで益を得る」

第1章　イノベーションリーダー組織

なんとこれが労働法のバックボーンであり、これまで述べた従業員ガバナンスの会社とはまったく異なるパラダイムを想定している。

②　労働法のコンセプト

労働基準法では、労働者を「事業に使用され（！）、賃金を与えられる者」、使用者を「事業主、経営担当者、および労働者に関して事業主のために仕事をする人すべて」と定義している。労働法のほとんどすべては「弱き労働者を守るために使用者を規制する法律」である。

ここで問題となるのは「使用者」の解釈である。上記の「事業主」とは会社そのものであり、法的には株主、つまりオーナーを指すと言える。しかし、従業員ガバナンスの会社において株主は経営を担当せず、労働者との直接的な関係はない。「経営担当者」とは経営者、つまり本書で言うボードメンバーであろう。最後の「労働者に関して事業主のために仕事をする人」とはロワーマネジャーのことである。

つまりボードメンバーはむろんのこと、ロワーマネジャーも使用者である。というよりもプレイヤー（労働者）に直接的に接するのはロワーマネジャーであるので、労働法は主にロワーマネジャーを規制する法律であり、ロワーマネジャーが「やってはいけないこと」を規定しているものである。

近年、労働法は「ますます使用者とのパワーバランスが弱体化している労働者を守る」という形で規制を強化している。そしてその法に書いてある「やってはいけないこと」の大半が、従来の日本企業でやってきたことである。だからロワーマネジャーたちがこの法律で定められていることを知ると「本当にそんなことまでやってはいけないのか。皆やってることじゃないか」という反応となる。

「勤務時間以外の時に、上司が自宅にいる部下の携帯電話へかけて仕事の指揮命令をする」

日本ではよく見られるシーンである。しかし法的には勤務時間外に勤務場所以外で上司に指揮命令権はない。そして前述のようにロワーマネジメント環境が悪化していく中で（労働スタイルの多様化など）、労働法のコンプライアン

ス違反が次々と指摘されていく。このお目付役である労働基準監督署の摘発強化だけでなく、マスコミもこれに着目しており、仮に違法行為とは言えなくても、「ブラック企業だ」として実名公表してしまう。そしてこれが従業員の採用環境を悪化させるだけでなく、コーポレートブランド（会社としてのブランド）までが傷つけられて、事業自体に悪影響を与えてしまう。

③　ロワーマネジャーへの労働法の徹底

いくら現場の実態と離れている労働法でも、違反すれば、「その行為が部下のためだ」と言っても通用しない。これをロワーマネジャーに徹底しないと、事業に影響を与えるだけでなく、ボードメンバーの首が危ない。

ロワーマネジャーへ徹底すべきポイントをざっと挙げてみよう。

（ⅰ）　労働契約

労働者と使用者が結んでいる契約が労働契約であり、主に労働条件についてのものである。この契約を規制しているのが労働基準法である。労働条件のルールは労働基準法、労働協約（会社と労働組合で結ばれる契約）、就業規則（個別企業で決めた労働者共通の労働条件）、労働契約（会社と労働者の個別の契約）の順に優先される。したがって、労働基準法に反した労働契約は当人が認めようと無効である。

労働契約には正規、非正規という概念はない。一般に言う正社員（正規雇用）は「期間の定めのない労働契約」を結んでいる人であり、契約社員（非正規雇用）とは「期間の定めのある労働契約（有期労働契約）」を結んでいる人である。パートタイマー、派遣社員の多くも契約社員になっている。

しかし労働基準法では正社員、契約社員の区別はなく、もっと言えば契約社員の方がパートタイマー労働法といった個別法でより強く守られている。

（ⅱ）　女性の労働について

女性労働者を「弱き立場」としてさまざまな規制を定めており、その中心は男女雇用機会均等法である。これは労働者を性差別から守るために事業主（＝

会社そのもの)を指導する法律であり、直接的にロワーマネジャー、ボードメンバーといった使用者を規制するものではない。しかし会社としてその規制を守る最大のポイントはロワーマネジャーである。それは大多数の女性がプレイヤーであり、彼女たちの直属の上司は男性のロワーマネジャーが多いためである。

この法律では性差別を禁止するだけでなく、セクシャルハラスメント(セクハラ)についても定義し、会社が適切な措置をとることを義務付けている。セクハラは相手がその行動を「性的に不快」と思えば、「セクハラになる」と考えなくてはならない。今までやってきたことでも、許されないものは許されない。

さらに上司がその地位を利用して嫌がらせをすることをパワハラ(パワーハラスメント)とよんでいる。これも「部下の感情」のことを言っている。

(ⅲ) 派遣社員

労働者派遣とは、派遣を受け入れる側から見れば「他社と労働契約を結んだ労働者」の指揮命令権を自社に移すことである。派遣については、その弱い立場にある派遣労働者を守るために「労働者派遣事業法」で厳しく規制している。そしてこの法律は、派遣社員に指揮命令権を持つロワーマネジャーをも直接的に規制している。ロワーマネジャーには、「派遣社員は部下ではなく他社の社員であり、契約で特定の仕事の指揮命令権だけがあること」を理解させなくてはならない。

④ 目安箱

しかしロワーマネジャーにいくら労働法を徹底しても、労働法違反、パワハラ、セクハラのリスクは常に組織に存在している。ボードメンバーにとってマネジメントにおける最大の脅威と言ってよい。

このリスクを少しでも下げるためには目安箱といったものが求められる。つまりプレイヤーの声が、ロワーマネジャーを通さずに直接経営者に届く仕組みである。そしてそれがプレイヤー、ボードメンバーだけでなく、ロワーマネ

ジャーをも救うことになる。労働法のコンプライアンス違反は、当該ロワーマネジャーに悪気はなく、法的に無知であったり、マネジメントを真剣にやるあまり、つい踏み込んでしまうケースがほとんどである。これを傷の浅いうちに、そして外部に漏れる前にボードメンバーが発見し、適切な方法でロワーマネジャーを指導していくことである。具体的には厳重注意のうえ、そのロワーマネジャーを異動させるといったことである。

目安箱で声を得るためには、その声を発した人が一切のダメージを受けないことを保証する必要がある。

⑤ 労働組合
（ⅰ） 労働組合法

この法律で労働組合を「労働者が主体となって自主的に労働条件の維持改善、その他の経済的地位の向上を図ることを目的として組織する団体、またはその連合団体」と定義している。

日本の労働組合は諸外国で主流の職種別労働組合（企業を越えて同じ職種の人が労働組合を結成する）ではなく、企業内労働組合（同一企業内で結成する）がほとんどであり、これが単位労働組合（略して単組、労働者の組合）、産業別労働組合（略して産別、労働組合の集まり）、ナショナルセンター（全国中央組織）という階層構造をとっている。

また多くの労働組合はユニオンショップ制というスタイルをとっている。これは企業は非組合員も採用するが、労働者は採用後に組合員になることを労働協約に規定するものである。

（ⅱ） 労働組合と管理職

労働組合法で、役員や監督的地位（定義があいまいだが）にある人は組合に入れない（正確にはその人が入ると労働組合とは言わない）としている。これを受け、従業員が管理職にキャリアアップすると労働組合を脱退している。

そのためほとんどの会社で管理職（「非組」と表現することが多い）とプレイヤー（組合員。ここでは管理職に対して「一般職」と表現する）の識別を、

人事制度によってはっきりとさせている。そして管理職は労働者ではなく使用者であり、労働基準法が適用されない（そこで定められている規制についても適用されない）。たとえば時間外労働（残業）という概念もなく、いわゆる残業代も支給されない。

しかし以下のような問題が発生している。

・管理職は人事制度で定義されており、必ずしもポストとは一致しない。一般職でありながら実質的には課長などのロワーマネジャーを担当している人がいたり、逆に課長にはならずプレイヤーとして働いている管理職もいる。一般職のロワーマネジャーの下に管理職のプレイヤーがいるというケースさえもある。

・管理職に一度昇格すると一般職に戻すこと（いわゆる降格）が極めて難しい。

この2つはなかなか難しい問題であるが、その解決のヒントが1つだけある。詳しくは後述するが、管理職というロワーマネジャーになることを、昇格ではなく職種転換と考えることである。そのため管理職といった名称をやめ、マネジャー職といったものにする。プレイヤーからマネジャーへの職種転換である。これによってマネジャーからプレイヤーへの転換も降格とはとらえない"ムード"を組織内に作る。まさに「クルム伊達公子」の現役復帰を「美しい」と思う気持ちである。

(ⅲ) 労働組合と経営

使用者と労働組合の関係は、法的に言えば労使関係である。使用者が労働法を守らなかったり、労働者の給与を下げることで利益を上げてしまうといった行為を、労働組合が弱き立場の労働者を代表してこれを排除し、より高い給与を勝ち取っていく（法的には争議と言い、これを認めている）。

しかし、従業員ガバナンスの会社においては、経営者を含めすべての人が従業員（＝労働者）であり、経営者と言っても労働者の代表である。そこには「戦い」など存在しえない。しかも給与については後述するように付加価値分配と考えれば、組織としての合意も自然になされる。

では労働組合をどう考えたらよいのだろうか？　それはプレイヤーの代表者

による監査機関であろう。労働組合の監査対象はボードメンバーを頂点とするマネジメントである。ロワーマネジャーによる指揮命令（言うことを聞かなければペナルティ）、人事評価といった形で支配される弱き立場のプレイヤーに対し、「ボードメンバーが設計し、皆が合意したマネジメントシステムどおりにマネジメントされているか」を、労働組合がチェックするものである。つまりルール違反のチェックである。セクハラ、パワハラといった違法行為のみならず、人事評価の不正（ルールどおり人事評価をやっていない）、特定の従業員への残業集中といった不公平をチェックするものである。

3 イノベーションリーダーの選定

ここではボードメンバーの選定について考える。

（1） イノベーションリーダーとは

ここで選定されるボードメンバー、つまり経営者の最大の仕事はイノベーション（＝変革）である。これから述べていくような形で経営、組織、マネジメントを変革していく。そこでこの変革を担うボードメンバーを本書では「イノベーションリーダー」と表現する。

イノベーションリーダーは、イノベーションを志向する会社の先頭に立ち、それをリードしていく経営者（部門ではなく、会社全体を考える人）たちのことである。

（2） イノベーションリーダーのフレームワーク

① 任期

イノベーションリーダーの任期については、次のようなことを原則とする。
・イノベーションリーダーの任期はトップの任期と同一とする。後で述べるようにトップ以外のイノベーションリーダーはトップが指名する。したがって

トップの新任とともに生まれ、トップの退任とともに退任する。総理大臣が代われば内閣が変わるのと同じである。ただし、旧イノベーションリーダーが、次のトップに新イノベーションリーダーとして指名されることもありうる。
・トップの任期は株主などのステークホルダー（会社の利害関係者）に承認される最長の経営計画の期間と同一とする。株主総会で10年の長期経営計画＊（略して長計）を承認しているのであれば、10年間の経営権を権限委譲されたことになる。3年の中期経営計画＊（略して中計）のみの承認であれば、3年が任期である。
・トップはアクシデント（会社が社会的なトラブルを起こす、本人の病気、資金繰り不能、……）がない限り、任期中の解任はない。また原則として再任もしない。次のトップを選任するのは現トップであり、自らの選任権を持つのは組織として不都合である。
・トップ以外のイノベーションリーダーは途中解任、交代もありうる。むろんイノベーションリーダーの解任、新任もすべてトップの権限である。
  ＊ 期間が6〜10年程度のものを長計、3〜5年程度のものを中計と言うことが多い。

② 定年

役員に定年制をとっている会社もあるが、ボードメンバーを年齢によって強制的に退任させる理由が見当たらない。能力によって選任され、任期または能力によって退任するという原則以外は考えられない。

③ 条件

イノベーションリーダーに求められる条件であるが、これをトップが設計する。イノベーションリーダーを選定する指標を、選任者であるトップが設計し、組織に公開し、これによって評価し、選任する。このイノベーションリーダーの一般的な条件については次の第2章で詳述する。

④ 育成

　イノベーションを志向する時は、現在の組織に次世代のイノベーションリーダー適任者が存在していないことも多い。当然のことであるが、この人を内部で育成するしかない。20ページで述べたようにボードメンバーであるイノベーションリーダーはすべて従業員であり、外部調達するのは社外取締役である。

　一般にこの育成には1～3年はかかるので、その期間を確保すべく次期トップは予定者としてその期間分だけ前倒しで選任する必要がある。イノベーションリーダー育成期間が2年であれば、現在のトップが次のトップを2年前に指名し、現トップのサポートの下、次期トップが次期イノベーションリーダーの条件を設計し、2年間で育成し、選任する必要がある。

　育成し、その中から選任するのだから、予定するボードメンバー数よりもイノベーションリーダー候補者は多く育成し、ある程度プールしておく必要がある。これによって先ほどの任期途中の交代もこのプールメンバーの中から選任していくことができる。

　またこの育成期間中、次期トップは現ボードメンバーの一員として活動する。そういう意味でイノベーションリーダー育成中は次期トップを副社長としたり、現トップが会長、次期トップが社長という形でこの期間を過ごしていく必要がある。

（3）　イノベーションリーダーの選任

①　トップの選任

　次のイノベーションリーダーのトップは、現トップ自らが選任した現ボードメンバーの中から選任する。このトップに誰を選ぶかがイノベーションの最大のテーマであり、現トップが組織に残す最大の遺言、DNAと言える。

　トップに求められる最大の要件は、組織メンバーである従業員が「その人をトップリーダーとして認めるか」ということである。それは決して皆が「きっとこの人だろう」と思う人にする必要はない。多くの従業員は過去どういう人が社長になってきたかを知っており（先輩たちから聞かされている）、それが

これからも続くと思っている。「最大の業績を出した人」であったり、「現トップの片腕として貢献した人」であったり、「超一流大学を出て順調に出世してきた人」であったり、といったものである。

しかしイノベーションはこれをも変革の対象とする。条件はたった1つ、「従業員皆が期待する人」である。

ここで着目すべきは、後述する企業理念などのミッションである。「やさしさ創造」が企業理念であれば、やさしそうなイメージを持ち、創造力の高い人が第1条件である。「技術の○○」なら技術力が最も高い人である。「お客様第一主義」ならお客様の最も近くにいて、これまでお客様を見続け、このミッションを実現してきた人である。

ミッションは会社のカラーであり、DNAであり、文化であり、求心力である。トップはある意味でシンボリックな存在である。イノベーションリーダーの条件を満たした人で、自社ミッションに最も近い人をトップに選ぶことが原則であり、イノベーションの最大のポイントである。

② それ以外のイノベーションリーダーの選任

前述のように、次期トップが次期イノベーションリーダーを、自らの作成した条件を指標として選任する。というよりも、条件に合う人材を育成し、プールして、その中から指名する。対象は現ボードメンバー、ミドルマネジャー、ロワーマネジャー（プレイヤーからの抜擢は考えづらい）である。イノベーションリーダーは部門長兼務であり、原則として部門の数だけの人数が求められる。しかしイノベーション時は組織変革を行い、部門自体も変革してしまう。組織変革をしても、その部門長を担う人がいなければ「絵に描いた餅」になってしまう。つまりプールしたイノベーションリーダーをベースとして組織も変革し、それをベースとして選任しなくてはならない。組織変革についてはPART Ⅱの第3章で述べる。

次のテーマは選定よりも育成となるが、これについては次の第2章で述べることにする。

第2章

イノベーションリーダーの条件

PART I　イノベーションリーダーのフレームワーク

　本章ではイノベーションリーダーの条件について考えてみたい。
　次期イノベーションリーダーの条件は次期トップが設計すべきことだが、これをかつて変革を行った会社を参考として、その基本的な像を考えてみたい。そのうえで各条件ごとに、どうすればそれを満たすことができるのかをイノベーションリーダー予備軍の立場から考えてみる。最後に今度は組織としての立場で、具体的にどうやってイノベーションリーダーを育成していくかについて述べる。
　イノベーションリーダーに求められる条件は、資質（その人が持っているもの）、経験（その人がやってきた仕事）、知識（その人が学習して学んだもの）の3つに分けることができる。

1　資質

　資質はメンタル面とポテンシャル能力（潜在的に持っている能力）の2つに分けることができる。

（1）　メンタル面

　イノベーションリーダーに求められるメンタル面の資質はインテグリティ、リーダーシップ、胆力の3つである。これらは相互に関連しあって存在しているが、思い切ってこの3つに分けて考えてみよう。

①　インテグリティ
　integrityは辞書によれば「高潔、誠実、正直」といった日本語に訳されているが、経営の世界ではややニュアンスが異なっている。
　ドラッカーが自著でこのインテグリティという言葉を使い、日本では一躍流行語となった。ドラッカー本の訳者は、これを「真摯さ」と訳している。「真摯」とは辞書によれば「まじめで熱心なこと」とあるが、これも適当ではない。つまり経営でいうインテグリティは日本語にはない言葉であり、最も近いものは

第2章　イノベーションリーダーの条件

「格」「人格」である。

　1990年代末期から2000年代初頭にかけてのITバブル[*1]の頃に生まれたホリエモン[*2]、村上ファンド[*3]を見て、多くの経営者は「美しくない」という感想を持った。経営者ならもっと品格が欲しいというものである。彼らを反面教師としてインテグリティは日本企業に根付き、ある意味で最大の経営指標となっている。そして業績の苦しい中で会社が行ってしまったリストラ、派遣切り[*4]、粉飾決算、誠意のないトラブル対応といった事件を通して、経営におけるインテグリティのウエイトはますます高まっていく。

　そして功あり名を遂げ、去っていこうとする経営者たちが一様に思う「近年の日本企業はインテグリティを失い、業績ばかりを追いかけている」という反省がこれを後押しする。なかでも今、企業経営のトップから去っていこうとしている「これまでの日本を支えてきた団塊の世代のトップ」が特にこれを強く意識している。インテグリティの高い人を後継者にして、日本企業のインテグリティの復活を期待するというものである。

　ここで去っていこうとする経営者たちは、あることに気づく。自社を立ち上げた創業者はインテグリティが高かったことである。このインテグリティの高さの下に多くの人が集まって成長してきた。その代表がジャパニーズカンパニーの名を世界に知らしめた電気メーカー、自動車メーカーなどの創業者である。ソニーを創った井深、盛田のコンビ、日立製作所を創った小平浪平、松下を創った松下幸之助、トヨタを創った豊田喜一郎である。

　変革を志し、そして去っていく経営者たちは自らの会社の歴史を振り返り、会社の創業理念という言葉を再発見し、そこにインテグリティがあることを知る。これがイノベーション企業のほとんどで起きる「創業回帰」という現象である。

　イノベーションリーダーにはこのインテグリティが強く求められる。というよりも最大のMUST条件となる。このインテグリティの表現は各社さまざまであるが、私が接してきたイノベーション企業では次の3つがキーワードとなっている。

　[*1]　インターネットなどIT関連企業の株価が大きく上昇したこと。この後ITバブ

ルは崩壊する。
*2　元ライブドア社長の堀江貴文氏のこと。ニッポン放送の買収劇などでマスコミを賑わした。
*3　村上世彰氏がリーダーとなっていたファンドのこと。阪神電鉄の買収劇などでマスコミを賑わした。
*4　労働者派遣契約を打ち切ること。

（ⅰ）愛

　特に団塊の世代の経営者たちが好んで使うキーワードである。愛とは「好きの極致」である。これはさらに次の３つに因数分解できる。

・従業員への愛

　イノベーションリーダーの第１条件は求心力であり、これは従業員からイノベーションリーダーへの愛と表現してもよい。

　私のクライアント企業の社長が経営者候補を前に次のようなことを言った。

　「経営者になるなら従業員から愛されることが必要だ。愛されなければ経営者というポストはつらい。従業員から不平、不満をぶつけられていたら、経営者なんてやっていられない。では愛されるにはどうしたらよいか。それは愛することだ。人から愛を求めるのは難しいが、人を愛することは簡単だ。自らの奥さん、旦那さんに愛されたいと思うなら、自分がそのパートナーを愛することだ。だから従業員に愛されるには、自らが従業員を愛することだ」

　これを経営塾の冒頭で１時間にわたって話した。

　では自社の従業員を愛するにはどうしたらよいだろうか。キーワードは「尊敬」と「感謝」である。

　まず第１は従業員を尊敬することである。現代経営のキーワードはリスペクトである。では人を尊敬するにはどうしたらよいか。それはその人の長所を見つめることである。どんな人にも長所、短所がある。長所は高い能力であり、短所は低い能力である。ここで常にその人の持つ高い能力に着目することである。会社という組織は、メンバー各々が長所という高い能力を生かし、低い能力を補完し合う場である。

第 2 章 イノベーションリーダーの条件

　あなたがイノベーションリーダーを目指しているのなら、おそらく今はマネジメントを担当していると思う。マネジメントの基本は、各チームメンバーの高い能力に合った仕事を適切にマッチングしていくことである。そうしていくと、それ以外の能力が低いことによってできない仕事も出てくる。これをマネジャーが補うと考える。これがマネジメントの例外処理である。

　自分がマネジャーならプレイヤーを目下の存在と思わないことである。プレイヤーは現場の仕事を担当し、マネジャーはマネジメントという仕事を担当していると考える。つまりポジションの違いと考える。そしてそう思っていることを周りにはっきりと態度で、口に出して、示すことである。創造力の高いプレイヤーならアイデアが生かせる仕事をなんとか与え、「あなたの高い創造力を生かしてこの仕事をやってください」と言葉に出して伝える。論理性の高い人なら、情報を整理・分析する仕事を与え「私にはない"あなたの高い情報分析力"で私を助けてほしい」と言う。そしてそのリスペクトがイノベーションリーダーへの道と考える。

　もう1つのキーワードは感謝である。今、あなたがマネジャーなら、現場で働くプレイヤーのおかげで自らが給与をもらっていることをいつも心に置いておく。その気持ちが強い人がイノベーションリーダーになるという仮説を持つ。プロ野球で監督をやり、優勝した時の落合博満氏の言葉が印象的であった。プレイヤー時代は我を通し、「俺流」「俺が、俺が」と言っていた落合氏が、優勝した時に言ったのは「全部選手のおかげだ。野球をやったのは選手だ。選手に感謝している」という言葉である。プレイヤーを引退してから監督になるまでの数年の間、監督とはどういう仕事かを真剣に考えていたのだと思う。

　そしてこの感謝の目を、自チームのメンバーだけでなく、組織の中で日の当たらない仕事をやっている人に向けよう。飲料会社であれば、暑い中で自動販売機に商品を補充している姿を目に焼き付け、感謝の念を持つことである。工事会社であれば現場で汗水たらして工事をやっているメンバーを、メーカーなら工場で毎日ひたすら単純作業を続けているメンバーに感謝することである。オリンピックで金メダルを取った人が必ず言う「私1人の金メダルではありません。毎日、食事を作ってくれたスタッフ、一緒にトレーニングメニューを考

えてくれたスタッフ、すべてのスタッフに感謝したい」という想いである。

　誰が会社を支えているのかは冷静に考えればわかる。日の当たる仕事をやり、出世した人より、日の当たらない、そして「それがずっと継続していく仕事」をまじめにコツコツやっている人である。この感謝がインテグリティを作る。

・**仕事への愛**

　今やっている仕事がマネジメントなら、その仕事を愛することである。マネジメントは「人（プレイヤー）のために働くこと」である。まずは自らに問うてほしい。「人のために働くことが好きか」である。そしてイノベーションリーダーとして組織の頂点に立つには、これがさらに強く求められる。人のために働く人が偉い人で、自分のために働く人がダメな人というわけではない。人それぞれ仕事への価値観は違う。ただマネジメント、その頂点に立つイノベーションリーダーには「人のために働くことが大好き」という愛が求められる。もし今やっているマネジメントという仕事があまり好きではなく、自分のために働きたいなら、転職することである。転職は必ずしも会社を変わることではなく、仕事を変えることである。今いる組織の中には、マネジメント以外にもたくさんの仕事がある。というよりもマネジメントはごく一部の人が担当する仕事であり、他の仕事＝現場の仕事の方が多い。だからマネジメントから現場の仕事への復帰を考えることである。前述のクルム伊達公子である。

　もし人のために働くことが好きなら、これを周りに伝えるようにする。そしてチームメンバーの仕事はむろんのこと、チーム以外の仕事にも興味を持ち、何か自分が人のためにやれることはないかを考えてみる。

　かつて私の自著にエピソードとして書いたことがある。私がサラリーマンとして入った会社には同期入社が100人以上いた。この中でトップを切って執行役員になった男がいる。若い頃、私が困って何かを頼むと、いつも彼は「わかった、俺に任せておけ」だった。一方、プレイヤーとしての能力は極めて高いのに、結局出世できなかった人もいた。彼の口癖は「それは私の仕事ではない」だった。

　マネジメントという「人のためにやる仕事」を強く愛せば、その延長線上にある経営という仕事の適性を周りに感じさせることができる。

・**自社への愛**

最後の愛は自社に対するものである。自社のメンバー、仕事だけでなく、自社そのものが好きなことである。自社を信じていると言ってもよい。この人は自社の未来に夢を持っている。自社の長計を見て、愛なき人は「こんな高い目標、うちの力から考えて無理だろう」と極めて悲観的である。愛ある人は目標よりもビジョンという夢に着目し、「10年後にはこんな会社になりたいよね」と周りに同意を求める。

愛ある人はミッション、ビジョン、戦略ベクトルに合意し、その実現を信じる。愛なき人は戦略に批判的で「うちの会社は何を考えているかわからない」と他人事である。

私のクライアント企業のトップは、リーダーに対し「スマイル」をキャッチフレーズとした。「笑え：仕事は楽しくやろう」ということである。また別の企業のトップは経営塾の冒頭で「明るく振る舞え。暗く悲観的なリーダーには誰もついてこない」とボードメンバー予備軍に訓示した。

私は経営塾でイノベーションリーダー予備軍に対し、ポテンシャル評価という経営者適性評価を行っている。ここで愛が感じられない人には、いつも次のようにコメントしている。

「あなたにビジネス能力の高さは感じるが、経営者を目指すなら、もっと明るさがほしい。経営者にとって明るさはMUST条件である。あなたは心の中では自社への愛を持っていると思う。それをもっと表に出してほしい。それにはいつも自社の明るい未来を語るように心がけてほしい。過去の反省、今の業績なんて話してもなんの幸せもない。今この会社が求めている経営者は、10年後の自社の夢を描き、それを周りに明るく語りかける人である。経営者の最大の仕事は、組織に夢を持たせることである」

(ⅱ) フェア

インテグリティの2つ目の要素は"フェアさ"である。イノベーションリーダーとして、この"フェアさ"を周りの人に感じさせられるかである。フェアの反意語はアンフェアである。アンフェアは2つの意味を持つ。不正と不公平である。したがって"フェアさ"にも2つの意味がある。"公正さ"と"公平さ"

である。

・公正さ

　ここでのアンフェアはルール違反という不正だけでなく、道徳違反も含めて考える。「倫理観」と表現してもよい。多くの人は何が公正かは知っている。しかし、こういう行動が正しいと思っても、自らの利益を見つめて、それに反した行動を取ってしまう。どうすれば公正か、どうすれば不正かを知っていて、自らの利益という欲望に勝てず、アンフェアな行動を取ってしまう。セールスマンであれば、そこまで顧客に言ってしまえばオーバートークでアンフェアと思いながら、顧客のためには自社商品の問題点を伝えるのが公正で、伝えなければアンフェアと知りながら、「受注」という成績が欲しくてアンフェアな行為をとってしまう。そして自らのアンフェアさを指摘されても「セールスなんて売れてナンボ」などとうそぶく。こんな人がセールスマネジャーだったら、誰がついていくだろうか。こんなことをやった人が組織のリーダーにはなり得ないことは、冷静に考えればわかると思う。

　ある会社で経営塾の最後に修了レポートの発表会をやった。ここで自らのイノベーションリーダー像を真剣に考えた人が「我が社は業績よりも、『社会に貢献する』という企業理念を意思決定の第1条件に置くべきだ。だからグローバル化も当社にとってのメリットより、我々が進出する国に社会貢献できるのかを考えて、その是非を決定すべきだ」と発表した。これを受け、別の受講者が「そんな崇高な理念では食っていけない」と反論した。そしてこの2人の議論はかみ合わなかった。意思決定の基準が異なっているからである。彼ら2人が同一のボードメンバーに入るわけにはいかない。意思決定基準というよりも、価値観の違う人がボードに入っては意見交換ができないからである。そしてどちらがボードメンバーに入るべきかは言うまでもない。私はこの時こうコメントした。

　「崇高な理念を持ったおかげで食えなくなった会社は見たことがない。しかし崇高な理念を持っていなかったために食えなくなってしまった会社はたくさんある」

　イノベーションリーダーにおける公正さと会社の利益はトレードオフではな

第2章 イノベーションリーダーの条件

いことを知ってほしい。アンフェアな利益を社会から得ても、いつかそれは社会から倍返しされる。

公正さによって、今この瞬間の自らの利益は下がっても（今のマネジャーとしての業績を落としても）、イノベーションリーダーになるという目標が遠くなるのではなく、かえって近くなるという仮説を持ってほしい。ルール違反（会社のルールを守らず業績を出す。周りのチームの業績まで奪ってしまう……）などすれば、イノベーションリーダーへの道は遠くなると考えてほしい。

公正さはインテグリティのバックボーンである。

・**公平さ**

今の仕事がマネジメントなら、すべての部下に公平さを提供することである。もっと言えば公平さを感じさせることである。

これが顕著に表れるのが人事評価である。イノベーションリーダーという経営者を目指す人なら、人事評価の経験はあるはずである。というよりも現在これを担当している人が多いと思う。

人事評価という仕事はこの公平さを見せるチャンスともいえる。公平な人事評価を行って、部下に「えこひいきしている」と思われないだけでなく、もっと積極的に「あの人の評価は公平だ」と思われるようにしたい。

人事評価の公平さを支えるものは、説明力と態度である。

説明力とは、評価した相手がその評価に納得するかということである。しかし、すべての被評価者（評価を受ける人）に評価結果を納得してもらうことは難しい。誰だって自分の評価は高いことを望むはずだし、すべての人の評価を高くすることはできない。

これを因数分解して「評価結果＝人事評価システム × 人事評価オペレーション」とし、この人事評価システムと人事評価オペレーションに合意してもらうことである。前者の人事評価システムについては、評価をする前にきちんと「こういうルールで評価する」と合意を得る。後者の評価オペレーションについては、評価後に「私はこのルールに基づいてこうやって評価した」というプロセスを説明することである。そのためには、評価者である自分が、部下よりも人事評価システムを知り（たとえば、自社で相対評価*がルールになっているな

ら、なぜそれを取り入れたのかを理解し）、相手に説明できる人事評価をプロとして行うことである。

そしてインテグリティにとってもっと大切なのは態度である。部下への接し方と言ってもよい。これは常日頃から"公平さ"を頭に入れておく。たとえば、特定の部下と飲みに行くのは公平だろうか。上司と一緒に飲みに行くような部下は、仕事ができて、もともと評価が高い人なのだろう。しかし一緒にいつも飲みに行っている人を高く評価したら、周りはどう思うだろうか。だからと言って、皆と同じように飲みに行くわけにはいかない。そもそも飲むのが嫌いな人もいるだろうし、年上のベテランの人や、男性上司が女性部下を同じように公平に飲みに誘えるだろうか。イノベーションリーダーを目指すなら、これを機に部下に対し公平さを意識して行動してほしい。そしてそれを周りが見ていることを意識してほしい。

* 個人の評価結果が他人の評価結果の影響を受けるものを相対評価、受けないものを絶対評価と言う。

(ⅲ) プライド

pride とは日本語では「誇り、自尊心」といった意味だが、これもインテグリティ同様に少しニュアンスが異なっているので「プライド」と表現する。プライドは日本語ではむしろ「自信」という言葉に近いものである。

イノベーションリーダーになるのなら、このプライドを持つことである。つまり「自分ならその経営という仕事を担い得る」という気持ちを持つことである。

このプライドを支えるものがこの後で述べる能力、知識、経験といったものである。イノベーションリーダーに求められる能力、知識を持っていないなら、なる前に自力で身に付けることである。今は経営者でないのだから経営経験はない。しかし、マネジメントの立場にいても常に経営者として物事を考えることはできる。そしてこの考えたことを現経営者に伝えていくことである。

このプライドがイノベーションリーダーとしてのインテグリティの最後の仕上げとなる。

第2章　イノベーションリーダーの条件

愛、フェア、プライドというインテグリティの3拍子が揃った時にイノベーションリーダーの道があると信じることである。そしてインテグリティは今持っていなくても、これを自覚し、努力することで必ず得られる。

② リーダーシップ

イノベーションリーダーの「リーダー」に当たる部分である。イノベーションリーダーは何をリードするかといえば、その名のとおり変革（イノベーション）をリードする。変革とは、後述するが「抜本的に変えること」である。

イノベーションリーダーに求められる2つ目の資質は、この「皆とともに自社を変革したい」という思いである。

人には2つのタイプがある。変革タイプと保守タイプである。変革タイプは今がどんなにハッピーでも、「変えよう」という気持ちを持てる人である。保守タイプは「今が不幸であればハッピーを願い、今がハッピーならそれを守る」という人である（むろん今の不幸を保守するわけではない）。したがって、変革タイプと保守タイプは今が不幸なら気持ちは1つである。「ハッピーにする」である。しかし今がハッピーならその行動はまったく異なる。「変える」か「守る」かである。したがって、変革という言葉は常に会社が比較的ハッピーな時、つまり安定期に生まれる。このまま安定が続きそうで、特に問題がなくても「変える」という意思を持つのが変革である。

「変革タイプの人が仕事ができて、保守タイプの人が仕事ができない」ということではない。ビジネス能力の違いではなく、その「思い」の違いである。むろんどちらが「偉いか」ということではない。

変革タイプが組織リーダーとなれば変革し、保守タイプが組織リーダーとなれば組織が安定する。変革タイプがリーダーとなって組織を変革すれば、それを見て変革タイプの若者たちがその組織に集まってくる。保守タイプによって組織が安定すれば保守タイプの若者が組織に集まってくる。

そして組織がイノベーションリーダーによって変革へと舵を切ると、その組織では「変革の意見」（変えよう）が通りやすくなり、若き変革タイプの人間がチームのリーダーとなり、変革は加速度的に進む。これがイノベーションリー

ダーのリーダーシップである。

イノベーションリーダーのリーダーシップは次の要素からなる。

（ⅰ） エネルギー

変革には大きなエネルギーを必要とする。保守には何もいらない。流れに任せるだけである。

会社組織の変革においては、変革している間も会社は活動し続けなければならない。つまり変革は、保守にプラスアルファのエネルギーを要求する。

変革には長い時間がかかる。また変革によって得られる"果実"は、変革が終わってから食べられる。変革とは果実を育てることであり、食べることではない。

前記のとおりイノベーションリーダーには任期がある。そしてその任期の中での最大のテーマは変革である。つまり、変革が成し遂げられる頃にはイノベーションリーダーは会社から去っているかもしれない。イノベーションリーダーは自らの成した変革の果実を食べられないかもしれない。

会社では上下関係と年齢に正の相関がある。組織の上位層に行くほど年齢が高い。だから上位層に行くほど会社で働く寿命が短くなっていく。つまり会社のトップが組織の中で最も寿命が短いと言える。それなのになぜかこの寿命の最も短い人が変革を言い出す。組織の末端の若い人たちが次のように言うのならわかる。

「会社を変革してほしい。今安定していて少しハッピーでも、この状態が永遠に続くと思うと耐えられない」

この変革を創業者のオーナー社長が言うのではなく、学校を卒業してすぐこの会社に入り、サラリーマンとして働いているうちにいつの間にかトップに立った人が言う。私はこの気持ちが理解できなかった。このサラリーマントップは変革に膨大なコストを払い、それによって自らの任期中はリターンがなく、そのコスト分だけ自らのクビがかかっている業績を落としていくのである。そして変革し終わった頃には去っていき、変革後の会社を外から傍観者としてしか見ることができない。

第 2 章　イノベーションリーダーの条件

　この変革を最初に言い出したのは、団塊の世代の経営者たちである。彼らは妙にさっぱりしたところがあり、それ以前のトップのように長期政権を望まない。自らで自らの任期を決め、次のトップへ政権を渡し、去っていってしまう。私は彼らの思いがよく理解できなかった。そして何人ものこのタイプのトップと会うようになってやっとその思いがわかった。
　自分が会社を去り、その後平均寿命から考え 20 年くらいは生きている。この間、特にやることはない。長年勤めた会社のトップをやった後、別の会社のトップをやることは日本では極めて稀である。そして死んでいく。自らが死んでいく時、自分が勤めた会社の後輩たちが自らに花を手向けて、こう言ってほしい。
　「あなたの会社はついに変革しました。あなたの変革の夢はかない、今、花開いています」
　自らのトップとしての仕事の成果を、自らの人生の証として残していきたいのである。そしてこの想いを一にするボードメンバーと変革をしたいと願い、次のトップにもこの想いを DNA として引き継いでもらいたい。だから自らでトップを選定することを強く求める。
　もうわかったと思う。この変革エネルギーの源は自らのためでなく、会社のためという「想い」にあり、先記した会社への愛と言える。そしてその愛の多くは、次世代の若者たちに向けられている。
　自らの任期中の業績を落としてでも、次世代の若者たちに働く喜びを提供することである。特に、今組織の末端で苦労して汗水たらして働いている"日の当たらない若者たち"がこの会社を去っていく時に、「この会社に勤めてよかった」と言ってもらいたいのである。

　ある会社の経営塾でディスカッションをしていた。この会社は X という事業でトップシェアを持ち、業績は安定している。ただほとんどの人が「X 事業に頼りすぎており、もしこれがコケれば大変なことになる」と思っていた。その時 1 人の受講者から発言があった。「でも X 事業だって今無くなるわけじゃない。どう考えても 5 年やそこらは持つ。あわてて何かをやる必要はない。じっ

くり考える時間はある」

　この人は5年先までしか見ていないのである。もしかしたら自分が定年で去ってしまうかもしれない「5年から先の会社」にはあまり興味が持てないのである。「5年先のために、今時間とコストをかけて業績を落としたくない」という思いである。これがまさに保守である。一般にこの保守の意見の人ほど声は大きく、変革の声は次第に消されてしまう。保守派の多くはその会社で実績を残した人たちであり、その自分たちが作った実績という成功体験が誇りであり、これを捨てたくない。そしてこれがこの会社のトップのすぐ下にいる幹部層（この会社は経営塾をやっているのでトップは変革を志向している）の共通の思いであり、トップが変革を組織に訴えても、それが組織の末端まで届かない原因である。変革の最大の抵抗勢力はトップの直属の部下である現経営陣であろう。ここにイノベーションリーダーが求められることになる。

　この会社の経営塾の受講者は、組織の上層部から徐々に下へと向かっていった。そして下へ行くほど変革の意見が増えていった。

　私はこんな時、若きプレイヤーの意見を聞いてみたいと思い、「イノベーションマネジャーを養成しましょう。変革のボードメンバーを作っても頭でっかちで足腰がついてこなくなってしまう。今のうちに作って、プールしておきましょう」と提案し、若きトッププレイヤーに対し変革マネジャー養成塾と称して、経営塾とほぼ同一のメニューをぶつけてみる。結果は経営塾とは異なり、変革の声が支配し、これらが化学反応して、まさに大きなエネルギーを生む。これが変革時に起きる若手抜擢という流れである。

　過去の実績を自らのビジネス人生の糧にしている人に変革はできない。イノベーションリーダーに求められるものは過去の実績ではない。過去の大きな実績を生んでいても（生んでいなくても）、これを捨て、次世代の若者たちのために変革し、次世代の若者たちが自分たちの手でその新しい業績を生む環境を作ることである。この想いが伝われば、若者たちはついてくる。これがイノベーションリーダーシップである。

(ⅱ) 理念

　変革は理念である。理念とは"他人には説明できない考え方"である。だから「なぜ変革するのか」という問いには答えられない。「変革する」と決めたのである。登山家に「なぜ山に登るのか」と尋ね、「そこに山があるから」と答えるのと同じである。

　組織において、理念の異なる人とは仕事をできない。特に組織のリーダーたちが違う理念を持っていれば、そのリードされる人たちはこれに戸惑い、組織が崩壊してしまう。

　会社という組織も全リーダー、さらには全従業員の理念共有が必要である。これが後述するミッションである。変革を理念とするならば、それを組織内、そして組織外のステークホルダーにミッションとして訴えなくてはならない。したがって、現在のミッションに変革に対する考え方が入っていなければ、これを変える必要がある。この時、前述のように歴史のある会社は創業経営者の言葉などを振り返る。そこには「変革」「革新」「創造」といったキーワードがあることに気づく。これをミッションに戻す。温故知新である。創業とはゼロベースで考えることであり、まさにビジネスの革命である。イノベーションリーダーの起こす変革は第2創業と言ってよい。

　イノベーションリーダーになるなら、この変革という理念に合意し、これを常に頭に入れて意見を出すことである。「これは変革か」と自らに問う。それがイノベーションリーダーシップを周りに感じさせることになる。

(ⅲ) 夢

　変革には夢が求められる。変革した後の姿である。言い方を変えれば、変革とは今とは違う姿を将来に求めることであり、これが夢である。

　変革の夢はトップ、イノベーションリーダーという組織上位層のものではない。その夢が実現した後にそこで長く働く人たちのものである。夢が実現した後、多くのイノベーションリーダーはもうそこにいない。夢はその夢を楽しむ人のためのものである。

　「我が社の若者たちは何を考え、何を夢見て、この会社に入ってきたのだろう」

PART I　イノベーションリーダーのフレームワーク

　これがイノベーションリーダーが作るべき夢の原点である。若者たちの夢は人によってそれぞれ違う。しかし共通の夢、最大公約数の夢があるという仮説を持つ。そしてそのベースとなるのがミッションである。それが「技術で社会に貢献」であるなら、「どうやったら我々の技術は社会に貢献できるのだろうか」と考え、その姿を描く。これが後述するビジョンである。したがって、ビジョン作成はトップ、イノベーションリーダーという経営者だけでなく、組織の階層ごと、事業ごと、職種ごとの代表者の意見が求められる。この人たちがプロジェクトを組んでビジョンという夢を作っていく。夢は持つことに意味がある。

　ビジョンという夢を描いても、それを見る目は人によって違う。「その夢は組織をワクワクさせるものか」と見る人と、「そんな夢が実現できるのか」と見る人である。前者こそがイノベーションリーダーシップである。夢は実現することよりも、その夢はワクワクするかの方が大切である。

（ⅳ）　期待感

　夢には期待感が必要である。先ほどの「実現できるか」と矛盾していると思うかもしれないが、そうではない。ここでの期待感は「実現できるか」という第3者的な判断でなく、「実現したい」という願いである。

　私は前著『コーポレート・イノベーション』で「苦しくても夢を実現する。今は不幸でも明日は幸せになる」という期待感を、変革期におけるリーダーシップと定義した。しかしその本を書いてから7年余が経ち、その夢の実現に向けて努力している多くの会社を見て、その考えが少し変わった。変革のリーダーシップとは、変革のプロセスにも楽しさを感じるということである（もちろん苦しさもあるが）。明日のために今を耐えるのではなく、明日の夢のために仕事をした方が、夢を持たずに仕事をしているよりずっと充実している。この夢を楽しみ、その楽しさを周りに浸透させていくのがリーダーシップである。

　変革に求めるものは達成感（変革を達成した喜び）ではなく、期待感（変革は楽しい。今のままでいるより充実している）であり、これを組織メンバーに持たせることがイノベーションリーダーシップである。

　前述の経営者の言葉「スマイル」も「明るく振る舞え」も、「今を変えるこ

とを楽しめ」「リーダーはその楽しさを周りに感じさせろ」という変革トップの思いであろう。

　日本は団塊の世代のパワーを中核として世界チャンピオンにまで上り詰めた。彼らは24時間働き、休みもなく、働き好きのジャパニーズビジネスマンとして世界に名を馳せた。彼らが世界チャンピオンとなって気づいたのは、防衛するつらさである。「チャンピオンになるまでの道程は、今思えば苦しかったのではなく、楽しかった。今のように防衛している方がよっぽどつらい。今の自社の若者たちは夢を見るという楽しさを知らず、今を守る苦しさしか知らない。彼らに自らが味わった楽しさを伝えたい」というのが団塊の世代たちの若者たちへの遺言であろう。この遺志を継ぐのがイノベーションリーダーである。

　団塊の世代の経営者たちが若者たちに講話すると、よく自分の若い頃の話を涙ながらに語る。

「顧客と喧嘩してでも自社製品の良さを必死にアピールした」
「夜討ち朝駆けで、取引先の社長を攻略した」
「社長がダメと言っても、この商品だけは作らせてくれと土下座した」
　　　　　　　　……

　これは自慢しているのではなく（若者たちに自慢しても幸せはない）、「私はこの楽しさを、君たちになんとか味わってほしいと日夜考えている。それが自らのサラリーマン人生の最後の仕事だ」というメッセージである。

　先行して変革した会社では、すでにビジョンが創られていることも多い。しかしその会社の若者たちには期待感があまりない。いろいろな会社の若きトッププレイヤーたちに、自社のビジョンについてディスカッションしてもらったが、その結果は皆同じである。

「我が社のビジョンという夢には合意している。ワクワク感がある。でもその夢に向かって我が社が進んでいる気がしない。今日、明日の業績ばかりにこだわって、失敗すれば『誰の責任か』ばかり話し、マネジャー、経営者は自分

のクビを守ることに必死で、現場は毎日がつらく、人間関係はギスギスしている」

　残念ながらこれが実態である。だから夢を創らないというのではなく、この夢に期待感を持たせることが次のイノベーションリーダーの条件である。そのためにはまずは夢を語る時間を作ることである。今、あなたがマネジャーなら、月に1回はチームでそのミーティングを行う、夢を実現するための有志の勉強会をやる、夢プロジェクトを自分で作る、…。今はマネジメントの立場にいても、組織のリーダーとしての自覚を持ち、この「夢を楽しむ」という期待感を持っていることをはっきりと行動で示す。これがイノベーションリーダーシップである。

③　胆力

　リーダーシップがイノベーションリーダーを下から見た資質なら、これは上から見た資質である。私はこれまで自著でこれを「信頼感」と表現してきた。「この人なら仕事を任せられる」という上司から部下への思いである。すなわち旧トップが現トップを選ぶ基準であり、トップがボードメンバーとしてのイノベーションリーダーを選ぶ最大の基準である。

　トップはイノベーションリーダーにさまざまな権限委譲を行う。権限委譲の特徴は上位者（トップ）から下位者（ボードメンバー）へ権限委譲しても、下位者のなした仕事についての責任は、上位者にも残るということである。組織においては責任ごと権限を丸投げすることはできない。だから誰に権限委譲するかは、その権限を持っている上位者にある。権限委譲の源はその人への信頼感である。

　しかし本書では、この意味をもう少し広げて「胆力」と表現する。実はこの言葉を使っていたのは私のクライアント企業のトップである。彼は経営者予備軍を前に「経営者の最大条件は胆力だ」と語った。私はその時、この胆力というあまり使われない言葉の意味が、今一つとらえきれなかった。

　胆力とは、辞書によれば「事にあたって恐れたり尻込みしない精神力。ものごとに動じない力」と書いてある。要するに「肝っ玉が大きい」という意味で

ある。

　では「事にあたって恐れ、尻込み、動じる」とはなんだろうか。それは2つの不安だと思う。「やろうとしていることがうまくできないのでは」「やって大失敗したらどうしよう」である。この不安をいかにして排除するかが、胆力という資質を高める（胆力は「練る」と表現するが）ことである。
　この2つについて考えてみよう。

（ｉ）　やろうとしていることがうまくできない
　これは多くの場合「やってもできない」のでなく、「今までとは違う新しいことをやっても、今より良い結果にはならないのでは」と思うことである。この"思い"が頭をかすめると、新しい仕事に踏み込めなくなる。
　経営塾の修了レポートは「自らの経営者像とそこへのアプローチ」といったテーマで書いてもらうことが多い。ここで半分くらいの人は「まだまだ未熟で今の自分の力では経営者としてやっていけないが、これから精進して経営者として恥ずかしくないようになりたい」と宣言し、結局精進せず、経営者にはならずに終わってしまう。むろん、やる自信のない人に経営者という仕事はできない。組織が企画した経営塾を受講し、今経営者になるチャンスが与えられているのに、その果実を食べようとしない。この人たちのレポートに対するフィードバック評価にはこうコメントしている。
　「こんなチャンスを与えられて、それを先延ばしするなんて歯がゆい。"もう一度"はないかもしれない」
　やりたくないことはやらなければよい。「やりたい」と心では思っているのに、「うまくできないのでは」という不安でそのチャンスを逃すのは、外から冷静に見れば「もったいない」。それは「やってみなければわからない」からである。
　私も34歳の時にサラリーマンを辞めて、たった1人でコンサルタントとして独立した。そのため、独立を考える若きコンサルタントに「よくそんな度胸がありましたね。サラリーマンが嫌だったんですか？」とこれまでよく質問された。私は「今のサラリーマンの仕事が嫌で独立するなら、なんの度胸もいらない。今以上には悪くならないと思って退職するのだろう。私はそのサラリー

マンの仕事が気に入っていた。それでももっとやりたい仕事があった。それがコンサルティングである。やったことはない仕事だからやれるかどうかわからない。でもやってみないとわからない。やりたいのにやらないで後悔するより、やって後悔する方がましだ」と答えた。

　この「うまくできないかもしれない」という感情は「意見を出す」というイノベーションリーダーにとって最も大切なシーンでも悪影響を及ぼす。「キレをなくし、ブレを感じさせる」という現象である。
　「うまくできないかもしれない」という感情を持つと「できそうな常識的な、皆が考えそうな意見」となる。こうしてその意見にキレがなくなる。キレとはその人が持っている"独特の意見"であり、それが無いのならボードメンバーとして集まる必要がない。
　これこそが変革の抵抗勢力である。変革について大切なことは「当たり前の意見」よりも、「キレのある意見」を評価する（必ずしも採用されるわけではないが）ムードである。
　もう1つは、仮にキレのある意見を出しても、誰かから「本当にやれるのか」とちょっと突っ込まれると、その意見を取り下げてしまうことである。これがブレである。こんな時、「やれるかどうかなんてやってみないとわからない。それより、組織としてやりたいか、やるべきかという議論をしよう」と言えるかである。
　キレがあり、ブレがない意見を出せること、これが胆力である。
　私は数多くの本を書いてきた。そして本を書くスピードは他人より速い。私はいつもこう思っている。
　「誰かが書いていて自分でも書けそうな本を書いても面白くない。書けるかどうかより、書きたいテーマを書かなければ書く意味がない。そして本は自分の実力以上のものは書けない」
　その人がやった仕事の結果は、その人の実力以外の何ものでもない。気に入らない結果でも甘んじて受けるしかない。

第 2 章　イノベーションリーダーの条件

(ⅱ)　やって大失敗したらどうしよう

　変革とは今までやっていなかったことをやることである。もちろん大成功することも、大失敗することもある。これはギャンブルとよく似ている。

　ギャンブルをやらない人は、大失敗したシーン（大損）を思い浮かべて「やらない」と決断する。

　ギャンブルにはまる人は大成功のシーン（大儲け）だけを思い浮かべ、大失敗（大損）はないと信じてやる。そしてこれを続け、いつか大失敗が起きて身を持ち崩す。

　ギャンブルに強い人は大成功と大失敗のシーンの両方をイメージしてやる。むろん、大成功のためにやり、大失敗しそうな時の対応（一定以上負けたらやめる）を決めている。

　胆力をつけるならこれである。すなわち大成功を夢（先ほどのビジョン）見て、大失敗したらどうするかを考えておく。

　大失敗への対応は2つある。152ページで述べるが、予防（大失敗しないようにする）と発生時対策（大失敗したらどうするかを考えること）である。そして変革のような時はこの予防が難しい。つまり大失敗しないようにすることが難しい。

　ここが胆力である。大失敗するかもしれないからやめるか、大失敗する可能性があってもやるかである。これは先ほどのシーンと同じである。やらなければ「大成功したかもしれない」と後悔し、やれば「大失敗した」という後悔がありうる。どう考えても後者を選ぶ方が胆力が高い。先ほどのクライアント企業のトップはこの後者を経営者としての条件としたのである。

　ボードメンバーなら大成功のシーンを従業員に夢として語らい、大失敗の時の対応に腹を括ることである。つまり「本当に大失敗なら、自らのクビを差し出す」という勇気であり、「命まではとられない」という開き直りである。

　「大失敗のシーン」をやる前に持っていないと、もう1つの最悪の現象を起こす。それは自らのミスで大失敗（大きなトラブルなど）が起きた時、それに動揺し、隠すことである。「うろたえる」という状況であり、胆力の反対側にあるものである。

PART I　イノベーションリーダーのフレームワーク

　大失敗の時の対応について腹を括っておけば、仮に自分のミスであっても、自らの上司（ボードメンバーならトップ）へいち早く伝えるだろう。というよりも、大失敗の時の対応を、大失敗しないうちに考えるなら、「隠す」という選択肢ではなく、「いち早く伝える」という行動を選択するであろう。「隠してもどうせわかるから幸せはない」「隠しても事態は好転しない。悪化するだけ」という冷静な判断である。

　イノベーションリーダーの見せる胆力は、難事にあたって「がんばって成功するように努力します」という態度ではなく（そんなことは当たり前）、「大失敗したら自らで責任を取ります」という態度である。

　この胆力があるところを、今のマネジメントという仕事をやっていても見せてほしい。イノベーションリーダーになってからより、これを見せるチャンスはあるはずである。というよりもマネジメントの立場の方が自らの胆力の高さを周りに見せることができると思う。責任を取るのが当たり前のポジションより、その責任があまり無いマネジャーの方が「自ら責任を取る」という姿勢は光る。

　自らのビジネス人生の最後に「業績を落として自らが会社をクビになる可能性があっても、会社のために変革をやりたい」という意欲を持つことがイノベーションリーダーへの道である。

　ただこの時、若い人なら（定年間近ではなく）家族の姿が頭に浮かぶかもしれない。私も会社を辞めて独立する時は、2人の娘がいた。長女は4歳、次女は0歳であった。この時、私は安定した収入を捨ててコンサルタントの道を選んだ。私が「会社を辞めてコンサルタントをやる」と告げたら、妻は私の胆力を感じたのか、「あなたの人生でしょ。あなたが決断したら」と言った。

　考えてみればイノベーションリーダーはハイリスクなポジションかもしれない。でもサラリーマンを職業に選んだのなら、その最後にやってみたい魅力的なポジションだと思う。

（2） ポテンシャル能力

　ポテンシャル能力とはその人が潜在的に持っている能力である。スポーツで言えば運動神経のようなものであり、走力、跳躍力、腕力、柔軟性、……といったものである。運動神経は持って生まれた能力であり、スポーツによってそれぞれ使う力、バランスが違い、それをスポーツで使えば高まり、使わなければ落ちていく。そしてそれぞれの力は合理的なトレーニングによって高めることができる。

　ビジネスにおけるポテンシャル能力も持って生まれたものであり、仕事によって使う仕事能力が違う。したがって、ポテンシャル能力によって仕事に向き、不向きが生まれる。さらにその能力を仕事で使うことで高まり、使わなければ落ちていく。そしてその能力を高めるための合理的なトレーニングをやれば、程度の差こそあれ誰でも高まる。

　イノベーションリーダーという仕事にもさまざまな能力が求められ、それによって向き不向きがある。イノベーションリーダーに求められる基本的なポテンシャル能力は次の3つである。

①　創造力

　変革とは物事を破壊し、新たに創造していくことである。したがって、この変革を担うイノベーションリーダーに求められる第1の能力は創造力である。イノベーションリーダーにとっての創造力は「まったく新しい意見を創造していく力」であり、前記した「キレのある意見」と同意である。

　創造力とはポテンシャル能力の中で、最も先天性の高いものと言ってよい。つまりトレーニングなどによって高めることが極めて難しい能力である。そういう意味ではイノベーションリーダーという職種の適性は、この創造力によると考えられる。

　しかし、イノベーションリーダーにとって大切なのは適性よりも意欲である。つまり変革したいという思いであり、それを支えるのは前記した愛である。だから変革の意欲を持ち、イノベーションリーダーになりたいと思っている人が

自らの適、不適を考えても仕方がない。

では、イノベーションリーダーとしての創造力をどう考えたらよいだろうか。これが本項のテーマである。

創造力には大きな特徴がある。それはある時期をピークとして次第に衰えていくことである。もちろん人によって違うが、20代前半くらいにそのピークを迎える人が多いように思う。私も60歳に手が届くようになった今、若い人が出すキレのよいアイデアに接すると、ジェラシーのようなものを感じる。だから20代の若者が起業したビジネスは、かつてないピカピカ光るものであることが多い。

そして残念ながらイノベーションリーダー、そしてそれを目指す人の多くは40代、50代であり、どんなに早くても30代後半である。会社の中では組織の上位層（意見が優先される）ほど年齢が高く、若者たちのキレのある意見は反映されない。というよりも経営層にまで届かず、組織の途中で消滅してしまう。これが変革の大きな壁となる。

だからと言ってイノベーションリーダーは部門長でもあり、いくらなんでも仕事が未熟だったり、マネジメント未経験の若者が担うわけにはいかない。逆に考えれば、なんとか創造力を少しでも高めることさえできたなら、イノベーションリーダーへの道はぐっと近づくと言える。

ところで、なぜ創造力は年とともに衰えていくのだろうか。そのメカニズムさえ解明できれば創造力を衰退させない、さらには回復できるアンチエイジングの道があるはずだ。

ここでは「仕事をやっていくうちにそれが経験となり、いろいろなことを学習するため逆に創造力が落ちてしまう」という仮説を持つ。何を学習するかと言えば、「こうすればうまくいく」というコツのようなものである。そしてこのコツを数多く持つうちに、それが"常識"（そう考えるのが当たり前）となり、常識を打ち破る意見、つまりキレのある意見が出なくなってしまう。

イノベーションリーダーを目指すなら、まずは創造力がその条件だということを知り、自らが仕事をやっていく中で創造力を落としてきたことを自覚する

第2章 イノベーションリーダーの条件

ことである。そのうえで創造力をアンチエイジングするために、日頃からトレーニングする。本番のイノベーションリーダーという実戦をやる前に、ランニングをして体力を回復しておくと考えることである。

このトレーニングは創造力を下げる要因（老化の原因）を知り、これを取り払う努力を続けることである。

創造力を下げる要因には次のようなものがある。

(i) 既成概念

「今までそうであったから、そうであって当然だ」という既成概念が老化の最大の要因である。この既成概念という常識を打ち破るのがキレのあるアイデアであり、創造力である。

私は過去、イノベーションリーダー予備軍をはじめとして、1万人以上のビジネスマンのポテンシャル評価をやってきた。そのほとんどが「今の仕事」ではなく「次の仕事」（マネジャー→経営者、プレイヤー→マネジャー）への適性を見るものである。この中に「どうしてこの人、こんなに頭が堅いんだろう」と思う人が少なからずいる。その人たちの多くは、自分がやってきた、見てきたビジネスシーンをケースワークとしてやると、意見を多く出す。そしてそのシーンの背景、本質などいろいろなことをよく知っている。そのバックボーンは「こんな時はこうしたら成功した」「エクセレントカンパニーの××社ではこうやっている」といったことである。まさに既成概念であり、意見というよりも事実である。だから誰も反論しない。つまりこの事実という常識を破る意見を自らで出せなくなってしまうだけでなく、周りの意見をも封じ込めてしまう。

一方、自分がぶつかったことのないシーンをケースワークの題材とすると、この人は意見をまったく出せない。ただ他人の意見を聞いている。そして講師である私がそのまま終えようとすると、必ずこう聞く。「ところでこのシーンでの正解はなんなのですか？」あるいは「このケースの会社は結局どういう手を打ったのですか？　結果はうまくいったのですか？」そして「うまくいったこと」から仕事のコツを見つけようとする。こうやって"成功した手"を残し、

"失敗した手"を捨てていくと、選択肢はどんどん減っていき、常識だけが残る。これが既成概念である。

"失敗した手"も環境が違うところでやれば成功するかもしれないし、逆に過去の成功策だからといってそのとおりやっても失敗するかもしれない。

この人たちも常識を学習するまでは創造力があったのに、自らでどんどんその力を落としてしまう。こうなってしまうと今の仕事を続けることしかできず、その仕事を変革したり、常識を変えるまったく新しい仕事は考えることさえしなくなる。

ある会社で私が次期マネジャー向けのセミナーの講師を行っていた。このセミナーは「現場からの変革」をテーマとしていた。具体的にはマネジャー候補生が現在の仕事の中から変革テーマを見つけ、その計画を作り、半年〜１年くらいの期間で実際にこれにチャレンジし、マネジャーとして適性を見るというものであった。

この時、工場のラインメンバー*の１人が「改善」という生産性向上をテーマとして持ってきた。私は「これのどこが変革か？」と聞いたら、彼は言葉に詰まった。彼は現場に戻って、そのテーマを一緒に考えた工場長に相談した。工場長はセミナーの次の会合の時に来て、私に「なぜ生産性向上がテーマではいけないのか。今、工場が全員で取り組んでいるテーマだ」と言った。私は「生産性向上を否定するわけではありません。ただこのセミナーの目的からは少し離れていると思います。ここでのテーマは変革です。変革というのは、すべての既成概念を取り払って考えてみることです。私が彼に言ったのは『そもそもなぜ生産性向上を目指すのですか？』ということです。彼のやろうとしていることは、言い方はきついですが、結局は"人減らし"です。今、工場に残業があるわけでもないのに、さらに仕事を合理的に短時間でやろうとしています。これで誰に幸せをもたらすのですか？　会社ですか？　会社って誰ですか？」と聞いた。工場長は黙ってしまい、このセミナーに自分の部下を出すことを拒否した。

私がこのマネジャー候補たちに考えてほしかったのは、「この機会に、若き

第2章　イノベーションリーダーの条件

柔らかい頭で常識を打ち破るようなアイデアを出してほしい。生産性を向上すれば幸せになれるなんて思い込まず、先輩たちがこれまでやってこなかったことを、自らの創造力を使ってチャレンジしてみよう」ということであった。

　変革を担うイノベーションリーダーを目指すなら、過去にいわれてきた原理・原則、べき論、セオリーなどすべてに疑問を持とう。これらを知識として持ちながらも、自分の意見を創造していくことである。
　このことを新聞を読んでも、テレビを見ても、繰り返しトレーニングする。「国は財政再建しないと大変なことになる」という報道を聞いても、それをベースとして「どうやって財政再建するのがよいか」と考えていくのではなく、「どうして大変なのか？　国って誰？　国は国民がすべてだろう。国民が国民に借金して、どうしてそれが問題なのか…」などと考えてみる。

　ある会社で経営塾をやっている時、「組合員から管理職に昇格すると、残業手当がなくなって年収が減る。これでは新任管理職のモチベーションが下がってしまう」という意見が出た。これに対し、私が言ったのは次のようなことである。
　「そもそも管理職の方がプレイヤーより給与水準が高いのは当たり前のことなのか。プロ野球で4番打者から監督になると年収は下がるが、誰もかわいそうとは思わない。そもそも給与が下がると皆がモチベーションダウンを起こすのか。プロ野球ではプレイヤーから監督になると、モチベーションが上がる人の方が多い」
　今やっているすべてのことに疑問を持ち、考えてみる。こうして既成概念という障害を取り払う。

　*　工場などで実際に製造を担当する人。流れ作業で一直線に並んで仕事をするのでラインと表現する。

(ⅱ)　得意分野

　経営塾などでブレーンストーミング*をやってみて思うことは、自分が苦手

な分野に関しては一切アイデアを出そうとしない人が多いことである。

「インターネットは当社のビジネスにどんな影響を与えるだろうか」というテーマで意見を求めても、ITが苦手な（というよりあまり好きではない）人はじっと黙り、ITが好きそうな人の意見をひたすら聞いている。そして苦手な人はその意見を聞いて「勉強になった」と考えている。しかしその「勉強になった」という意見は、どこかで聞いたことのある"ごくごくありふれた意見"である。

その分野を得意とする人はその分野の常識を持ち、既成概念も強い。苦手分野だからこそ、キレのあるアイデアを出せるし、世の既成概念を打ち破れる。

そう考えると創造力にとってむしろ怖いのは得意分野である。

多くの会社では1つの仕事をやり続けることが多いので、得意分野と苦手分野がはっきりと分かれてしまう。

営業マンとして入社すると、営業課長、営業部長、営業本部長と垂直にキャリアアップしていく。つまり超得意分野を1つしか持てなくなる。経営塾などではさまざまな職種の人を同一チームにしてディスカッションをする。営業の変革についてブレーンストーミングをすると、営業部門の人が中心になって意見を出す。しかしその意見は変革ではなく改善である。「支店別にやっている営業を、本部制をとって中央コントロールし、皆がコラボレートできるようにする」といったありふれたアイデアである。創造力が高いと思われる営業の人でもその程度の意見である。しかし時々、他職種の人が出すアイデアにはキレがある。「営業は顧客の顔を見ないでやった方がいいと思う。営業マンが会って渡す情報なんて忙しい時は聞きたくもないし、オーバートークも多い。だから顧客へ渡す動画を皆が協力してじっくり作って、顧客へ渡した方がいいと思う。私は他社の営業マンから折衝される側なんだけど、つくづくそう思う」といったものである。

イノベーションリーダーを目指すなら、2つのことを実行してほしい。

1つは得意分野に対してである。その分野について意見を出す時は、意識して自らが持っている常識を否定してしまうことである。そしてその分野を得意としていないアマチュア（他職種の人、外部の人）に意見を求め、愚直に聞き、

第2章　イノベーションリーダーの条件

自らの意見となり得るかを考えてみることである。

　2つ目は苦手分野である。つまり自分が携わったことのない分野であり、自分ではとてもできそうもない仕事の分野である。これには自らの隠れてしまった創造力を呼び覚ますヒントがあると思うことである。先ほどのインターネットに関するアイデアなら、素人の意見が生きることを知ることである。インターネットについてアイデアを求められた時、インターネットが嫌いなら、なぜ嫌いかを意見の原点とする。操作が面倒くさい、立ち上がるのが遅い、キーボードを打つのが嫌い…。インターネットのメールなんて面倒くさいのなら「顧客との打合せは、それぞれの会社の白板をつないで、互いが書いたことを見られるようにしよう」といった感じである。そのアイデアが通るかどうか、実現できるかなんてどうでもよいことである。アイデアは「言ったもん勝ち」と思うことである。

　イノベーションリーダーを目指すなら、自らに創造力があることを周りにアピールしよう。そしてそのアピールが創造力を回復する最大のトレーニングとなる。

　＊　人が集まって自由に意見を出し合うこと。

(ⅲ)　他人の意見

　他人の意見は自らのアイデアのベースである。だからアイデアを出す時は、多くの人が一堂に会して、どんどん出し合うブレーンストーミングをやる。ブレーンストーミングは他人の意見を聞く場ではなく、他人の意見を参考に自らの意見を創造する場である。だから他人の意見に同意も反論もする必要はない。他人の意見を参考に、自らのキレのある意見を創るだけである。

　そしてこの他人の意見の問題点は「言った人」で評価してしまうことである。まったく同内容の意見でも、社長が言えば「ごもっとも」であり、新入社員が言えば「何も知らないくせに」である。他人の意見を参考にするなら、その中身だけを見つめ、自らの意見を創り出していくことである。

　ある会社の創業者が自社の次世代経営者に向けて書いたものを読んだことがある。これは今でもその会社の経営者養成の教科書になっている（書いたのは

なんと1970年代である)。以下の文章は経営の近代化(！)に関するものである。

「組織には人間の創造力を消してしまう力が働く。(中略)一般にベテラン社員は現状を保守したがり、これまでやってきたことを変えることに不安を持つ。一方、若者は創造力に富む。若者は過去にとらわれず、素直に変えることを言い出すことができる。(中略)当然拒否されるべきことでも、権力者が出したものについてはその顔を立てて採決し、当然採用すべきことでも若者が提案したのでは聞き流され、可否さえも話し合われない。意見は中身を見て判断せよ」

こうしてこの会社は1970年代に多くの若者たちが抜擢され、急成長していく。それから30〜40年経ち、その抜擢された若者がトップという権力者となり、上記のような現象が再度起こってくる。そしてそのトップが自らの若者時代を振り返り、同じ教訓を組織に持ち込む。これが変革であり、創業回帰という波であり、これを支えるのがイノベーションリーダーである。

(ⅳ) 生産性

一般に多くのビジネスマンは生産性を意識して仕事をしている。そして組織では仕事のスピードの速い人が評価され、出世し、部下にこれを求め、加速度的に組織のスピード感は高まっていく。

だからアイデアを出す局面でも、どうしてもスピードを意識して、「早く出した方が勝ち」と思ってしまう。アイデアはどんなに時間をかけようと「出したもんが勝ち」である。創造力を発揮したかったら、時間をたっぷりとることである。ブレーンストーミングをやる会議があって、自らの意見を求められることが予想できたら、前もってできるだけ時間をとり、その時間の最後の最後までアイデアを絞り出すことである。「もう出ない」と思ったら、時間をおいて次の日にでももう一度考えることである。

アイデアは「出した数／かけた時間」という生産性など意識しない。「全力でアイデアを出し切ったか」だけがその指標である。

創造力は最後まで絞り出すことで維持できる。運動トレーニングも限度までやることでその力を高め、キープすることができる。

第2章　イノベーションリーダーの条件

（ⅴ）　過去の結果

アイデアは自分について考えると、出た時よりも出なかった時の印象が強く残る。逆に他人がすばらしいアイデアを出したシーンは強く頭に残ってしまう。それを重ねていくと、「どうせ私はアイデアなんて出ない」と思ってしまう。そして自らの創造力が低いと思い、アイデアを出すことをやめ、創造力を使わず、ますます落ちていく。まさに老化現象である。

経営塾や変革マネジャー養成塾では、まず最初に自分の能力を自分で見つめてもらう。創造力、論理性、問題解決能力、リーダーシップ、……といった項目について5点法で評価し、自らでコメントをしてもらう。ここでは多くの人が自らの創造力を低く評価し、これまで「仕事でアイデアを出せなかった」とコメントする。そして自らのまったく知らない分野でたまにキラッと光るアイデアを出す人がいると（ケースワークのグループディスカッションで、周りの人が「自社がどうやったらライバルに勝てるか」と考えている時に、突然「勝っても幸せがないから、ライバルと手を組む」などと発言する）、その人のポテンシャル評価の創造力を高く評価する。すると本人だけではなく、その評価を見た上司や経営者も驚く。

多くの人の創造力は年とともに消えてしまったのではなく、隠れているだけであり、これが何かの拍子に出てくる。この「たまに出た感覚」を忘れないことである。

アイデアについては「出なかった過去」は捨て、「出た思い出」だけを残してほしい。そして「自分ならもっと出る。だって良いアイデアが出たことがある。今出ないのはたまたま調子が悪いからだ」と考える。

そしてアイデアを出すチャンスを積極的に求めよう。新規事業プロジェクトなどがあったら、何はともあれ手を挙げて「ぜひやらせてほしい」と訴え、アイデアを募集していたら（商品名のアイデア募集、…）どんなものでも真剣に考えて応募し、アイデアを求められていなくても仕事や組織に関して浮かんだアイデアは積極的に周りに話そう。もちろんアイデアをベースとする変革を担うイノベーションリーダーには、自らの創造力をアピールして手を挙げよう。

「どうしたらアイデアが出るようになるんだろう」。こんなふうに考えないこ

とである。アイデアはヒラメキであり、どうして出てくるのかわからないものをヒラメキという。

　過去には創造力を高める方法を考えた人がいる。創造性開発という分野である。私も仕事柄、この手のセミナーをほとんど受け、この手の本はたくさん読んだ。私が受けたある創造性開発セミナーでは「心を落ち着かせてアルファ波を出せ。頭の中にメンタルスクリーンを作り、ここにアイデアを描け」とやらされた。何かこの時はアイデアが出るような気がしたが、単なるマインドコントロールだった。

　この手の本にはオズボーンのチェックリストというものが書いてある。「大きくしたら、小さくしたら、逆にしてみたら、……」という過去のアイデアをパターン化したものである。しかしそのリストから出るアイデアはキレがないだけでなく、その人のオリジナリティがない。つまり創造力が高まったのではなく、低いままなんとかキレのないアイデアを出しただけである。

　イノベーションリーダーを目指すなら、自らの先天的な能力を信じ、「時間をとれば必ずアイデアが出る」と思うことである。そしてアイデアを出してみること以外に創造力をトレーニングする方法はなく、出したアイデアを口に出して周りに言うこと以外に自らの創造力を周りに感じてもらうことはできないことを知ってほしい。

②　論理性

　論理性とは「モヤモヤしたものをすっきりとさせる力」である。イノベーションリーダーにとっては、創造力が求められる「アイデアを出す」というシーン以外のすべての局面で用いられる基本的な力である。イノベーションリーダーとして重大な各局面（意思決定、予測、コミュニケーション）での論理性の使い方については次章で述べることとして、ここでは論理性の高め方、というよりも周りにどうやって自分に論理性があることを見せるかについて考えてみよう。

　私は何度も述べてきたが、イノベーションリーダー予備軍に対してポテン

第 2 章　イノベーションリーダーの条件

シャル評価を行っている。そこでは論理性が創造力とともにイノベーションリーダーのポテンシャル能力を見る最重要項目となっている。そして1万人以上の評価をしているうちに、論理性が低く見える人の特徴がわかってきた。それを反面教師とすることで論理性を高く見せるコツを考えてみる。

（ⅰ）　かしこさ
　論理性の高い人は「かしこい」と表現される。「かしこい」の反対側にあるのは「おバカ」（バカではない）である。「おバカ」は決してその評価が低いわけでなく、「一緒にいて楽しい」という意味では高評価である。そして人によっては、周りから「かしこい」と思われるより「おバカ」と思われることを望む人がいる。経営塾などでプレゼンテーションをさせると、ジョークを入れたり、"ウケ"を狙う人がいる。そしてウケると喜び、シーンとしてウケないとガックリする。
　「かしこさ」と「おバカ」は両立できないことはないのだろうが、トレードオフの関係にあると考える方がノーマルであろう。「かしこさ」を演出すれば「おバカ」が消え、「おバカ」を演出すれば「かしこさ」は消える。
　さて、イノベーションリーダーにはどちらが求められるかである。どう考えても「かしこさ」であり、これが論理性のイメージである。資質のところで述べた「明るさ」は求められるが、それは決して「面白い」ではなく「夢がある」ということである。イノベーションリーダーの最大の仕事場であるボードは、「和気あいあい」というムードを持っているべきだろうか。やはり「論理的に議論する」というムードが求められると思う。イノベーションリーダーになろうとするなら、論理性が求められていることを意識し、なるために周りへ「かしこさ」を演出してほしい。

（ⅱ）　数学
　世の中で最も論理性の高い人が選ぶ職業は数学者だと思う。数学は誰しもがぐうの音も出ない、認めざるを得ない「定理」を見つける学問と言える。そして数学者たちはこの定理を見つけていくプロセスで、いくつかの論理テクニッ

クを思いつき、学者らしくこれを皆で共有していった。彼らはこうして論理学という数学の一分野を築き上げていった。

　一方、哲学という文系学問の一部としても論理学は生まれた。哲学らしく「論理」についてさまざまな議論がなされていった。この議論に数学者たちが加わり、その論理性の高さで周りを撃破していった。こうしていつの間にか哲学的論理学は消え、論理学は数学にのみ存在する学問となった。

　ビジネスにおいて論理性を高めるコツは、すべて数学にあると言ってもよい。そして多くの人が気づかないうちにビジネスに数学は使われている。確率、統計は直感的だが、微分は予算というマネジメント分野に、積分は在庫という現代ビジネスの最重要分野の理論的バックボーンとなっている。

　論理性を高めるには、その極致と言える数学を学ぶのが近道と言える。そして現実に理系出身（数学を学んでいるはず）の経営者が多くの会社で誕生している。

　私が過去に書いた50冊の本の中で最も売れたのは『微分・積分を知らずに経営を語るな』（PHP新書）というものである。これがヒットしたこともあって、数学とビジネスを結びつける本を、出版社にリクエストされて数多く書いてきた。『数字を使える営業マンは仕事ができる』（日本経済新聞社）、『確率を知らずに計画を立てるな』（PHP新書）、『今すぐ仕事に使える「数学」』（PHPビジネス新書）、『「数学」を使えるビジネスマンはみな幸福である』（ベスト新書）、『ビジネスマンの数字活用力向上講座』（同友館）、『マネジメントは「理系的思考」でうまくいく』（日本能率協会マネジメントセンター）、『理数系の対人関係テクニック』（日刊工業新聞社）である。別に自著の宣伝をするわけではないが、トレンドに敏感な出版社が、私にこれだけの執筆を求めるほどビジネスマンに数学ブームは起きている。それは数学が出世の近道と思っているからであろう。これらの本に書かれているものは数学そのものではなく、ビジネスにおいて論理性を高めるテクニックである。

（ⅲ）　定義

　数学における「論理」の基本は「AならばBである」（「A→B」と表現する。

第2章　イノベーションリーダーの条件

Aが正しければBも正しいということ）というスタイルである。A→Bを証明し、次にB→C（Bが正しければCも正しい）を証明し、……という形で"いもづる式"に定理を生んでいくものである。これが論理性の基本であり、後述するフロー思考（Aを合意して、次にBを合意する）の原点である。

しかしこう考えると、一番最初の定理であるAを作らなくてはならない。最初に何かに合意しないと何も作れない。これに当たるものが「定義」である。

ビジネスの先頭に立って、それをリードするイノベーションリーダーには定義という考え方が強く求められる。

ビジネスマンの最終ポジションと言える経営者が、苦手としている分野がある。それは財務というカネに関する分野である。多くの経営者はまったくと言ってよいほどこれを理解していない。だから財務という分野の変革にチャレンジした経営者はほとんどいない。（本書では271ページ〜でチャレンジしているが。）

これに関する本を読んで勉強してもチンプンカンプンで、コンサルタントなどに丸投げしたり、ビジネススクールで不思議なセオリーを学んで、わけがわからないままにそのとおり実行しようとする。

なぜ理解できないかと言えば、そのカネに関する分野がモヤモヤしていてすっきりしていない、つまり論理性が低いからである。

私がこの分野を勉強して驚いたのは、言葉の定義ができていないことである。財務、会計、経理、簿記といった言葉を定義しないまま使っている。財務とは「カネを集めること」、会計とは「カネの使い道を報告すること」、経理とは「財務、会計などカネに関する仕事すべて」、簿記とは「会計の一部で、カネの使い道を日々書き留めておくこと」といった形で言葉を定義すれば、すっきりする。つまり論理的である。これを経営塾で話すと、多くの人が「目からウロコ」と言う。そう、言葉を定義すればモヤモヤがすっきりする（＝論理性の定義）。つまり論理性が高まる。

ある会社の経営塾で、ある人が「我が社はマーケティングをやってこなかった」という意見を出し、他の人が「そんなことはない。経営企画部がやっているはず」「いや、真のマーケティングはやっていない」と議論していた。私は「と

ころでマーケティングとはどういう意味か」と聞くと誰も答えられない。マーケティングの昔の定義は「自社商品を売るための努力」であった。これならマーケティングをやっていない会社はない。私が経営塾で定義したのは「マーケティングとはマーケットにおける売り手、買い手、流通、商品のパワーバランスをとらえ、そこに特定の売り手が戦略ベクトルをとること」とした。そう定義すれば、先ほどの会社は「戦略ベクトルを持っていない」、「パワーバランスを意識していない」という意味でマーケティングをやっていないのかもしれない。

議論がかみ合わない時の多くは、言葉の定義があやふやで、違う観点から話し合っているからである。

「まずは言葉を定義しよう」

こう発言することが論理性を高く見せるコツである。

(iv) 情報の分類

論理性はモヤモヤした情報を整理する力であるが、論理性の低い人（周りに低いと感じさせてしまう人）の特徴は、そのモヤモヤした情報が分類されていない。論理性の高さを見せるなら、その情報がどういう性質のものかをはっきりと分類することである。よく言われる「事実と意見は分けろ」はこの1つの例である。

ビジネスにおいて用いられる情報は以下のように分類できる。

(a) 社会などによって決められているもの

法律などの社会ルールや先ほどの言葉の定義のように、どこかで決めたもので、「正しい、間違っている」という判断はなく、そうであることが社会的に合意されているもの。

(b) 社会的に正しいことが証明されているもの

自然法則や定理といったものである。これを体系化したものが学問である。先ほど述べたビジネスに適用される数学などはこの典型と言える。「コンスタントに売れる商品は、販売量の平均が同じでもブレのある商品より在庫量は小さくて済む」といった情報を指す。

(c) 事実

第2章　イノベーションリーダーの条件

実際に起きた出来事、結果などがこれに当たる。

しかし「我が社の顧客へのサービス満足度はアンケート調査の結果、『ほぼ満足』が50％」といった情報は、必ずしもすべてが事実ではない。だからこの中から事実を抜き出して識別することが求められる。ここでは「顧客の50％がサービスにほぼ満足している」ということが事実なのではなく、「特定のアンケート調査（いつ、誰に、どういう形で行ったのかということも大切な事実）においてアンケート回答者（当然未回答者もいるはず。この回答率も大切な事実）のうち約50％が、5つある選択肢の中から『ほぼ満足』という選択肢を選んだ」が事実である。

人間はどうしてもこれを自分に都合よく（自らの特定の意見を通しやすくするために）普遍的な事実のように表現してしまう。

論理性を高く見せて、イノベーションリーダーになりたいのならこれを自制する。そして長い目で見れば、その自制によって自らの意見が通る確率が高まっていく。「あなたが言ったことを周りが信じる」ということである。

（d）他人の意見

この他人の意見は（a）〜（c）と混乱する。場合によっては先ほどのアンケート調査同様に、自らの意見を通すために、あえてこれを識別しないで表現してしまう。

「A社は営業力でシェアNo.1になった」

この中で事実（らしきもの）は「A社がシェアNo.1」（しかし「そのシェアもどうやって計算したか」が問題である。どの商品をライバルと考えているのか…）であり、どう考えても「営業力がその理由」というのは「誰かの意見」である。たとえば「A社の社長がそう発言した」「××新聞に○○氏が書いた」。

ここでうまく逃げるなら「〜と言われている」と表現したり、もう少し突っ込んで「一般的に〜と言われている」という表現にする。こうして「たった1人の意見」でも、いかにも（c）の事実のように周りに説明してしまう。確かにうまいと言えばうまいが、こんな誤解を誘うような言い方は厳に慎むべきである。少し論理性の高い人が聞けば「なんて怪しげな言い方なんだ」

と思って、その情報自体を、他人の意見としても信用しなくなる。

　もっとひどい人は「会社は営業力がすべてである」と断定的にして、あたかも（b）の定理のように情報を歪めて、それに対する反論を封じ込めようとする。意見を出し合うボードメンバーとしては禁じ手以外の何物でもない。

　「他人の意見」は「誰の意見か」という事実をはっきりさせ、その意見のすべて（背景、前提など）を正確に伝えることである。先ほどの「A社は営業力でシェアNo.1になった」も前後に何か付いていればこれを正確に伝える。たとえば、「もし商品力に差がないと仮定すれば、A社は営業力でNo.1になったと考えてもおかしくない」といったことである。

　マスコミがある政治家の失言を報道した時、その政治家が「私の発言の全部を報道してほしい。一部を意図的に抜き出して、国民に誤解を与えるように報道するのはひどい」と言うが、そのとおりだと思う。

（e）自分の意見

　先ほどの「A社は営業力でシェアNo.1になった」というのが、それを発言した人自身の意見の時もある。これさえも「〜と言われている」と表現してしまう人がいる。さらには「営業力である」と断定的な表現をし、定理のように感じさせてしまう。まさに非論理性の極致である。

　この時、よく使うのが「かの営業の神様と言われる××氏が言っているように」という冠を意見の前に付けることである。こうして自分の意見を他人（神様）にすり替えて意見を正当化しようとする。営業の世界に神様がいるわけがない。だから周りの人がこれに気づくと、この論理性の低い人の意見を、それから先はすべて「眉に唾をつけて」聞くようになる。

　テレビ番組で評論家などが「原発をゼロにすべき」という自分の意見を通したい時に、政治家に対して「これが国民の声だ。政治家ならこの声に耳を傾けるべきだ」と"したり顔"で言う。どう考えても「国民の中にそう考えている人がいる」であろう。もっと正確に言えば「誰に聞いたわけではないが、私はこう思う」なのに、反論を抑えてなんとか議論を断ち切ろうとする。

　自らの意見をなんとか通そうとして表現を歪めれば、かえってその意見は通らなくなる。イノベーションリーダーを目指すなら、自らの意見を「私は

こう思う」と、堂々と伝えるべきである。それが論理性を高く見せるコツである。

③ 調整力

ここまでのイノベーションリーダーの資質は、すべてその個人が内に持っているものであり、その資質を自らで高め、トップをはじめとする周りの人にその力を認めてもらう努力をして、イノベーションリーダーになっていくというものである。

一方、この調整力は周りの人とのインタフェースであり、周りが直接目で見て感じ取るものである。

調整とは「2人または複数の人がそれぞれ異質の意見を持っている時、それを1つにまとめていくこと」であり、調整力はこれをスムーズに成し遂げていく力である。イノベーションリーダーは経営者かつ部門長という組織の要であり、「調整」はまさに本来業務である。したがって、調整力はイノベーションリーダーに求められる基本的な能力であり、その選定時に考慮されるべき力と言える。

ここで大切なことは、「調整」と「折衝」は異なることである。折衝とは、辞書によれば「利害関係が一致しない相手と、問題を解決するために駆け引きすること」と書いてある。もともとは「戦争などにおいて、直接的な戦いではなく、駆け引きによって相手より有利に立つ」ということが語源である。

イノベーションリーダーに求められる「調整」は、利害関係が一致しない相手と行うものではなく、組織内の利害関係が一致する相手と異なる意見を持った時に、1つの意見に皆が「合意」していくことである。だから駆け引きのテクニックなどいらない。イノベーションリーダーの仕事にパブリック・リレーションズという外部と接する仕事もあるが、これも折衝ではない。利害関係の一致しない相手と駆け引きするのではなく、利害関係を一致させ、ステークホルダー（利害関係者）になってもらうことである。

この調整力を支えるものは次の2つである。

（ⅰ）秩序

　27ページで述べたが、組織には秩序が存在する。秩序とは「組織内における意見の優先度」であり、2人の意見が分かれた時、どちらの意見を優先させるかというルールである。イノベーションリーダーであれば、部門長をしている部門内では最も優先度が高く、ボードメンバーとしてはトップ→経営スタッフ部門長→事業部門長→機能スタッフ部門長の順に優先度が高い。

　調整力の第1のポイントは「自らの立場を知る」ということである。

　この立場を考えると、ビジネスにおける調整には3つのシーンがある。

　1つは秩序上位者との調整である。ここでのポイントは「分をわきまえる」ということである。つまり調整相手は秩序上位者であり、もし意見が分かれたら相手の意見が通ることである。それがどうしても嫌ならその秩序から逃れるしかない。つまり退職するしかない。

　ただし、1つだけ例外がある。それは相手の意見がコンプライアンス違反の時である。違法行為、または社会的道徳に反することといったものである。正義に反すると思ったら、その秩序上位者にコンプライアンス違反を訴え、それでも変えないならその人よりももう1つ秩序上位の人に自らの意見を言うことである。それでもダメならその上位…、最後はトップである。トップもコンプライアンス違反をするというなら、退職しか道がない。犯罪者にだけはならないで我が身を守ることである。

　一般のシーンに戻してみよう。ここでは相手が秩序上位者なのだから、まずは自らの意見を含め自らが持っているすべての情報を伝えるべきである。まずは「相手と自分は異なる情報を持っているので意見が合わない」という仮説を持つ。だから「自分が持っていて相手が持っていないと思われる情報」があればすべて伝え、相手の意見（判断）を聞くべきである。

　相手の意見が自分の意見と同じになれば合意である。もし意見が合わなければ、先ほどの逆を行う。「相手が持っていて自分が持っていない情報」を確認することである。調整テーマに関し、自分が持っている情報はすべて渡したのだから、これを聞けば自分と相手は同じ情報を持つことになる。これで自らの意見が変わらなければ、同じ情報を持っているのに相手はなぜ自分と違う意見

なのかという「理由」を聞き、これに同意する。同じ情報を持っている2人の意見が異なっていても不思議でもなんでもない。「組織の秩序に従って上位者の意見が通る」。これだけのことである。

　2つ目のシーンは自らが秩序上位者の時である。その時は逆に、まず相手の意見も含めこのテーマに関して相手が持っている情報をすべて聞く。決して自らの意見を先に言わない。それでは調整ではなく、命令になってしまう。命令に調整など必要ない。

　もし相手の意見に同意できたら、これで合意である。この時は「私もそう思う」で終わる。もし異なるなら、自らが持っていて相手が持っていない情報を伝える。それでも相手が自らの意見と異なるなら、「なぜそう思ったか」という理由を聞く。そのうえで自らの意見と自らがそう思った理由を言い、この言葉で締める。

「こうやってください」

　相手が納得しなくてもよい。これが組織の秩序だということを知ってもらう。反論されても「それを決めるのは私の仕事です」と言うだけである。

　3つ目のシーンは相手が同一秩序の時である。イノベーションリーダーで言えば事業部門長同士といった場合である。この時は調整ではなく、意見交換を行う。それぞれが持っている情報、それぞれの意見とその理由を言い合って、合意しなければ、互いにとって共通の秩序上位者に判断を仰ぐしかない。

（ⅱ）　リーブ

　調整はディベートではない。ディベートとは、異なる意見がある時、これを議論し、どちらかに収束することである。もう一歩突っ込むと「ディベートテクニックを駆使してなんとか自分の意見を通す」という意味を持っている。まさに先ほどの折衝であり、駆け引きである。これは反調整力であり、イノベーションリーダーというよりも組織人として、とってはならない禁じ手である。

　A、Bの2つの意見がある時、Aを通したければAのメリット、Bのデメリットだけをひたすら主張し、なんとしてもAがベストだと周りに合意を迫るのがディベートである。

しかし、よく考えればAとBに意見が分かれているのだから、A、Bどちらをとってもおかしくないのであろう。そしてある人はAと言い、ある人はBと言ったのである。ここから先は、民主主義であれば多数決だが、組織ではこれを秩序が決める。

　ここで大切なことは、AとBの2つの案があった時、自分がAだと思っても「Aを通したい」という気持ちを捨てることである。言い方を変えれば「Bと言っている相手がAに変わってくれないか」という気持ちを持たないことである。つまり説得しないことである。これを「リーブ」と表現する。意見は「その人が思ったこと」であり、どう思おうと個人の勝手である。相手がどう思うかよりも「自分がどう思うか、なぜそう思うか」が相手に伝わっているのかを常に考え、もし伝わっているのならあとはリーブである。leaveとは「そのままにして離れる」ということである。

　「なんとか自分の意見に同意してほしい」と思っても、相手は生まれも育ちもやってきた仕事も違う人である。だから1つのテーマに関して自分とは違う意見を持っていて当たり前である。ここではむしろ48ページで述べたリスペクトである。相手の意見は尊重するということである。もちろん相手の意見に合わせることではない。相手の意見を自分の意見を決める「1つの参考情報」と考えることである。

　リーブは特に秩序上位者に求められるものである。よく経営塾でディスカッションしていると「いまどきの若者は何を考えているかわからない」という意見（ぐち）が出る。当たり前である。育った時代がまったく違い、やっている仕事がまったく違うのである。こんなふうに思えば、相手である若者も「うちの部長は何を考えているかわからない」と言っているはずである。考えていることがわからないなら直接聞けばよいと思う。というよりも、上司という秩序上位者なのだから下位者の意見は聞いて然るべきである。そして自分の意見と合わないなら嘆いているのではなく、彼らと持つべき共通のルールは秩序であり、上位者が持つべきものは説得（言って聞かせる）ではなくリーブである。「気持ちが通じあう」ことよりも「組織として行動させること」が組織上位者のなすべき仕事である。

第2章　イノベーションリーダーの条件

経営塾、変革マネジャー養成塾などでディスカッションをしているとディベートをやりたがる人がいる。しかし、この塾でのディスカッションルールは「相手の意見には反論しないで相手の意見を聞く。違う意見があるのなら、その意見の後に言う。意見はまとめない」というものである。ここでは自らの意見を出し、人の意見を聞くトレーニングをしているのだが、このルールを無視し、自らの意見を主張し、相手の意見に反論し、周りを説得しようとする人がいる。そしてこの人はグループメンバーから浮いてしまう。この人にイノベーションリーダーとしての適性を感じる人はいないと思う。

2 キャリア

イノベーションリーダーに求められる第2の条件は経験である。これには2つの側面がある。1つは、イノベーションリーダーになるまでにどんな仕事を経験しておく必要があるかであり、もう1つは、イノベーションリーダー予備軍から見て、「できれば自分としてどんな仕事を経験しておきたいか」(経験ニーズ) ということである。本書では「過去の経験」と「経験ニーズ」を合わせて「キャリア」と表現する。

これは他の条件とはやや性格を異にしている。資質はもし欠けているものがあり、それに気づけば、なんとかその条件に近づけるように行動したり、トレーニングしたりすることでクリアすることもできる。次に述べる知識は、欠けていれば補えばよい。しかし経験はそれを得るのに長い時間がかかり、かつ自らの経験ニーズどおりに経験できるものではない。サラリーマンは自らの人事権を自らで持っていることはない。しかもイノベーションリーダーを目指す人は、もうすでに業務を経験してしまっており、その最後のキャリアとしてこのポストを求めている。つまり時間がない。

ここではまずイノベーションリーダーの4つのタイプごとに求められる理想的な業務経験を考え、そのうえでそれが得られない場合にどうするかを考えてみよう。

これは会社により異なるが、典型的パターンとして26ページにある会社の

ケースで考えてみよう。この会社は企業向けに技術的なサービス（たとえばソリューションビジネス、機械保守サービスといったイメージ）を提供しており、支社による事業部制をとり、経営スタッフと機能スタッフを持つ。機能スタッフは営業（サービスを売る）、技術（サービスを設計し商品化する）、サービス（サービスをオペレーションする）の3つであり、各支社に営業部、技術部、サービス部を持ち、かつ本社にその機能をリードする営業本部、技術本部、サービス本部を持っている。

（1）　事業部門長

ボードの中核といってよいメンバーである。事業子会社があればこの社長もこれに当たる。

支社スタイルではここに経営スタッフ部門の出先があることもめずらしくない。支社の中に経理部、労務部があるといったものである。特定の事業ドメイン（この場合なら特定エリア。商品ごとの事業部制なら特定商品領域）をクローズして任されているので、その事業（地域）ではトップとして機能している。つまりトップに最も近いポストといえる。

そのためこのタイプのイノベーションリーダーには営業、技術、サービスという経験だけでなく、経営スタッフとしての経験も求められる。しかし、一般にこれをすべて経験したうえで事業部門長というイノベーションリーダーになることは困難である。多くの会社ではプレイヤー時代に職種分けされ、基本的にはその職種の中でキャリアアップしていく。そしてその職種が変わるのがこの事業部門長というポストであることも少なくない。

この職種キャリアごとに考えてみよう（もちろんイノベーションリーダーになることを考えているので、今はそうではないことが前提である）。

①　営業職

これはさらに2つに分かれる。

1つは入社してから今までずっと営業という人である。「現在は支社内の営

第 2 章　イノベーションリーダーの条件

業部長や本社営業本部のマネジャーをやっていて、次のポストとして支社長を望んでいる」といったものが典型的なケースで、これまで「営業」の枠を出ていない人である。したがって、欠けているキャリアはそれ以外の技術、サービス、経営スタッフであり、イノベーションリーダーとしてはどうしてもキャリア不足と見られてしまう。特にこの会社のコア業務であり、まさに現場と言える「サービス」を経験していないことがきつい。もっと言えば、サービスを商品として扱ってきただけに、それを見る目がクールで、愛が感じられないと見られる危険がある。サービスの原価ダウンを求め、顧客のクレームからサービスの品質低下を指摘し……といったことである。

そういう意味ではなんとかこのサービス職のキャリアを積みたいが、今から現場でサービスのオペレーションをやるわけにはいかない。そうなるとサービス部門のマネジメントとなるが、サービスのプレイヤーを束ねるロワーマネジャーは難しい。サービス現場を知らない人が現場のリーダーというわけにはいかない。そうなるとサービススタッフ（サービス支援部）やサービス本部のロワーマネジャー、ミドルマネジャー（支社のサービス部の部長、サービス本部の部長）をなんとか経験したい。それもできないならサービスのバックボーンである技術職である。これは場合によってはロワーマネジャーも可能であるが、難しければ技術部門のミドルマネジャーである。これも無理なら、経営スタッフ、なかでも経営企画部などトップ直属のサポートをすることで、サービスという現場の実態をなんとか考える機会を作ることである。

メーカーで製造の現場を、建設業で工事の現場をまったく知らないで、その事業部門の長になるのはきつい。

そしてそれ以外の職種のキャリアについては知識で補いたい。この知識は2つの部分に分かれる。1つはルール、事実であり、法律、過去の出来事、……といったものである。2つ目はいわゆるナレッジとよばれるもので、過去ビジネスをやってきた人たちの経験を体系化したものである。経験なき分野をこの2つの知識で補いたい。

そしてこの営業職タイプにはもう1つの知識が求められる。それは営業という自らがやってきた仕事に関するものである。しかし残念ながら営業を体系化

したもの（営業のナレッジ）は世の中にほとんどない（拙著『セールスのセオリー』のように体系化したものもあることはあるが…）。この営業の知識は、マーケティングという分野について、ノウハウではなく知識を取得していくことである。マーケティングを営業を含めたマーケットへのアプローチ方法を体系化したものととらえて学習する。この学習を通して自らのやってきた仕事を、一度きちんと整理して体系化したい。そういう意味でイノベーションリーダーになる前にマーケティング部門を経験するのも有効と言える。

もう1つの営業職タイプは、営業以外を経験した人である。サービス、技術部門を経験しているのなら、上の条件を満たしている。もし営業職をやった後で、今経営スタッフを担当していて事業部門長を望むのなら、イノベーションリーダー候補生としてその業務を通してトレーニングしていると考え、自らに欠けている現場経験をこの仕事を通して補っていこう。

プレイヤー時代に人事、総務、情報システムを少しだけ経験しているだけならイノベーションリーダーのキャリアとしてはあまり意味はないので、上記の第1タイプ（営業以外の経験無し）と同じである。

② 技術職

これも2つのタイプに分かれる。サービス部門のキャリアがあるか、ないかである。

ない場合は営業職同様、サービス部門のキャリアがぜひほしい。多くの場合、ロワーマネジャーも可能であろう（技術職としてサービスを設計してきたので）。この経験ができないで、今「技術のマネジメント」をしているなら、この仕事を通してサービスオペレーションを考えることで、その経験をシミュレーションしよう。

技術職でこのほかのどんなポストにいたとしても、事業部門長を目指すのなら、常にサービスという現場に着目し、今のサービスのどこに課題があるのか、サービスプレイヤーは何を考え、何を悩んでいるのかをいつも考えていくことである。これまで顧客を通してサービスを考え、技術でサポートしてきたのだが、これをサービスする人間に着目して考えてみる。

第2章　イノベーションリーダーの条件

　残りのライン機能である営業については、マーケティング知識で補うか、マーケティング部門に短期間でも在籍することである。経営スタッフについては、やるに越したことはないが、知識（100ページの経営に関する知識）で補うのが原則である。

　一方、サービス部門のキャリアがある人は、その条件はたった1つ、上記の知識だけである。

③　サービス職

　この仕事は事業のコア部門であり、そういう意味では最も事業部門長に近いと言える。しかし多くの会社ではこの部門から事業部門長へ直接キャリアアップすることはレアである。サービス部門のマネジメント止まりというケースも多い。メーカーで言えば製造ラインのオペレーターがこれに当たる。

　この現象は、学歴をベースとした差別がその背景と考えられる。営業職、技術職は大学卒（近年は大学院卒）、サービス職や技能職（工場で製造を担当）は高校卒といった形で採用を行い、人事制度でそのキャリアアップスピードを変えている。というよりも、かつてこれを行い（今はその差別が撤廃されていると思うが）、その人たちが最後のキャリアを迎えている。

　この人たちはキャリアを知識で補ってほしい。高卒で学歴のハンディキャップがあるのなら、大学4年分くらいの知識を短期間で一気に学習したい（大学は行ったがクラブ活動や就職活動でほとんど知識学習していない人も多い）。そのためには夜間学校などに通うよりも、公的資格試験を受験することで専門知識を学習し、その証明書としてライセンスを手に入れたい。このライセンスはできれば自社事業の根幹に関わるものにしたい。配送サービスなら物流技術管理士、IT系なら情報処理技術者、生産なら技術士、……といったもので、どんな仕事にも必ずこの資格はあり、多くの会社ではこの資格取得を推奨している。そしてこれを取得しているのは技術部門の人が多い。サービス職の人なら技術職を経験するよりも、サービスを体系化する技術職に求められる公的資格を取り、堂々と事業部門長へキャリアアップしてほしい（むろんそのために技術部門のマネジメントを担当するのもGoodである）。

④ 経営スタッフ職

　経営企画部、マーケティング部などを除けば、多くの人はこのスタッフ部門に新人から配属され、「そのままずっと」という人が多い。この人たちは常識的に考えれば、そのままキャリアアップして後で述べる経営スタッフ部門長を目指すべきであろう。もし事業部門長を望むのなら、技術部門（もしくはサービス部門）のミドルマネジメントの経験が必須であろう。

　一方、経営企画部、マーケティング部に新人からずっとそのままでいて、ボード入りということは極めて考えにくい。他の職種の経験があると思うのでその職種の項を参考にしてほしい。

（2）　機能スタッフ部門長

　ここで求められるのはその機能に関する職務経験である。営業本部長なら営業職の経験が必要であり、当然のことながら持っているはずである。それ以外のライン機能、経営スタッフについては、経験ではなく知識を持つことである。つまり「他のボードメンバーが言っている言葉が通じること」が条件となる。

（3）　経営スタッフ部門長

　現経営スタッフ職のマネジャーがキャリアアップするのがノーマルであろう。人事マネジャーから人事部長といった形である。そして（2）同様に他の経験は知識で補うというのが常道であろう。

　ただどうしても人事バカ、経理バカというイメージ（実際はそうではなくても）が強いので、次に述べる「トップ」を狙う意味でも、中小企業診断士、またはビジネススクールのMBA*などのライセンスが欲しい。

　中小企業診断士は法改正によって「中小企業を診断する資格」ではなくなり、そのキャッチフレーズは「唯一のコンサルタントの国家資格」である（だったら名前を変えた方がよいと思うが）。しかし受験者のほとんどはサラリーマンであり、取得後もサラリーマンを続ける（企業内診断士と言う）。ではなぜ受

けるかと言えば、そこで学んだ経営、マネジメントに関する知識が、サラリーマンとしてのキャリアアップに役立つからであろう。

中小企業診断士は資格試験なので合格・不合格があるが、ビジネススクールのMBAはカネと時間さえあれば取れる。休日、夜間の通学がむしろ主流であり、2年間程度プライベートを犠牲にすれば、誰でも入学かつ卒業できると言ってよい。

＊　Master of Business Administrationの略。経営学修士のこと。

（4）　トップ

トップはマネジャーからいきなりなることは考えづらい。つまり現ボードメンバーの中から新トップが選ばれる。そう考えるとやはり次の3つのタイプがある。

①　事業部門長からトップへ

事業部門長は「その事業のトップ」ということを考えれば、最も近道である。ただ垂直にキャリアアップして、特定のライン職種しか経験していないとそれ以外の分野、特に経営スタッフ系が弱点と見られることが多い。「営業としては一流でカリスマ性があるが、財務、人事をまったく知らず技術に弱くては、トップとしては線が細い」という評価である。これについてはむろん知識習得がメインであるが、もう一歩踏み込みたい。

考えられる最良のケースは、事業部門長の次のキャリアとして経営スタッフ部門長を経験することである。最もやりやすいのがマーケティング部長、最もやりにくいのが財務部長（というよりほとんど無理である）、そしてもしやれるのなら経営企画部長という経営スタッフ部門の花形部門長を経験したい。もしできなければ、先ほどの中小企業診断士、MBAあたりで、その力があるところを見せたい。

② 機能スタッフ部門長からトップへ

ボードメンバーとして機能スタッフ部門長だけを経験して、すぐにトップというのは少しきつい。この後でなんとか事業部門長を経験したい。そのうえで上記①の立場になり、経営スタッフ部門の経験はライセンス取得である。

③ 経営スタッフ部門長からトップへ

これも単一部門（経理、人事など）だけを経験してトップというのは考えづらい。そして常識的には事業部門長を経験しないでやるのはきつい。しかしラインをまとめていく長である事業部門長を、経営スタッフ部門の経験だけでやるのはもっときつい。つまり先ほどのように事業部門長→経営スタッフ部門長はあっても、経営スタッフ→経営スタッフ部門長→事業部門長というキャリアアップは考えづらい。

しかし考えられるパターンが１つある。それは新規事業を担当する部門の長になることである。新規事業部門なら組織内の誰も経験がなく、条件は同じである。トップを間近で見てきた経営スタッフ部門長の経験を活かし、この新

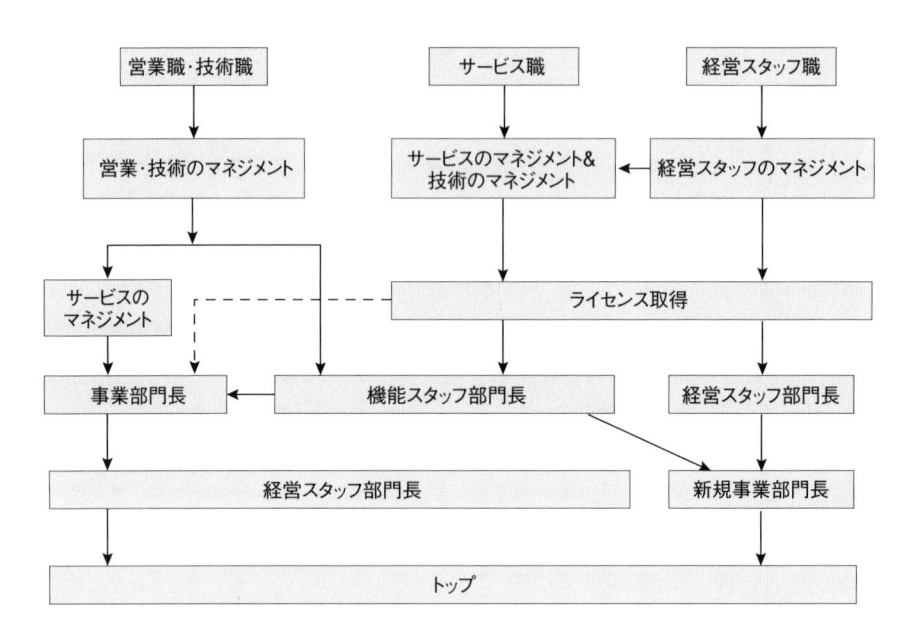

規事業を軌道に乗せてトップへという道であろう。近年思い切って40代後半から50代前半の若手トップを作る会社も多いが、ほとんどがこのパターンである。そして新規事業の多くは海外事業である。つまり未知の海外事業を担当させてトップへというものである。これは前記機能スタッフ部門長もとり得るキャリアである。

職種ごとに望ましいキャリアパターンを整理すると前ページのようになる。

3 知識

イノベーションリーダーの3つ目の条件は知識である。すでにキャリアの面からその一部を述べたが、ここできちんと整理してみよう。

(1) イノベーションリーダーと知識

イノベーションリーダーになりたいのなら、次の4つのことに合意してほしい。

イノベーションリーダーになるということは、経営という今までやったことのないまったく新しい仕事を担当することになる。仕事をやるには知識が必要であり、新しい仕事をやるには新しい知識が必要となる。これが第1の点である。

2つ目は、組織の中で上司と部下がいる時、上司は自分の仕事の知識とともに部下の仕事に関する知識が必要ということである。だからマネジャーをやるにはマネジメントに関する知識のほかに、部下であるプレイヤーの知識も必要となる。経営者をやるには部下であるマネジャーの知識も必要となり、プレイヤーに関する知識（＝事業に関する知識）、マネジメントに関する知識、経営に関する知識の3つが必要である。しかし事業に関しては、自らがプレイヤーとして経験した以外の仕事の知識はほとんど学習していない。マネジメントに関する知識については、多くの人はこの知識なき状態で無手勝流のマネジメン

トをやっている。野球で言えば監督（マネジメント）などなんの知識がなくても、野球がうまければ簡単にできると考えてきた人が多い。

したがって、経営者になるためには事業知識、マネジメント知識、経営知識を「学習すること」が必要となる。

3つ目は、経営者には見習い期間がないことである。プレイヤーのようにコーチがついて教えてくれる見習い期間はない。マネジャーも本来は経営者と同様であるが、なったばかりの時には上司の部長がいて、この人からいろいろサポート（ロワーマネジャーの例外処理をミドルマネジャーがやってくれる）を受けられる。しかし経営者にコーチはいない。だから経営者になる前に、上の知識を身に付け、さらには身に付けていることをなんらかの形で証明しなくてはならない。というよりもそうしなければ変革経営者たるイノベーションリーダーにはなれないと考えよう。

4つ目は、知識はカネと時間さえかければ、誰でも必ず手に入ることである。言い方を変えれば、誰かがやった経験が体系化されていて、誰でも手に入れることができるものが知識、体系化されておらずカネと時間だけでは手に入らないものがノウハウである。知識は本屋で売っている。しかし同じ知識を得るために使う時間は人によって異なる。つまりその人の学習能力（理解力、記憶力、……）によって異なる。そしてこの学習能力は年とともに確実に落ちていく。

それだけではなく年とともに学習する気力も落ちてくる。それは次のような気持ちが生まれるからである。

「今までサラリーマンを30年やってきたが、こんな知識がなくてもなんとかやってきた」

これはROI*が落ちていくために誰しもが持つ感情である。学習能力が落ちることによってI（投資⇒学習時間）が大きくなり、サラリーマンとしての残り時間が短くなったことでR（リターン⇒それを使う期間）が小さくなる。こうしてROIはダイナミックに下がっていく。私がよく言う「今さら現象」である。「今さら学生や新入社員じゃあるまいし、お勉強なんて」という気持ちである。

しかし経営者になるなら、新しい知識が必要なことに合意したはずである。

どんなに時間がかかろうとやるしかない。ROI*なんて気にしている場合ではない。年をとって学習能力が落ちたのだから、その分の時間をかけて学習するしかない。人生の最後の踏んばり所と腹を括ることである。

この4つに合意してもらったうえで、上記した3つの知識についてそれぞれ考えてみよう。

* Return On Investment の略。I（投資）の上に R（リターン）が乗っているというもので、$\frac{R}{I} = R \div I$ を意味する。投資対効果。

（2） 事業に関する知識

その会社の事業に独特の知識である。製造業なら製造、流通業なら流通、金融業なら金融と、「業」（仕事）の前につく「言葉」に関する知識である。

事業に関する知識は、その仕事をやること（その組織にいるだけでも）で自然に身に付いていく。すし職人であれば魚の名前、旬の時期、どの部位がおいしいかなどが、仕事をやっていくうちに覚えようとしなくても自然に頭に入ってくる。「門前の小僧、習わぬ経を読む」である。

ただ多くの会社は複数の事業をやっており、かつ職務分担がしっかりしすぎているため、知識に濃淡がある。

この知識を経営者としてどう考えたらよいだろうか？ 凸凹のある知識の穴を埋めていくことだろうか。それでは膨大な時間がかかってしまう。

事業に関して経営者が着目すべきはビジネスモデルである。事業遂行のスタイルである。これを考えるためには、その事業に関する"体系的な知識"を必要とする。すしであれば先ほどのような「仕事をやるための知識」ではなく、「仕事を考えるための知識」である。「すし屋」という店はそもそもどうやって生まれてきたのかという歴史であり、「すし屋」にはどんなパターンがあるか（カウンタータイプ、回転寿司、宅配、……）、すしのネタの魚はどういうルートで仕入れることが多いのか……といったすし店経営に関する一般論である。私はこれを「そもそも論」とよんでいる。

これを知識として学習するのだが、ほとんどが学問として体系化されている。

すなわち知識化されている。生産一般ならIE（インダストリアル・エンジニアリング）、機械メーカーなら機械工学、エネルギービジネスならエネルギー工学、ITなら情報工学、ドラッグストアなら薬学と流通学、……といった形で、大学に学問として存在している。幸か不幸か、今や大学は就職予備校であり、会社のニーズに応えてあらゆる仕事に関する学習メニューを取り入れ、学問化（知識化）している。今はやりの環境ビジネスに企業が注目すれば、これに合わせて環境工学科を設けている。

この学問を学生のように初歩から学習し、自社の事業と結びつけていく。自社のビジネスモデルを整理するために、自社の新入社員教育で講師などを担当してみるのも1つの手である。

（3） マネジメントに関する知識

本来この知識は、経営者ではなくマネジャーになる前に身に付けるべき知識である。しかし、多くの会社ではこのマネジメントに関する知識を取得させようとしない。管理職教育でやっていることはほとんどが知識ではなく、ノウハウである。たとえば、部下との接し方、上司への対応、インバスケット[*1]、考課者トレーニング[*2]といったものである。外から見ていると、なんでこんなことをやる必要があるのかが不思議なものも多い。まず学ぶべきはマネジメント知識だと思う。と嘆いても、イノベーションリーダー予備軍の多くは、すでにマネジメント経験者である。マネジメントに関する知識は「今自分がやっている仕事を体系化する」というスタイルで、できる限り短時間で学習してほしい。つまりマネジメントの"そもそも論"を速習してほしい（やってみればわかるが「なぜマネジメントをやる前に学ばなかったのか、早く学んでおけば」と思うはずである。経営塾でもこの部分の知識習得をやっているが、受講者のアンケートに書いてある感想は皆これである）。

マネジメントに関する"そもそも論"はさまざまな本に散在している。私はこれを経営塾、変革マネジャー養成塾で短期間に体系的に習得してもらうために、『マネジメント3.0』（同友館）という本にまとめた。マネジメントに関する"そ

第 2 章 イノベーションリーダーの条件

もそも論"を本屋で探して 40 冊くらい読み、これをベースにマネジメントを私なりに体系化したものである。マネジメント 3.0 とは第 3 世代のマネジメントという意味で私がネーミングした。マネジメント 1.0 とは日本が従来からとってきたマネジメントであり、いわゆる経営家族主義とよばれるものである。「上司といえば親も同然」であり、年功序列、終身雇用をバックボーンとしている。マネジメント 2.0 はバブル崩壊後に一気に日本へ取り入れられたアメリカ型マネジメントであり、成果主義をベースとするものである。「従業員ガバナンスのマネジメント 1.0 に、株主ガバナンスのマネジメント 2.0 を取り入れることを強く求められたが、日本企業はこの 2 つをうまく調和させマネジメント 3.0 を生んだ」というストーリーの本である。

　拙著『マネジメント 3.0』は以下のような目次となっている。これが私の考えたマネジメント"そもそも論"のメニューであり、イノベーションリーダーに求められるマネジメント知識である（やや次の経営知識と重複する部分もあるが）。

第 1 章　マネジメント基本論
　1．マネジメントの歴史
　2．マネジメント 3.0 のフレームワーク
　3．マネジメント 3.0 の構造とその原則
第 2 章　ガバナンスマネジメント論
　1．コーポレートガバナンス
　2．CSR とマネジメント
　3．労働法とマネジメント
第 3 章　マネジメントシステム論
　1．マネジメントシステムの構造
　2．マネジメントフロー
　3．垂直マネジメントシステム
　4．水平マネジメントシステム
　5．マネジメントコントロール
第 4 章　マネジメントオペレーション論
　1．チームマネジメント
　2．人事評価マネジメント

>   3. 人材育成マネジメント
> 第5章　マネジャー論
>   1. マネジャーに求められるもの
>   2. マネジャーのキャリアプラン

　この本を書くためにマネジメントの本を読んで気づいたのは、マネジメント知識は事業スタイルに依存していないということである（"そもそも論"だから、当たり前といえば当たり前であるが）。

＊1　バスケットは未処理箱の意味で、箱に入っている案件をどう処理していくかというもの。このセミナーを受けてみて思ったのは、まるで「役所の課長」のような仕事がイメージされていること。

＊2　人事評価をトレーニングすること。なぜか評価（価値を見つける）を考課（優劣を決める）とよんでいる。しかし、人事評価というテクニックをコーチするトレーナーは、本当にその道のプロなのだろうか？

（4）　経営に関する知識

　マネジメント知識同様、経営知識も業種、業態を問わず共通である。経営を22ページで述べた3つの仕事と考えると、求められる知識は大きく2つの分野に分けられる。主にパブリック・リレーションズと資源の調達（外部からの調達）のために必要な「社会に関する知識」と、主に戦略立案、資源の配分のために必要な「会社に関する知識」である。

①　社会に関する知識

　これは大きく2つの分野に分けられる。法（社会のルール）と経済学（社会のモデル化）である。

（ⅰ）　法

　社会には膨大な数の法律があり、全部知識として得るのは不可能である（私

第2章　イノベーションリーダーの条件

の娘は裁判官であるが、彼女を見て「司法試験に受かったからといって、すべての法を知っているわけではない」ということがわかった）。

経営者から見れば次の3つのことを知っておきたい（ちなみに、これについて私は『法律のナレッジ』という本を書いた）。

・法とは

　法と法律の違い（法の一部が法律）、法律の分類、……といった法に関するそもそも論であり、それほどの量はない。

・経営という仕事に関係する法律

　憲法、刑法、民法といった基本的な法律もむろん企業経営をするうえで必要であるが、やはり自らのビジネスを制約している法律がどれだけあるかは押さえておきたい（中身ではなく）。ここでのメインは2つである。1つは産業法という大分類に属する法律である。これはさらに経済法（独占禁止法など）、事業関係法（金融商品取引法など）、知的財産法（特許法など）に分けられる。もう1つは大分類では社会法とよばれるもので、すでに述べた労働法や社会保険法がある。

・コンセプト

　上記の法律の条文、さらには判例をすべて知ることはない（というよりできない）。労働法で述べたとおり、そのコンセプトだけをしっかり理解したい。たとえば、「独禁法はアメリカの反トラスト法をベースとしており、その目的は過度なシェアを特定企業がとると社会にとって不幸なので……」といった感じである。

　上の3つのテーマに関しては、法務部や顧問弁護士などに小冊子にまとめてもらって自習するとともに、社内で半日程度のQ&A形式のセミナー（わからないところを教えてもらう）を受ければOKであろう。

（ⅱ）　**経済学**

　経済学は社会をモデル化した学問であり、企業も社会の1要素としてとらえ

ている。したがって、パブリック・リレーションズの対象である「社会」を理解するには、最も体系化された知識である。加えてこの経済学は戦略論、マーケティング、法律といったその他の経営知識の理論的バックボーンとなっている。

そういう意味では経済学はまさに経営に関する知識のインフラといってよい。私も経営者が学習するテキストとして使用すべく、『経済のナレッジ』という本を書いた。そしてこれを書く前に数十冊の経済学の本を読んだ。この経済学はマネジメントとは異なり、「学」と名が付くだけあって、数学をベースとしてよく理論化され、私にとってはわかりやすかった。

しかし実際のビジネスから経済学を見ると、いくつかの問題点がある。1つは、数学らしく状況設定がシンプルで、現実社会ではあり得ない状況を設定していることである。2つ目は、そのためにその結論が現実の世界ではあり得ないものとなっていることである。3つ目は、純粋な数学とは異なり、学者間の仲があまりよくないため、それぞれの学者の理論が整理されておらず「逆もまた真なり」的なものが多いことである。

しかし、それでも私は経営者を目指すなら経済学を学習すべきと思う。というよりも学習する価値は十分あると思う。上の3つの問題点をよく頭に入れさえすれば（「こんなこと現実的じゃないなあ」と思っても）「読み物」として読んでも面白いし、必ず経営に役立つヒントがあると思う。

本書ではイノベーションリーダー予備軍に経済学の学習イメージを持ってもらうために、そのさわりを少し体系化しておく。

・経済はeconomyの略。economyとは、もともとは「家の財産を守る」という意味であったが、これが「国の財産を守る」という意味でも使われるようになり、ここに経済学（economics）が生まれた。日本語の「経済」とは「経世済民」または「経国済民」の略で、「国（世）を治め、民を救済する」という意味である。「民」は現代社会では「消費者」と「企業」に分かれる。したがって経済学では社会を消費者、企業、国（政府）という3つの要素でモデル化している。

・経済学は経国済民という「国」をベースと考えることからスタートした。こ

第 2 章　イノベーションリーダーの条件

れをマクロ経済学と言う。ここからマーケット（市場。売り手と買い手がいて財を取引するところ）という概念が生まれて大きく発展した。
- 18 世紀にアダム・スミスという経済学者が自由主義、資本主義という 2 つのイデオロギーを作った。自由主義とは「競争」という概念であり、市場において政府が何も手を下さず、売り手、そして買い手が自由に競争を行えば、社会は最も効率のよい状態（「均衡」と表現した）になるというものである。また売り手側の企業もモデル化した。これが 34 ページで述べた資本主義である。
- 19 世紀に入って 2 つの流れが生まれた。1 つは「限界」という概念を取り入れたことである（「限界革命」と表現している）。これは微分そのものである。この数学の導入によって経済学は一変し、イデオロギー学問から「解」を求めるものが主流となった。

    もう 1 つは新しいイデオロギーである。自由主義、資本主義はヨーロッパに失業、貧富の差を生んだ。そして資本主義のアンチテーゼ（反対の意見）として社会主義、共産主義を生んだ。財をマーケットで取引せず、社会で共有することである。これを理論化したのがマルクスである。
- 20 世紀に入ると経済学を経営に適用する動きが顕在化する。これがミクロ経済学である。ミクロ経済は経営学、そしてマーケティングとボーダレスになっていき、ここに多くの有名な学者を生んでいく。アンゾフ（企業戦略論という著書で有名）、ポーター（「競争の神様」と言われている）、ドラッカー（本書 46 ページで登場した。"もしドラ"で有名になったので聞いたことがあると思う。多くの格言を生んでいることで有名）、シュンペーター（本書のタイトルであるイノベーションというキーワードを作った）、サイモン（意思決定論で有名）、ガルブレイス（キーワード作りに長けている。"拮抗力"、"不確実性の時代"、"テクノストラクチャー"などが有名）といった人たちであり、彼らは経営者たちに信奉された。
- 経済学に数学のキレを最も適用したのが、後述するゲームの理論である。ここでいう「ゲーム」とは「人間が意思決定して結果が出るものすべて」を対象としている。経営もゲームの 1 つである。ゲームの理論は 2 人の天才数学

者が作った。ノイマン（現代のコンピュータを作ったことで有名）が発案し、ナッシュ（25年間の病気から立ち直ったことで有名。彼の人生は「ビューティフルマインド」という映画になった）が完成させた。

まあこのフレームワークを知ったうえで「すぐわかる経済学」あたりをさらっと読み、興味のある学者の本を少し読んでみるとよい。

② 会社に関する知識
これは経営資源ごとの知識と戦略立案に関するものに分かれる。

（ⅰ） 経営資源ごとの知識
カネ、ヒト、モノ、情報という4分野が代表的である。アカウンティング＆ファイナンス、組織論、マーケティング、情報システム論といった知識である。知識（体系化されている）とノウハウ（体系化されていない）の境が極めてボーダレスである。知識部分については、良書でそもそも論からしっかり学習したい。ノウハウ部分については一部PART Ⅱ第3章で述べる。

（ⅱ） 戦略立案に関する知識
（ⅰ）の資源ごとの戦略論、およびそのためのクロスオーバーされた戦略論（ヒトとカネ、カネとモノ、……）がある。しかし残念ながらこれを知識として体系化したものはない。強いて言えば戦略フローくらいである。したがって、本書にてその大枠を体系化したい。これはPART Ⅱ第2章で述べる。

（ⅰ）（ⅱ）を体系的に学習できるのが先記した中小企業診断士試験、MBAと言える。

4 イノベーションリーダーを育てる

（1） 育成フロー

　先記したようにイノベーションリーダー（部門長＆ボードメンバー）というポストを作ってから育てるわけにはいかない。当然のことながらイノベーションリーダーの組織を作った時には、それを担う人が育っていなければならない。
　そのうえでイノベーションリーダーの有資格者（本章の１～３の条件を満たしている人）がプールされていて（つまりイノベーションリーダーではなく主にマネジメントを担当している）、その中から組織ポストに応じたイノベーションリーダーを配置していく。
　このイノベーションリーダー有資格者を育てる期間であるが、最短でも１年、長ければ２～３年はとりたい。
　そのために、これまで何度も出てきた経営塾（イノベーションリーダーを育てるセミナー）といったものを半年程度やって、その後半年～２年半程度の自己啓発＊を経営塾卒業生が行う、というのがノーマルなパターンである。また場合によっては、この自己啓発を経営塾フォローアップとして支援することも考えられる。
　イノベーションリーダーの養成については各会社の状態（ボードメンバー候補者の状況、現ボードメンバーの交代時期、従業員サイズ、……）によって異なるが、一般的な例を次に挙げておく。
　＊　勤務時間外に自分の意思で能力開発を行うこと。

（2） 経営塾のフレームワーク

① ねらい
　経営塾はそのねらいをはっきりさせることが肝要である。
・経営者を育てる場である

したがって、原則として現在は「経営者ではない人」が対象である。ここで次世代ボードメンバーとしてのイノベーションリーダーを育てる。

・**塾である**

皆が行かなくてはならないという"学校"ではない。イノベーションリーダーになりたい人が集まって自主的に学習する"塾"である。したがって塾生の募集は公募が原則である。しかし誰もが応募できるわけでなく、一定の条件を付ける必要がある。一般的にはその会社の人事制度を用いて「課長職以上」といったものである。むろん、定員を決め、応募者多数（1回目はおそらくそうなると思う）の時は事務局（後述）選定という形にする。この選定基準は現経営者が指示する。

また塾であるので、実施は勤務時間外とするのが普通である。しかし「組織として、変革を実現するための新しい経営者を作る」ということをはっきりさせるために、一部を勤務時間内に行うのも1つの方法である。これも現経営者の意思決定である。

・**イノベーションリーダーを選ぶ場である**

この目的を塾生募集時に組織に公開する。併せてイノベーションリーダーとは何か、その条件は何かということを社内に公示する。公示内容は本書でこれまで述べてきたことがその中心である。

・**トップの意思である**

現トップの意思でこれを行っていることを明確にする。事務局は経営スタッフ（人事部門など）が担うが、塾長はトップである。そのうえで塾のオリエンテーション、発表会にはトップが参加する。というよりも現トップが主催する。

② **塾での学習内容**

（i） **学習スタイル**

ここで学習すべき項目は2つである。1つは95ページに書いた知識の習得である。これはテキストを指定して自らのプライベートタイムに自己学習することをその基本とする。そのうえでその学習した知識を使ってレポートを書かせ、その習得を確認する。

第２章　イノベーションリーダーの条件

　２つ目は経営の実践トレーニングである。

　私のクライアント企業の社長は「知行合一」を座右の銘としており、それを自社の経営塾の命題とした。これは辞書によれば「知識と実行は一体であり、知っていて行わないのは知らないのと同じ」という意味である（コンサルタントの私としては耳が痛い言葉であるが）。私はこの命題の解を「知識を学ぶだけでなく、それが経営という仕事に使えることを確認すること」とした。

　この知識実践についてはケースワーク以外の方法を、未だ誰も思いついていない。つまり学んだ知識を実際に起きうる経営の場面で使ってみることである。具体的には、塾で設計する学習テーマごとに、他社ケースについてグループでディスカッションし、その後に同一テーマで自社についてディスカッションする。このディスカッションで「経営知識を持ったうえで、私ならこの場面で経営者としてこう行動する」という意見を出し、「知行合一」を図る。

　ディスカッションを考えると、１回当たりの塾生は20名程度で、４〜５名のグループに分けて行うのが基本である。むろんグループディスカッションの結果を他グループとも共有する必要がある。ここではさすがに模造紙というわけにはいかず、次のようなLAN環境が求められる。

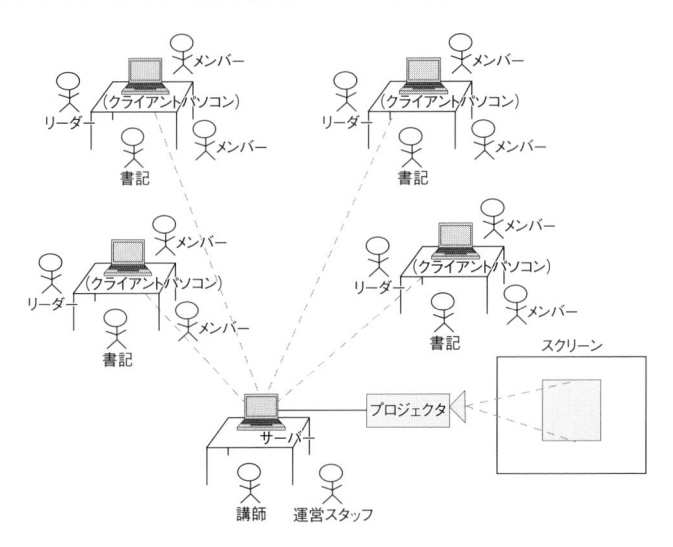

これにより、サーバーに残っているディスカッション結果を後日、塾長であるトップなどが見ることもできる。

前ページの図でリーダーとはグループディスカッションの司会であり、書記とはそのディスカッション結果をパソコンに入力する人である。グループメンバーは適宜入れ替え、そのたびにリーダー、書記も変更する。

（ⅱ）　講師、運営スタッフ

他社ケースを必要とするため、一般には外部コンサルタントなどのプロの講師を使う方が合理的である（ケース開発コストが自社だけでなく、他社と分担できる）。また運営スタッフが必要であり、これは事務局のメンバーが担当する。

講師は次のような役割とする。

・塾全体の企画・運営責任
・他社ケースを含めたコンテンツの作成
・知識セミナーのレクチャー
・グループディスカッションのコーディネート、コメント
・ポテンシャル評価（後述）の実施

（ⅲ）　実施フロー

月1回程度のセミナーを数回実施し、その間に塾生は自己学習およびレポート作成を行う。セミナーの最後には修了レポートを現経営者などへプレゼンテーションする。

実施項目は自社の経営テーマ、変革テーマに応じてオリジナルのものを企画、設計すべきだが、たとえば次ページのようなものである。

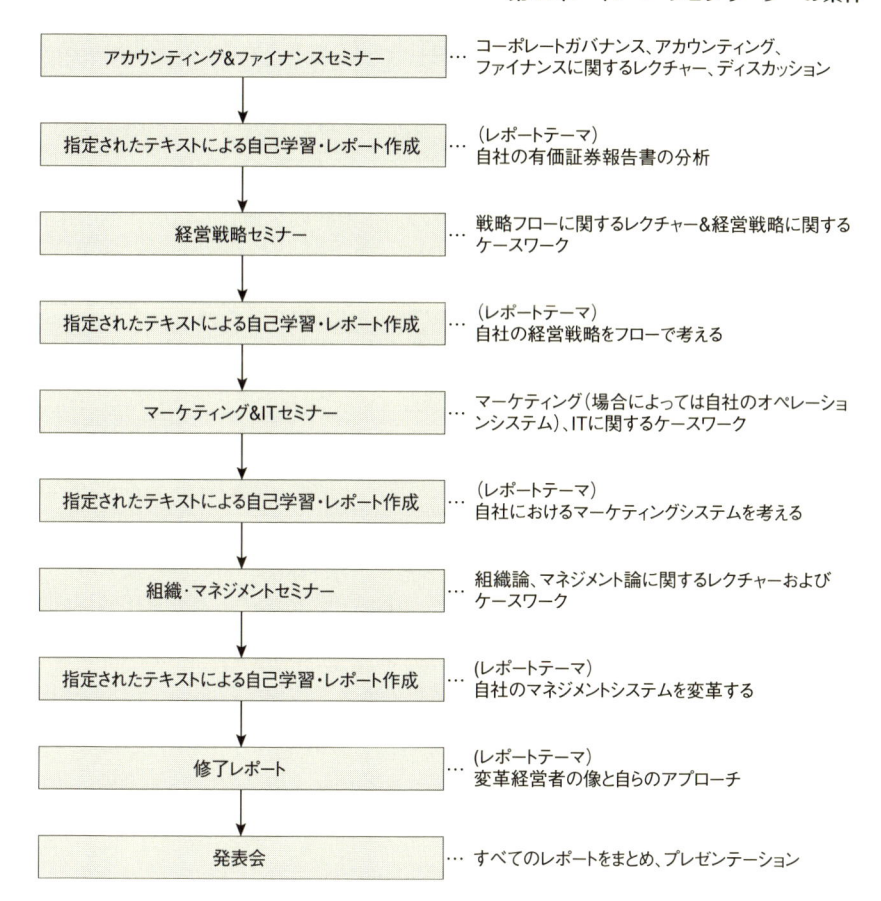

第2章 イノベーションリーダーの条件

```
┌─────────────────────────────┐
│ アカウンティング&ファイナンスセミナー │ … コーポレートガバナンス、アカウンティング、
└─────────────────────────────┘    ファイナンスに関するレクチャー、ディスカッション
              ↓
┌─────────────────────────────┐    (レポートテーマ)
│ 指定されたテキストによる自己学習・レポート作成 │ … 自社の有価証券報告書の分析
└─────────────────────────────┘
              ↓
┌─────────────────────────────┐    戦略フローに関するレクチャー&経営戦略に関する
│       経営戦略セミナー        │ … ケースワーク
└─────────────────────────────┘
              ↓
┌─────────────────────────────┐    (レポートテーマ)
│ 指定されたテキストによる自己学習・レポート作成 │ … 自社の経営戦略をフローで考える
└─────────────────────────────┘
              ↓
┌─────────────────────────────┐    マーケティング(場合によっては自社のオペレーショ
│    マーケティング&ITセミナー    │ … ンシステム)、ITに関するケースワーク
└─────────────────────────────┘
              ↓
┌─────────────────────────────┐    (レポートテーマ)
│ 指定されたテキストによる自己学習・レポート作成 │ … 自社におけるマーケティングシステムを考える
└─────────────────────────────┘
              ↓
┌─────────────────────────────┐    組織論、マネジメント論に関するレクチャーおよび
│    組織・マネジメントセミナー    │ … ケースワーク
└─────────────────────────────┘
              ↓
┌─────────────────────────────┐    (レポートテーマ)
│ 指定されたテキストによる自己学習・レポート作成 │ … 自社のマネジメントシステムを変革する
└─────────────────────────────┘
              ↓
┌─────────────────────────────┐    (レポートテーマ)
│         修了レポート          │ … 変革経営者の像と自らのアプローチ
└─────────────────────────────┘
              ↓
┌─────────────────────────────┐
│          発表会              │ … すべてのレポートをまとめ、プレゼンテーション
└─────────────────────────────┘
```

(3) ポテンシャル評価

　塾の運営責任者である講師が、塾生各自に対してイノベーションリーダーとしての適性評価を行う。未だやっていないイノベーションリーダーという仕事の潜在的能力を評価するのでポテンシャル評価とよぶ。これはビジネスマンとしての能力評価でも、現在の仕事を評価するのでもなく、「イノベーションリーダー」という新しい仕事への適性を見るものである。

　評価項目は公示されたイノベーションリーダーの条件と同一項目とする。評

価結果はイノベーションリーダー選定者である現トップへ渡すとともに、各塾生にもフィードバックする。塾生は自らのイノベーションリーダーとしての評価を知り、どうすれば自分がイノベーションリーダーになることができるかを考える。

併せて講師はこれをサポートするために、この評価を通して塾生各人のイノベーションリーダーへの道、学習プランをアドバイスする。したがってこれを塾生に渡す時はポテンシャル評価とはよばず、ディスカッション、レポートに対するフィードバックコメントというスタイルにする。

たとえば次ページのようなものである。

(4) 選定＆自己啓発

塾終了後、塾長である現トップがポテンシャル評価などを参考にイノベーションリーダーの選定、というよりもスクリーニングを行う。つまり不適格者をはずし、適格者をプールしていくというもので、適格者はその後に自己啓発でさらに学習し、イノベーションリーダーのポストに備えるという形が一般的である。

場合によってはポテンシャル評価（フィードバックコメント）受領後、各自がそれに基づいて自己啓発を行い、その後トップへ再プレゼンテーションを行う方法もある。このプレゼンテーションで有資格者選定していくというものである。

(5) フォローアップ

さらに有資格者の自己啓発を支援することもある。有資格者（スクリーニングで残った人）のために経営塾のアフターフォローを行うようなものである。基本的手法はベンチマーキングであり、その結果はトップへプレゼンテーションする。このフレームワークは次のとおりである。

第2章 イノベーションリーダーの条件

フィードバックコメント

氏名： ×××××

評価項目		評価 A B C D E	コメント
知識	経営者としてのナレッジ	○(B)	塾を通して、実践的な知識が大幅に向上した。知識欲、知識習得力は極めて高い。経営者への思いがこれを支えている。マーケティングに関しては理論と実践の結びつけがよくできているが、どうしてもデータ分析にアレルギーがあり
経営者資質	インテグリティ	○(C)	自らの会社を愛し、未来の夢を考えるという熱い思いが伝わってこない。第3者的な立場をとることが多く、周りからは評論家的に見られてしまう。
	リーダーシップ	○(C)	自社のメンバーへの思いが伝わってこない。どうしても自分の意見を主張し、周りの人とディベートするスタイルをとってしまう。
	胆力	○(B)	自らの意見に対しての自信、実行意欲は高く、周りもこれを認めている。ただ周りへの配慮が弱く
経営者能力	創造力	○(A)	グループディスカッションでのアイデアのキレがよく、イノベーションを考えていく力は極めて高い。特にマーケティングに関しては鋭いが、
	論理性	○(C)	情報を整理する力が弱く、特定の情報に着目し分析してしまう。レポートは構造化が弱く、論旨のブレが目立つ。
	調整力	○(C)	ディスカッションではどうしても自らの意見を通したくなり、ディベートを求めてしまう。人の意見を聞く努力はしているのだが、やや反応が弱いため相手は聞いていないのではと思ってしまう。

総合評価

経営者としての潜在的能力は高く、自社をイノベーションする力は塾生の中でも極めて高い。特にマーケティングの分野に関しては知識、ノウハウ、経験ともよくバランスが取れている。本人もこの分野に自信を持っており、周りからは信頼されている。しかし、ディスカッションのスタンスがややクールで自社への愛が周りに伝わらない。仕事のプライドは持っているが、周りに「明るさ」を感じさせられない。

① 内容

ベンチマーキングとは本来は「最高基準の確立」ということを意味し、一時アメリカで流行したコンサルティング手法である。その業界のエクセレントカンパニーを最高基準の目標として、自社がそれに追いつくように努力するというものであるが、ここでいうベンチマーキングはこれとは少し異なる。ケースワークの一種であり、そのケース作成をも塾生自身の手で行うものである。

塾生がチーム（3～5名）を編成し、1企業を選定する。講師の指導の下、その企業について情報収集し、自らでケースワークを行う。そのうえでその情報を自社に置き換えて考えてみるというものである。

② 対象

ベンチマーキングの対象企業は、自社と同一の業界、つまりライバル会社ではなく、周辺の業界にある会社の方がよい。塾生はこのベンチマーキングの情報を参考にして自社の経営戦略を提案するが、これは現経営者が持っていない情報であり、彼らにとっても価値の高い情報である。イトーヨーカ堂から生まれたセブン–イレブン・ジャパンが、トヨタ自動車をベンチマーキングしてそのビジネスモデルを考えたのはあまりにも有名である。

③ 進め方

ベンチマーキングは前述のセミナーのテーマについて行う。108ページで述べたフローではアカウンティング＆ファイナンスのレクチャーが必要なためこうなっているが、ここでは経営→アカウンティング＆ファイナンス→マーケティング→組織・マネジメントといったフローがノーマルである。各テーマごとにチームで情報収集後、全員が集まって各グループごとに発表し、講師のコメントや他の塾生の意見から内容をブラッシュアップしていく。最終的にはベンチマーキング対象企業についてレポートにまとめ、かつそれを自社へどう生かすかを経営者へプレゼンテーションする。

情報収集手段は当該企業の有価証券報告書（これを使う意味でも対象は上場会社の方がよい）、Webサイト、新聞、雑誌、書籍などの公開情報だけでなく、

第 2 章　イノベーションリーダーの条件

訪問、来店、商品使用・体験、インタビュー、アンケート調査といった塾生が自分の足で集めたオリジナル情報も使う。対象企業が小売業ならその店舗で買い物する、メーカーならその製品を使ったり、人の意見を聞く、工場や物流センターを見学する、……といったことである。こうして塾生独自の"生々しい情報"を生成していく。これによって情報収集力の育成も図る。

　私は多くの会社でこのベンチマーキングを指導し、その試行錯誤の結果を『企業の見方』（同友館）という本にまとめた。

第3章

イノベーションリーダーの動作原則

PART I　イノベーションリーダーのフレームワーク

本章ではイノベーションリーダーの行動について、その原則を考えてみたい。

1　変革原則

（1）　未来思考

イノベーションリーダーの担う最大の仕事は変革である。変革とは、もう何度も述べているようにゼロベースで物事を考えることである。自社の現状、環境から問題点を抽出し、それを除去していくというものではない。それは改善である。現状を出発点とするのではなく、一切の既成概念を捨て、一定期間先の未来のゴールを作り、そこに向かってアプローチしていく行動である。

変革とは未来を考えることであり、過去を反省することではない。

（2）　従業員思考

では変革の出発点はどこにあるのだろうか。本来ゼロベースなら出発点には何もないはずである。しかしそれでは創業である。

変革は創業とは違う。自社をすべて捨ててしまうわけではない。ゼロベースにしても残るものが1つだけある。それが従業員である。従業員もすべて捨てて、新たに従業員を募集していくわけではない。変革とは、自社の従業員だけを残し、あとは全部壊して、未来の夢を実現する会社を築き上げていくものである。

したがって、変革の"ものさし"（変革を測る指標）は1つしかない。従業員の"気持ち"である。「変革すれば良い会社になるはずだ」という期待感である。

この気持ちを醸成するには、1つの条件が求められる。それは従業員自身が未来の夢を考え、自らの夢を実現していくことである。「周りの会社がどうしているのか」を考えたり、外部のコンサルタントの意見を聞いたり、かつて変革に成功したプロの経営者の指導の下で行うのではなく、従業員自らが変革を

第3章 イノベーションリーダーの動作原則

考え、自らの責任の下に実行することである。

しかし従業員全員が参加して変革を行うことはできない。変革している間も会社は存続しており、事業を遂行しなくてはならないからである。だから従業員の中の一部の人が行わざるを得ない。この中心人物がイノベーションリーダーである。

このスタイルで、他の従業員に変革への期待感を生むにはイノベーションリーダーがその結果ではなく、プロセスを積極的に公開し、というよりもアピールすることである。さらには「なぜ変革したいのか」という気持ちを、変革する前にメンバーへ訴えて、彼らの意見を聞き、合意を得ておくことである。そしてこれがイノベーションリーダーが部門長（現場で伝えていく）を兼ねる理由である。

この変革期に現場で働く若き従業員たちに「うちの会社は何を考えているのかわからない」という発言を決してさせず、すべての従業員が自社を1人称で語れるようにすることがイノベーションリーダーに強く求められる。変革は自分たちが考え、自分たちが合意したことなのだから、どんな結果になろうとも自分たちのやったものとして受け入れざるを得ない。変革は自分たちがやりたいからやったのであって、誰かにやらされたわけではない。

これに全従業員が納得することが変革のポイントである。

（3） 変革の4原則

そう考えると変革には以下の4つの原則が生まれる。これは拙著『組織を変革する手順』（同友館）で私が示したものである。

① 個人原則

会社を構成するものはそこで働く従業員である。会社は従業員の集まりであり、それ以外の実体を持たない。したがって会社は従業員個々の共同所有物である。会社が持つ財産も、そこで生む最終的な成果もすべて従業員個々がシェアして持っている。会社は株主のものでも、経営者のものでも、社会のもので

もなく、すべて従業員のものである。もちろん「会社が存在している限り」という前提である。正確には「従業員ガバナンスが存在している限り」と表現した方がよい。会社消滅後（従業員ガバナンス崩壊後）に残った財産は株主のものである。

　この個人原則に従って行動するものだけを、本書では変革と定義する（ここまで書いてきて少し遅くなったが）。だからオーナー経営者や外部から来た経営者が行うものは本書の対象外である。

② 平等原則（公平・公開原則）

　会社を従業員の集まりと考えれば、会社内の各従業員はすべて平等である。したがって、会社に求められる MUST 条件は"公平さ"である。変革において各従業員にこの公平感が担保されていないと、変革しても会社はいずれ破綻する。

　会社の各従業員は平等であるので、持っている情報は「各個人の情報」を除けば、同じでなくてはならない。つまり個人情報を除けば、会社におけるすべての情報は全従業員に公開されなければならない。変革時には従業員に不安が生まれる。組織が変わり、やる仕事が変わり、給与が変わり、……。そしてその中で自分はこれから先どうなっていくのだろうかと不安になる。この不安を解消するものは情報である。会社の動きが不透明だから不安になる。経営者の思っていることがわからないから不安になる。情報をすべて公開（ディスクローズ）することは、不安を"夢"に変える。

　この公平の原則、公開の原則を合わせて「平等原則」と表現する。

③ システム化原則

　システムとは「複数の要素からなり、共通のベクトルに従う複合体」と定義される。会社で言えばこの「複数の要素」に当たるものが従業員である。システム化とはカオス（システムではない状態。複数の要素はあるが共通のベクトルがない状態）をシステムにすることである。

　変革の原点は、全従業員が共通のベクトルを持つことである。つまり同じ"夢"

に向かって、同じ"方向"へ行動することである。この"夢"がビジョンであり、"方向"が戦略ベクトルである。変革は従業員全員をシステム化することである。

④ ES原則

会社は従業員のものであるから、変革を評価する主体は従業員である。株主でも、社会でもなく、従業員である。変革の評価指標は会社の業績ではなく、従業員の満足度である。これは一般にES（Employee Satisfactionの略）とよばれている。

（4） 変革の指標＝ES

変革の指標であるESについて考えてみよう。

① ESの定義

ESとは従業員個々の「満足」（「ハッピー」「幸せ」とも表現する経営者も多い）という感情であり、同じ会社にいても各従業員によってESは異なる。だから全従業員が大満足するような変革はあり得ない。

変革の指標としてのESは各従業員のESの和であり、この和が最大となるように変革を設計していく。

ESの定義は以下のようになる。

$$ES = \Sigma \frac{各従業員が実際に得るもの}{各従業員が会社に期待するもの}$$ （Σはすべて足すという意味）

ESは「会社に期待するもの」と「実際に得るもの」の比であり、当然のことながら複数の項目からなる。

変革においては、ESおよびその項目について次のような仮説を持つ。

② カネ

従業員が働くことによって得られるカネ、つまり給与は各従業員から見れば

多い方がよいに決まっている。

　私のクライアント企業の社長がマネジャー養成塾で講話した時のことである。彼は前振りとして、1人の受講者に質問した。

「給与は誰からもらっている？」

　突然質問された受講者はあわてて「会社からいただいております」と答えた。

　社長は「会社って誰？　私は会社じゃないよ。会社なんて人がいるの？」と切り返した。少し間をおき、もう1人の受講者に同じ質問をした。彼はすでに考えていたので、次のようにすっと答えた。

「お客様が払ったおカネから給与は出ていますので、お客様からいただいていると思います」

　社長はニコッと笑った。

　従業員がもらう給与は、その会社の収入（売上）からしか出ない。誰もヒトの給与は払ってくれない。自分たちが稼いだカネしかない。つまり会社の収入から支出を引き、残ったカネを従業員とそれ以外の関係者で分配する。この関係者に当たるのが、株主（配当）、社会（税金）である。会社は従業員そのものなので、組織に最後に残るカネである内部留保は、全従業員が共通で使うカネと考える。

　この会社が稼いだカネの分配を受けるものがステークホルダーである。

　この分配においては、一定の事前承認ルールが必要である。つまり従業員、株主、社会の分配比率を決めておくことである（詳細は182ページで述べる）。こうすれば会社の収入と支出が決まれば、自動的に従業員の給与総額は決まる。それは会社が稼いだカネの一定比率である。

　そのうえで各従業員は個人として給与の分配を受ける。そうなると給与総額が一定なので、誰かの給与が増えれば誰かの給与が減ることになる。これでは給与の分捕り合戦となり、システム化原則に反してしまう。

　給与総額という結果が出てから分配するのは難しいが、結果が出る前、つまり働く前なら各メンバーが合意するルールを作ることができる（合意できない者はその会社で働かない）。この合意の尺度はたった1つ、平等原則の公平さである。

第3章　イノベーションリーダーの動作原則

このルールが決まったら、自らの給与を増やすには組織として稼ぐカネ（後で述べるがこれを利益と考えてもよい）を増やすしかない。つまり「利益を上げれば給与が上がる」ということである。

従業員はカネのためにだけ働くわけではない。これから述べるESの各項目がある。ただこのカネは、ESと「他のステークホルダーの満足度」との接点となる。つまり利益が上がれば給与が増えるだけでなく、配当（株主）も増え、税金（社会）も増え、そして株価（投資家）も上がるというものである。

③　労働時間

むろん24時間、365日働いているわけではなく、労働時間とそれ以外がある。ビジネスとプライベートであり、197ページで述べるワークライフバランスである。

この労働時間の長短とESの関係は極めて難しい。「業績が悪化し、残業を削減している状態」と「業績が好調すぎて、毎日が残業の連続の状態」を考えてみよう。仮に給与が同じであっても100人が100人とも前者の方が「ESが高い」かどうかである。「さあ忙しくなってくるぞ」と言ってうれしそうにしているビジネスマンはよく見かけるが、「さあこれからヒマになるぞ」と喜んでいる人にはあまり会ったことがない（もちろん忙しすぎてストレスを持っている人にも会ったことはある）。

この傾向は忙しさと収入が連動する人に顕著である。私の仲間である独立コンサルタントは、なんとか忙しくなるように、つまり働く時間が長くなるように考えている。そして前述したように変革会社では会社の稼ぎと給与を連動させる。ただ1つ独立コンサルタントと違うのは、自らの仕事を自らで選べず、上司から命令されることである。

イノベーションリーダーが結論として取るべき仮説は、「従業員が事前に合意した労働時間があり、それが守られている状態がESの最大値を示す」というものである。つまり経営から見れば、労働時間の設計（もちろん残業の設計も含めて）が最大のポイントとなる。これが三六協定*である。

変革は保守と違い、組織にオーバーヘッドをもたらす。今の仕事をこなすだ

けでなく、明日のために新たな仕事を生む。従業員にはこれを理解してもらい、そのうえでそのオーバーヘッド労働時間のリターンは、夢が満たされるだけでなく、自らの将来の給与という形で返ってくるということに合意してもらう。これが変革の期待感である。そういう意味でも全従業員に「夢の共有」が強く求められる。プロ野球で、苦しい練習を長時間行っても、これが優勝という夢に結びつき、それが自らの年俸を増やすという期待感があれば、それに耐えるができる。もっと言えば、夢なき状態で長時間の労働を強いればブラック企業となってしまう。

＊　時間外労働について労使で協定を結ぶこと。労働基準法36条に書いてあるのでこう言われる。

④　仕事

ESを考える時、各従業員がやる「仕事」の占めるウエイトは極めて高い。そして変革において、従業員が最も影響を受けるのは自らがやっている仕事が変わることである。従業員と仕事の関係には次の3つの要素がある。

（ⅰ）　やりたい仕事

「自らが"やりたい仕事"をできる」というのが最大のESであろう。変革におけるポイントは、実はこの"やりたい仕事"を見つけることである。ここでは「やりたい仕事とは自らの能力が最も生きる仕事」という仮説を持つ。「楽な仕事」「簡単な仕事」といったものではなく、自らの能力を全開してやれる仕事であり、「ワクワク」と表現されるものである。

変革においては新しい仕事が生まれる。ただ「今の仕事ではなく、新しい仕事をやりたいか」と従業員が聞かれても「よくわからない」と答えるのが普通であろう。しかし「変革でグローバル化を目指す」とベクトルが決まれば「海外での仕事」が生まれる。この仕事を「やりたいか」と聞かれれば、従業員もイメージが湧いて答えることができる。

もうわかったと思う。変革によって生まれる新しい仕事だけでなく、この変革を機にすべての仕事について、その仕事の概要、その仕事に求められる能力

第 3 章　イノベーションリーダーの動作原則

がわかるようにして、従業員各自に「やりたい仕事」を見つけてもらうことである。いわゆる職務分掌規程について、変革を機に見直すことである。

（ⅱ）　向いている仕事

　組織から見て（本人以外が見て）その人に「向いている仕事」というものもある。「向いている仕事」とは、見方を変えれば本人は気づいていないが、やれば本人が好きになる（つまり「やりたい仕事」になる）可能性が高いものである。この発見には次の2つの方法がある。

・カウンセリング

　カウンセリングには2つのものがある。1つはキャリアカウンセリングであり、カウンセラーという第3者（その仕事に直接関係ない人、その人の仕事からなんの影響も受けない人）がキャリアプラン（やりたい仕事、向いている仕事から将来の自分の仕事を計画すること）の相談に乗ることである。もう1つはメンタルカウンセリングであり、マイナス面での相談と言ってもよい。個人と現在の仕事のアンマッチ（悩み）について、その解決策をその人とカウンセラーが一緒に考えていくことである。

　この2つを同一人物、同一セッションで担当してもよいが、いずれにしても変革という仕事の変更には、このカウンセリング担当者が必要となる。そのため多くの変革企業ではキャリア相談室、キャリア開発室といったチームを組織に作っている。

・ポテンシャル評価

　その人が今やっている仕事とは異なる仕事についてのセミナーを行い、そこでのディスカッション、レポート、ロールプレイング（実際にやってみること）などを通して、各人の仕事の適性を見るものである。その仕事に就いていないため「発揮されていない能力」を見るという意味で、ポテンシャル評価と表現している。

　変革で新たに必要となる「新しい仕事」についてはこれを適用するのが妥当である。すでに本書で述べた変革マネジャー養成セミナーそして経営塾などはその典型である。

(iii) 組織として求める仕事

組織としてやるべき仕事があり、それを各メンバーが分担する。その分担を「ポスト」と表現する。もちろん各従業員が「やりたい仕事」とポストとはぴったり一致するわけではない。野球で言えば、皆が「ピッチャーをやりたい」と言っても、誰かがライトを守らなくてはならない。

イノベーションリーダーから見れば、組織の各メンバーが「やりたい仕事」をなんとかできるようにすること（「やりたい仕事」に「組織として求める仕事」を一致させる）が第1である。つまり変革においてなすべきことは、この「やりたい仕事」を組織に増やしていくことであり、これが ES を高める。

だからこの従業員の「やりたい仕事」の最大公約数をミッションで表現し、それを出発点として戦略ベクトルを作っていく。「技術の〇〇」であれば、皆がやりたい「技術」の仕事をどうやって増やすかを考える。たとえば、「売る」という仕事をやりたい会社とパートナーシップを組み、その会社に「売る仕事」を頼み、逆にその会社がやっている「技術の仕事」を自社でやらせてもらう、といったことである。実際に日立では家電事業においてこれを実行している。つまり他社への OEM 供給である。

⑤ 能力向上

次の ES の要素は、従業員が組織で働くことで「自らの能力の向上を期待する」というものである。ほとんどすべての従業員にこの期待感があると考えられる。自分の能力を向上させるのが嫌だと言う人はいない（というよりもイノベーションリーダーならそういう仮説を持つ）。

能力と仕事は次のような関係にある。
・能力は仕事をすることで上がっていく
・能力向上度は難しい仕事ほど大きく、易しい仕事ほど小さい
・難しい仕事ほどやる前に高い能力が要求される

したがって、変革を能力向上という ES から考えると次のようなベクトルが求められる。
・かつてやったことのない難しい仕事にチャレンジする

・この難しい仕事をやることができるようになるために能力を向上させる（＝人材育成）

このため変革は「創造」「チャレンジ」といったことがベクトルとなり、変革と人材育成はセットで考える。

「かつてやってきた従業員にとって易しい仕事」の方が生産性は高く（労働時間が短く）、利益は上がるかもしれない。この「能力向上というES」と「利益向上＝給与向上というES」はある意味でトレードオフかもしれない。しかし変革というベクトルを持つなら、「新しく難しい仕事をやって能力を向上させる」というESの方が優先される。そして長い目で見れば（将来を考えれば）、給与（利益）というESも上がるという仮説を持つ。そういう意味では、これから先、会社で働く期間の長い若者に、その「新しく難しい仕事」にチャレンジさせるというのがノーマルなベクトルであろう。

⑥ ムード

従業員のESの最後として、本人の"やる気"というものが考えられる。しかしよく考えてみると、本人が「やる気が高い状態」が「満足度の高い状態」である。つまり"やる気"はESそのものである。

もう1つESの要素として、「周りの人のやる気」がある。つまり同じチーム、同じ会社で働く仲間のやる気は、自らのES（＝やる気）に大きな影響を与える。これを「ムード」と表現する。

このムードについては誤解している人も多い。「ワイワイガヤガヤ」としていて活気がある状態をムードが高いと思っていることである。それは好き嫌いの問題で、シーンと静まりかえっている状態で仕事をしたい人だっている（私は静かでピリピリした方が好きである）。だからこのムードは「活気」のようなものではない。

ここでいうムードとは、「他人のやる気＝他人のES」であるから、経営から見れば（組織全体から見れば）「Σ 他人のやる気＝Σ 個人のES＝組織としてのES＝ムード」となる。だから上記の①〜⑤のすべてについてESを高める変革をやれば、それがそのままムードを高めることができる。

変革の指標は組織を活性化することではなく、従業員各人のESの和を高めることである。

2 意思決定原則

企業の組織階層をデシジョンレベル、マネジメントレベル、オペレーションレベルと分けることがある。ここでは「経営＝デシジョン＝意思決定」と考えている。少し乱暴な定義であるが、経営が意思決定し、現場（オペレーションレベル）がこれを実行し、その実行を中間層がマネジメントすることが組織行動の原点と言えよう。

本節では経営者であるイノベーションリーダーの最重要行動と言える「意思決定」についてその原則を考えてみたい。

（1） フロー思考

① 決める順番

意思決定時（何かを決める時）においては、決める「順番」が大切である。特に1人ですべてを決めるのではなく、組織における意思決定のように複数の人が合議して決める時はこれが大切である。

たとえば、課のメンバーで親睦旅行に行くことになり、「その行き先をどこにするか」を決めているとしよう。

「○○にしよう」「××にしよう」「でも○○は今の時期は見る所がないんじゃないの」「だったら紅葉の時期に行こう」

もう話は拡散している。「いつ行くか」を決めないうちに、「どこへ行くか」は決められない。

「秋の紅葉を見るなら、バスをチャーターしないとなあ。うちの課だけじゃなんだから、隣のチームも誘おう」「いや家族と一緒がいいんじゃない」「友達でもいいんじゃないの」……

また拡散している。「誰と行くか」を決めないと、「いつ行くか」は決められ

ない。

　冷静に考えれば 誰と行くか ⇒ いつ行くか ⇒ どこへ行くか かという「決める順番」を決めないと、何も決められない。

　これがフロー思考であり、順番の早い方を上流、遅い方を下流と言う。

　ボードメンバーでの合議の意思決定においては「決める順番」が大切である。

　戦略立案であれば222ページで述べるように、次のようなフロー（順番）で決めていく必要がある。

　ミッション ⇒ ビジョン作成 ⇒ 戦略ベクトル作成 ⇒ 経営目標作成 ⇒ 年度計画作成 ⇒ 部門計画作成

② 前提

　ミッションは最上流であり、78ページで述べた「定義」に当たるものである。

　ミッションを決めてからビジョンを決める。この時、基本的にはミッションに戻らない。つまりミッションに反したビジョン（夢）は描けない。戦略ベクトルはミッション、ビジョンの制約を受けて決定される。ミッションで事業領域を「住空間」と決めれば、それに反する戦略ベクトルは作れない。「食品ビジネスに進出」という戦略ベクトルは作れない。

　上流は下流の前提である。だから上流で合意したことはもう議論しない。これをやってしまえばいわゆる堂々巡りとなる。先ほどの例なら「誰と行くか」を決め、その前提で「いつ行くか」を決める。「いつ行くか」を話している時に「誰と行くか」というテーマを蒸し返さない。これがボードメンバーの意思決定スタイルである合議（皆で合意して決めること）のルールである。

③ 目的と手段

　上流と下流は「目的」と「手段」の関係にある。ビジョン（下流）の目的はミッション（上流）である。つまりビジョンはミッションという目的を達成するための手段と言える。

　「ネットワーク技術で社会に貢献すること」がミッションであれば、それが

目的であり、ビジョンが「新しいネットワーク技術を開発し、インターネットに代わる次世代の社会インフラを提供する」ならそれが手段である。

仕事をしていると、目的と手段が混乱してしまうことがある。

たとえば、小売店を通して消費者へ自社商品を販売している食品メーカーで考えてみよう。このメーカーのセールスマンは「消費者が自社の商品を買いやすい環境を作る」という目的（上流）のために、「小売店を回ってお店になんとか商品を置いてもらう」という手段（下流）をとっている。しかし、このセールスを続けていくといつの間にか「店に商品を置いてもらう」ことが目的となって、次第に小売店をお客様のように思ってしまう。こうなるとセールスマンは店へ行っても、小売店のバイヤー（商品購入担当者）とばかり話をして、そこへ来る消費者の「買っている姿」を見なくなってしまう。こんな時は、イノベーションリーダーならセールスマンにその目的を再認識させるために、たとえば次のような手を打つ。

「営業部という名称を消費者購買支援部と変え、セールスマンという職種をコンシューマーサポーターという名称とする」

（2） 意思決定の構造

① 決断力

意思決定という仕事は、ある"手"を決めて、それによって"結果"を生む。つまり意思決定は「手」と「結果」から成り立っている。この「手」を評価する"ものさし"はなんだろうか？

これには2つのものが考えられる。1つは「良い結果を生む」という意思決定の「品質」であり、もう1つは「結果を得るためにかかる時間が短い」という「スピード」である。

まず品質から考えてみよう。どういう"手"を打てば良い結果を生むだろうかということであるが、イノベーションリーダーの意思決定における「結果の予測」は極めて難しい。

サイモン（103ページ）は、組織における意思決定を2つのタイプに分けて

いる。1つは組織の下位層で行われるもので、定型的意思決定とよばれる。決定すべき課題は反復して発生し、問題の構造が明らかになっているものである。構造が明らかになっているために決定のためのアルゴリズム（どうやって決めるか）が確定し、自動的にまたはそのアルゴリズムによって決定されていく。したがってコンピュータの利用も可能なものである。「商品在庫量の決定」などはこの典型的パターンである。

　一方、組織の上位層でなされているものは、非定型的意思決定とよばれる。決定すべき課題が常に新しく、つまり過去に行っていないものであり、その構造が不明確なままで決定を行う。最適な"手"がわからないまま人間の「意思」で決定する。

　非定型的意思決定では、誰かが限られた情報をもとに、その「手」を決断するしかない。会社においては、この中でも最も難しい意思決定をイノベーションリーダーが担うことになる。たとえば「組織構造を決める」といったものである。

　この非定型的意思決定では、ある課題に対して1つの"手"しか打つことはできず、仮に他の"手"を打っていたら結果がどうなったかは誰も判断できない（他の組織構造にしたらどうなっていたかはわからない）。つまり意思決定の"手"の品質を客観的に評価できない。

　そうなるとイノベーションリーダーの意思決定において大切なことは、この品質よりももう1つのものさしであるスピードとなる。このスピードを一般に決断力と言う。同じ決定にたどり着くのが速い人は決断力が高いと言える。じっくり考えてなかなか決められない人は、仮に良い結果を生んでも決断力が低いと言える。

②　決断力を高める

　ではどうやって決断力を高めるか、つまり意思決定のスピードを速くできるかである。これには2つのポイントがある。1つは、意思決定に関する情報をすべて集めておいて、いよいよ意思決定というタイミングでは品質よりもスピードを大事と思うことである。AかBか悩んだら、AでもBでも大して変

わらないと思っているのだから「エイヤでA」と決めてしまうことである。そして決めた後はグチグチ考えない。もうAと決めたのだからBにしたらどうだったかを考えても仕方がない。私の妻は決断力が低い。何か買い物をしても必ず後で言う。「あっちにしておけばよかった」。私は妻にいつも言う。「あっちがよかったかどうかなんて、買ってないんだからわからないだろう」

2つ目は「エイヤまでの時間」である。"手"を決めるには情報を集め、いくつかの案を考え、判断し、と進めていく。この時間は、"手"を考える人が増えるほど大きくなっていく。この「エイヤまでの時間」を短くするには、そのテクニックを知ることである。

この「意思決定のスピードを上げる」というテクニックは、経営に限らず人類の大きなテーマであり、いろいろな学者やコンサルタントがチャレンジしてきた。以降でイノベーションリーダーが使えそうなものを紹介していく。これらは私もよく使っているが、なかなか使い勝手がよいと思う。

（3）　一般的な意思決定

まずは一般的な意思決定テクニックから考えてみよう。それは「複数の案から1つの案を決定する」というものである。

ここでは「ある会社で新しい情報システムを導入することになり、それをどのITベンダーに委託すべきかを検討している」というシーンで考えてみよう。

①　フロー思考

意思決定の出発点はフロー思考である。その意思決定の立ち位置を考え、その上流で決めておくべきことが決まっているかを確認することである。たとえば「新情報システムの導入」は決まっているのかである。上流である「導入」が決まっていないのに、下流である「その委託先」を決めても仕方がない。また「新情報システムの機能は決まっているのか」については、「概要設計をやって大まかな機能を決め、あとは決まったITベンダーと一緒に検討する」というのであれば、「ITベンダー決定」の上流が「機能概要設計」、下流が「機能

詳細検討」である。

② ものさしを作る

次は案を評価する"ものさし"を作る。つまりどうやって決めるかである。案がなくても"ものさし"を作ることはできる。案を出してから"ものさし"を作ると、案に"ものさし"が引っぱられて歪んでしまう。特にボードメンバーのように、複数の人が合議して意思決定する時はこれが顕著である。決定メンバーの中には、自分の頭の中では合議する前にすでに案を決めてしまっている人がいることもめずらしくない。

ある人はA社と決め、ある人はB社と決めているとする。ここで決め方（ものさし）を決めていないと85ページと同じ状態となる。A社と決めている人はA社のメリットを訴え、B社と決めている人はB社のメリットを訴える。こうなってくるとA社側はB社のデメリットを、B社側はA社のデメリットを突いてくる。話している観点が違うので、これがかみ合わない。

「A社はうちのような業界の開発経験が多い」
「でもA社はX社でトラブルを起こしたと聞いた」
「B社は技術者の数が多いので安心して任せられる」
「B社は大企業だけに金額が高い」

この2人は違う"ものさし"を使って評価しているのがわかると思う。2人とも自分にとって都合のよい"ものさし"だけを使おうとしている。

合議して決めるなら、案の合意の前に、"ものさし"を合意することである。

ものさしはMUST、WANT、リスクの3つに分けて考える。

MUSTとは、採決される案が「満たされなければならない絶対条件」である。これは上流ですでに決定しているはずである。

たとえば、「システム開発費用の上限は2,000万円まで」「開発期間は1年以内」といったものである。MUSTはYES、NOがはっきりするものでなければ意味がない。イノベーションリーダーの意思決定では、それに必要とする資源に関するものが多い。ヒト、モノ、カネ、トキといったものである。

WANTはそうであった方がうれしいもので、さまざまな項目からなる。こ

れらは YES、NO がはっきりしないものでも構わない。「技術者の能力が高い」「同タイプの開発経験が豊富」「他社での評判がよい」……といったものである。さらに MUST の項目も重複して WANT に入れておく。「開発費が安い」「開発期間が短い」。

リスクとはその案を採用した時に「起きそうなトラブル」のことである。

③ 案を出す

ものさしが決まったら案を出す。A社、B社、C社、……といったものである。そのうえで案を評価する情報を収集する。この例では、ものさしとした各評価項目についての評価情報を得るために、各社から見積書、提案書を求める。

④ 評価する

評価は MUST から行う。つまり各案が「MUST を満たしているか」を確認する。その案が1つでも MUST を満たしていなければ、そこでその案の評価は「止める」。その案を「捨てる」のではない。MUST に引っかかって、1つも案が残らなかったら、ここで作業をいったん止めて考える。この時、打つ手は3つある。1つは案を選定しない、つまり新システムの導入をやめる。2つ目は別の案を考える、つまり別の IT ベンダーを探す。3つ目は MUST を変えることである。つまりいったん、上流に戻すことである。イノベーションリーダーの意思決定における MUST は、前述のとおり経営資源の制約がほとんどである。この配分権はイノベーションリーダー自身にある。したがってこれを変えることも可能である。自らにそれがなければ上位者の判断を仰ぐ。マネジャーなら経営者、経営者なら最後は株主総会である。

1つでも案が残ったら、WANT を使って評価する。「技術者の能力は？」といったことである。ここでは、各案に WANT の項目ごとに得点を付ける（○△×でも構わないが、それなら3点、2点、1点とした方が後々の作業が楽）。点数の付け方はケースバイケースだが、「Σ（項目の重み×項目評価点）」というのがノーマルである。すなわち WANT の各項目について「技術者の能力10、開発経験9、他社の評価7」と「重み」を付けておいて（「技術者の能力」

が一番大切)、そのうえでA社の「技術者の能力」を9点と評価したのなら、「10（重み）×9点＝90点」をこの項目の得点とする。A社について他の項目の得点も積み上げ、合計点を出す。B社も同様に評価する。

しかし「この合計点が高い案を自動的に採用する」というわけではない。

最後にリスクについても評価する。その案を採用した時に「嫌なことが起きないか」を各案ごとに考える。たとえばA社にしたら、「工程管理が甘くて、遅延が起きる」といったものである。そのうえでものさし、各案、評価情報を一覧表にまとめる。

⑤ 決める

この一覧表を使って決めるのであるが、パターンは2つある。1つは、表を作ったら「どこから見てもこの案しかない」というケースである。しかしイノベーションリーダーの非定型的意思決定ではほとんどない。

2つ目は、一概にはどの案とは決められないというケースである。これが一般的である。この時はエイヤと決めるしかない。つまり主観的意思決定である。しかしこの時、目をつむって「A社！」と指差すのではない。この表の中のいずれかの情報をポイントとして決める。これが「決めた理由」（「決め手」）であり、本書で何度も述べてきた「意見」である。

「各社とも似たようなものだ。良い所、悪い所がある。私は新システムの機能から考えて、技術者の能力が一番大切（重み10）だと思った。だからその評価の高いB社にしたい」

イノベーションリーダーが部門長（情報システム部長）として意思決定するなら（つまり権限が委譲されている時）、これで意思決定は終わる。あとは部下に「決めた理由」を説明するだけである。むろん、部下の意見はここまでに聞いておく。

もしボードで議論しているのなら「どの会社にするか」ではなく「どれを"決め手"とするか」を話し合う。合意したら、それによって決定する。合意できなければ最終意思決定者、つまりトップが決める。

（4） 相手のいる意思決定

次に（3）のように内部情報だけで決められないケースを考えてみる。自らがコントロールできない"相手"の出方を読みながら、意思決定するというようなケースである。組織の長として外部と接するイノベーションリーダーにとっては、よくぶつかる意思決定と言える。

この時には103ページで述べたゲームの理論という考え方が生きる。ゲームの理論は考え方（理論）であり、ノウハウ（こうやれば勝てる）ではない。相手のいる意思決定の構造をとらえるものである。

① 囚人のジレンマ

次のような意思決定の例で考えてみよう。

X社とY社はリビング家具の大手メーカーであり、シェアをほぼ半々で分け合っている。X社は東日本、Y社は西日本に販売先を展開しており、ともに利益が出て経営は安定している。

一方、Z社はインターネットビジネスを行う会社である。Z社はX社、Y社の2社の商品についてインターネットの自社のWebサイトでの取引を可能にして、日本全国どこでも買えるようにしようと考えている。Z社はX社、Y社のすべての商品を現在の販売価格の10％引きで納入することを求めている。

X社、Y社の戦略としては、Z社のWebサイトで「売る」「売らない」という2つの"手"を打つことができる。それぞれの手を打った場合の1年間の利益も次のように予測されている。（ただWebサイトで販売をするにはその準備に1年はかかる。だから相手の手を見て自分の手を決めるわけにはいかない。）

「X社、Y社ともにWebサイトで売らなければ、両社とも利益は変わらない。片方が売って、片方が売らないと、売った方が利益20％アップ、売らなかった方が30％ダウン。両社が売ればともに10％ダウン」

これを表にすると次のようになる。

第 3 章　イノベーションリーダーの動作原則

	（Y社の戦略）	
（X社の戦略）	売る	売らない
売る	(−10,−10)	(20,−30)
売らない	(−30,20)	(0,0)

（　）内の左が X 社の利益アップ率、
右が Y 社の利益アップ率。（マイナスはダウン）

　X 社のボードメンバーの意見は分かれた。
「Z 社へ 10％引きで売っても、お客のパイが増えないんだから、なんの幸せもない」
「でも Y 社にやられたらダメージは大きい」
「Y 社は売るかなあ」
　このように何か手を打って、その結果が出るものをゲームとよんでいる。
　上の表を見てほしい。X 社から見たら 4 つの結果がある。「20％アップ、変わらず、10％ダウン、30％ダウン」である。しかし相手の手が読めない。
　X 社から見ると相手のとる戦略は 2 つ（売る、売らない）である。
　ここでもし Y 社が「売る」という手をとったと仮定する。この場合上の表の左半分だけを見る。このケースでは X 社は「売る」と 10％ダウン、「売らない」と 30％ダウンだから「売る」という戦略をとることになる。
　一方、Y 社が「売らない」という戦略をとると仮定する。この場合は表の右半分だけを見る。X 社が「売る」と「20％アップ」、「売らない」と「0」になり、「売る」という戦略をとることになる。
　つまり Y 社が売ろうと、売るまいと、X 社は「売る」という戦略をとるべきである。この「とるべき戦略」のことをゲームの理論では最適戦略と言い、最適戦略のうちこのゲームのように相手の出方によらず決まってしまうものを支配戦略と言う。
　Y 社の支配戦略も「売る」ということになり、このゲームは「X 社、Y 社ともに売る」という形で結着する。この結着のことを「解」と言う。
　正確に言うと、X 社、Y 社がともに賢く、このように論理的に考える力を持っ

ていればの話である。「相手のいる意思決定」のポイントは、「相手は必ず自分にとって最良の手を打ってくる」と考えることである。決して相手のミスは期待しない。そうすれば自らの打つ手が見えてくる。

上のようなゲームのパターンを囚人のジレンマとよんでいる。これはノイマン（104ページ）が次のような例でその考え方を説明したからである。

「A、B2人が共同で犯罪をした疑いで警察に拘置されており、証拠はなく、自白だけが頼りである。そこで警察が取引をした。2人とも自白しないと2人とも1年間は拘束、2人とも自白したら2人とも5年の刑、片方だけが自白すると、自白した方は釈放、自白しなかった方は10年の刑となるものである」

どういうゲームの結着になるかは自分で考えてほしい。

② 協力ゲーム

先ほどのX社、Y社の例に戻ろう。ここで両社にとって最良の幸せ（これをパレート最適と言う）は、「ともにZ社のWebサイトで売らない」という結果である。

一般にパレート最適ではない"手"が最適戦略になることが多い。

しかし、もしX社とY社が話し合って戦略を決めたら、このゲームはどうなるだろうか。このパターンを協力ゲームと言う。協力ゲームの解はX社、Y社ともに売らないで、今のままでパイを分け合うと言うものである。これがアライアンス（209ページ参照）であり、法で禁じられている談合、カルテルである。

しかしこの時、X社が「売らない」という約束をしながら、抜け駆け（ゲームの理論の面白い表現の1つであり、"裏切り"のこと）して売ってしまうと、X社は「20％アップ」という最大の利益を得ることができる。

プレイヤーの「抜け駆けをしよう」というインセンティブ（そうしたいという気持ち）がまったく働かない時もある。そうなる解を「コア」と言う。先ほどのX社、Y社の協力ゲームの解はコアではなく、両社ともに抜け駆けして最大の利益を得ようというインセンティブが働く。これをコアにするためには、X社とY社が合併して1つの会社になってしまうことである。

この協力ゲームへの構造転換はライバル同士（X社、Y社）が戦っていたところに、共通の敵（この場合はZ社）が現れた時によく見られる。このままではZ社が「おいしいところ」（Z社だけが利益アップ）を食べてしまう。そこでZ社に対抗して「X社、Y社共同でWebサイトを作る」、さらには「X社、Y社が合併する」といった形である。

近年の日本では「海外メーカーに対抗して日本メーカーが合併や提携をする」など、協力ゲームはあちこちの業界で見られる。

③ くり返しゲーム

先ほどの例で、協力ゲーム以外にこのゲームの結着に影響を与える要素がある。それはゲームが1回ではなく「何回もくり返していく場合」である。これを「くり返しゲーム」と言う。

くり返しゲームでは前のゲームの相手戦略を見ることができ、かつその結着を見て、自分がどうなっていくかがよくわかる。

先ほどの例なら、両社がZ社のWebサイトで売っても、その後「Z社からさらに5％引きを要求される」という形でゲームがくり返されるというものである。ここで「売る」「売らない」を考えても、「ともに売る」という解になることが多い。

しかし、もしこのゲームが永遠に続いたら（毎年Z社と条件交渉していくなら）、下のように少し違う気分が両社に働く（ややこしいがよく読んでみてほしい）。

今回は「ともに売る」という結果になっても、次は相手が「Webサイトで売らない」ということを期待して、こちらも「売らない」という、実は「互いにとって最もハッピーな結果」（パレート最適）を求めて、「売らない」という手を打とうかというインセンティブが生まれてくる（生まれてきてもおかしくない）。互いにそう思えば「ともに売らない」という結着を生み、その信頼感が続く限り「売らない」ということがずっと続くかもしれない。

つまりゲームをくり返していけば、「ともに売らない」というパレート最適へと動く可能性がある。

ライバル会社同士が戦っていても、いつかそれが終戦へと向かっていくのは、ビジネスの多くがこの「くり返しゲーム」だからである。

④　ゼロサムゲーム

ゲームの理論の用語で、囚人のジレンマとともに、ビジネスでよく使われているのが「ゼロサムゲーム」である。

これはどんな場合でも「各プレイヤーの利益の合計がゼロとなる」というものである。次のような例で考えてみよう。

A社はBコンビニ向けに弁当を作る食品メーカーである。A社とBコンビニのような売買関係は典型的なゼロサムゲームである。A社がBコンビニへ売っている弁当を10円値引きした時、A社が10円損し、Bコンビニは10円得する。こうなるとA社は「1円でも高く」、Bコンビニは「1円でも安く」となり、ともに最適戦略はない。

この解は「Aがその価格ではBに売らない」「Bがその価格ならA社から買わない」という形で、売買取引というゲームを終了する点を作ることである。

このゲームに新しい解が生まれるのは、A、Bが協力ゲームになり、パレート最適を求める時である。ここで注目されるのがBコンビニで弁当を買う「顧客」である。「顧客が1つでも多くBコンビニでA社の弁当を買ってくれること」が両者にとっての最大のハッピーであると考えることである。

これが近年ビジネスでよく使われるキーワード「サプライチェーン」である。A社とBコンビニが1つのチェーン（つながり）になって（協力ゲーム）、商品をサプライする（顧客へ渡す）というものである。

⑤　展開型ゲーム

ゲームにはもう1つ相手の手を見てから打てるものがある。これを展開型ゲームと言う。次のような例で考えてみよう。

C社は牛丼チェーンを展開しており、業界の老舗である。ライバルD社は近年出店を始めた新興牛丼チェーンである。

ここにきてD社がディスカウントスタイルでC社を攻めており、C社はこ

第3章　イノベーションリーダーの動作原則

れに対抗する形で既存の高級スタイルに加えて、ディスカウントスタイルの店も始めた。

　X地域でC社は高級店を出していた。ここにD社はディスカウント店の出店を検討している。これに対してC社は「もしD社がX地域にディスカウント店を出せば、X地域の自店もディスカウント店に改装して対抗する」と宣言している。もちろんC社にはD社が出店したとしても、「高級店のまま」という選択肢もある。そしてすべてのパターンで両社の利益が予測されている。

　このように「D社が手を打ってから、その手を見てC社が手を打つことができる」というものが展開型ゲームである。この時、下図のような「ゲームの木」というもので状況を表すことができる。

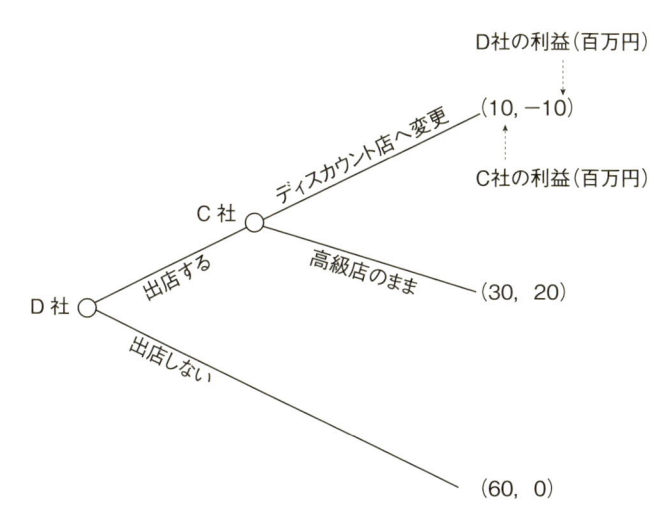

```
                                    D社の利益（百万円）
                        ディスカウント店へ変更
                                    (10, −10)
                    C社 ○
                                    C社の利益（百万円）
                        高級店のまま
          出店する                   (30, 20)
    D社 ○
          出店しない


                                    (60, 0)
```

　ここでC社の意思決定を考えてみよう。D社が「出店する」という戦略をとったとする。この時C社は「ディスカウント店（利益10）」か「高級店（利益30）」のどちらかの戦略をとることができる。ゲームの理論では、先ほど述べたように互いに賢く、ムキにならず自らの利益が最大になる戦略をとると考える。だからC社は高級店のままでいくはずである（いくらディスカウント店で対抗すると脅かしていても）。この時、D社の利益は20である。

　D社から見ると、出店すれば利益20を得て、出店しないと0。したがって、

D社は出店して、C社は高級店のままというゲームの解となる。

しかしC社にとっては今の状態で「利益60」なのに、D社が出店することによって利益が半分の30になってしまう。なんとか出店を阻止する方法はないのだろうか。

もうわかったと思うが、先ほどのゲームの木の「利益」という予測結果が変われば、話は別である。

たとえばD社が出店する前に、C社がX地域にもう1店ディスカウントスタイルの店を出して、状況を変えてしまうことである。このケースの利益もわかるものとして、ゲームの木を作ってみよう。

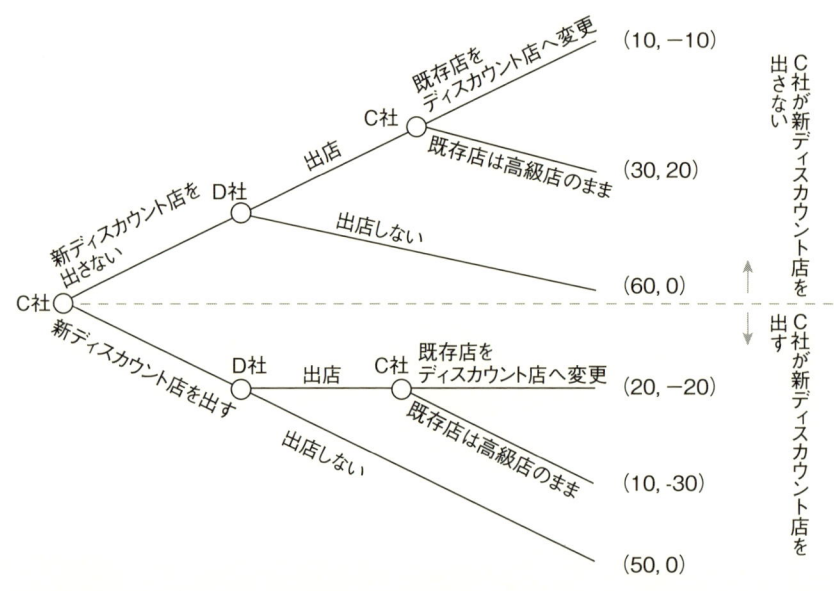

- C社が新ディスカウント店を出さない場合
  →これはゲームの木の上半分を意味しており、先ほどと同様に(30, 20)が解
- C社が新ディスカウント店を出す場合
  →ゲームの木の下半分を意味する。この時、D社が出店するとC社は既存店をディスカウント店に変更して利益20を得ようとする。したがってD

社は−20。一方、出店しない場合はD社の利益は0なので、D社は出店せず、(50, 0)が解となる。
・C社から見れば新ディスカウント店を出さないと「利益30」、新ディスカウント店を出すと「利益50」なので、C社は出店し、D社はこれを受けて出店をやめ、このゲームは(50, 0)が解となる。

このように冷静に状況を分析すれば"自ず"と打つ手は決まってくることが多い。そのためゲームの木はディシジョンツリーともよばれ、ビジネスでよく使われている。

(5) 原因の特定

イノベーションリーダーがぶつかる意思決定シーンに「起きている問題の原因を特定する」というものがある。

① 真の原因

「起きてしまった問題の原因を特定する」という意思決定において大切なポイントは、「真の原因はわからない」ということである。真の原因とは、もしそれが問題の起きる前に除去されていたとしたら、その問題が起きなかったというものである。こう定義すればわかると思う。問題が起きてしまってから、そんなことがわかるはずもない。

しかし「何が原因か」という仮説を立てないと、その問題に対して手の打ちようがない。ここで考えるのは「今、私が持っている情報からするとこれを原因と考えるのが妥当」という"意見"を決定することである。もっと言えば「これを原因と考えても、あながちおかしいとは言えない」というものを見つけることである。

あなたが仮説とした原因を、他の人から「それが原因ではなく××だろう」と言われたら、「いや、こっちが原因だ」とディベートするのではなく、「それを原因と考える理由」(「今、持っている情報」)を話し合う(「原因と考えるのが妥当か」)ことである。

PART I　イノベーションリーダーのフレームワーク

持っている情報が変われば、その推定原因も変わるかもしれない。そして真の原因はわからないから、誰かの意思で決める。これが組織としての意思決定である。

②　犯人を見つける

次のような例で考えてみよう。

ある飲料メーカーで、今期の売上が前期と比べて大きく落ち込んでいる。そこでその原因を特定し、対策を考えようとしている。

社内ではさまざまな意見が出ている。

「コンビニでライバルのX社に負けているのが原因だろう。もっと各コンビニとの取引を強化すべく、コンビニ向け商品の開発が急務だ」

「当社の主力であるA商品の伸び悩みが原因だ。消費者ニーズに合わせて早急にリニューアルすべきだ」

「地方都市でのセールス力が原因だ。もっと地方都市のセールスマンを増やすべきだ」

そしてこの各原因を言い出した人は「これが原因だ」といって譲らない。もちろんそれぞれの原因はある意味で正しく、それが重なり合って売上ダウンという問題が起きたのであろう。

しかもこれらの原因を表すものが数字にできるので、さまざまな資料がコンピュータで作られる。取引先業態別売上伸び率表、営業所別売上伸び率表、商品別売上伸び率表、さらにはこれを組み合わせたり、もっと細かく分けていったもの……。そして異なる仮説を持った人たちが、それぞれの根拠について別の資料を使って訴えている。イノベーションリーダーなら組織としての仮説（売上が落ちた最大の原因）を出して、早く手を打ちたいところである。ここではドリリングというやり方を用いる。

まずは数字を見つめて「なぜか」と考え、なんらかの仮説を立ててみる。たとえば「コンビニが原因」と考えたのなら、そのコンビニに関する表を出してみる。取引先業態別の売上伸び率表（今期と前期の比）といったもので、この中で最も伸び率の低い（マイナスが最も大きい）業態（コンビニ）を見つける。

次に「2番目にあやしい」と思っている仮説（たとえば地方の営業所）を使い、コンビニとの取引について営業所別に売上伸び率を出し、最も低い営業所（××営業所）を見つける。次にその××営業所のコンビニ取引について商品別売上伸び率表を出し、伸び率の低い商品（○○商品）を見つける。これを「犯人」と定義する。

この犯人はコンビニ、××営業所、○○商品という属性（犯人の性質のこと）を持っている。この属性のことを「黒」と表現する。その犯人の属性を使って犯人になってもおかしくないデータ（これを「白」と言う）を探す。

たとえば、××営業所でコンビニとの取引で売上が伸びている商品、コンビニに○○商品を売って売上が伸びている営業所、××営業所で○○商品を売って伸びている業態、……といったものである。もし白が1番目と2番目になく3番目にあれば、コンビニが原因と考えてもおかしくないことになる。黒と白にはっきり分かれなければ、資料をさらに細かく（コンビニを特定チェーンにする、商品分類をもっと細かくする、期間別にする、……）見ていく。

ここで大切なことは、こういった「プロセス」ではなく、この「白を見つける」という発想である。すべてのデータを一覧表にしたり、問題の起きている対象だけを見つめたりするのではなく、「黒になってもよさそうなのに白になっているデータを見つけ、黒とよく比較する」という問題へのアプローチスタイルである。

つまりトラブルなどの問題が起きた時、そのトラブルばかりを見つめず、「そのトラブルの近くにあって、トラブルが起きてもよさそうなのに起きていない現象を探す」という考え方である。これが原因特定の原則である。

3 コントロール原則

（1） コントロールとは

① 定義

controlは日本語で「統制」と訳される。「統制」にはいくつかの意味がある

が、経営の世界では「一定の計画や方針に従って指導・制限すること」という意味で、この言葉を使っていると思う。ただ統制にはもう少し強い意味で「人を自分の考えた方向に動かす」というニュアンスがあり、経営の世界で言うコントロールとはやや異なっている。そのため経営の世界ではcontrolを訳さず「コントロール」として使ってきた（後で述べる「内部統制」という言葉が登場するまで）。

経営で使うコントロールという言葉は、簡単に言えば「組織行動の中でこれはやってはいけない」といったルールや手続きのことである。そしてその目的は「リスクを抑えていく」ことである。リスクとは本書でもう使ってしまったが「将来起こるかもしれないトラブル」である。脅威と訳されることもあるが、むしろ「不安」という言葉の方が近い。

② 外部コントロールと内部コントロール

コントロールには「する側」と「される側」がある。そのためコントロールの基準は2つある。

1つは正当性であり、「する側」の基準である。「そのコントロール（ルール、手続き）が妥当か」というものであり、そのルールで「考えうるリスク」を抑えることができるかというものである。

もう1つは「される側」の基準であり、準拠性である。「決められたコントロールどおりにやっているか」というもので、ルールどおりにやりリスクを抑えているかというものである。

この「する側」が会社の外部か内部かによって、コントロールは2つに分かれる。外部コントロール（external control）と内部コントロール（internal control）である。

（i）外部コントロール

会社における外部コントロールは、会社外部の株主や社会が「する側」であり、会社（というよりも経営者を含めた従業員）が「される側」である。

この外部コントロールは法律やそれによる規制という形でなされるものが中

心である。すでに述べた会社法、労働法、独禁法さらには環境法といったものであり、ソーシャルコントロール（social control：「社会統制」と訳されるが、これも別のニュアンスを持っている。戦時中の統制社会のようなものである。したがってこれも訳さずに使う）とよばれる。

　複式簿記などはこのソーシャルコントロールの典型である。これは会計データを常に2つ同時に作ることで、コントロールするものである。たとえば、「銀行から100万円借金した」という事象に対し、「借入金増加100万円」「現金増加100万円」という2つのデータを起こす。こうしておけば、仮にどちらかを間違えても100万円として訂正できる。これによって「過失エラー」というリスクを抑えることができる。しかし、IT社会の現代ではこの過失エラーが起こることはほとんどない。むしろこの簿記というソーシャルコントロールは、「不正」というリスクを抑えることが目的である。たとえば「請負業務が完了し、取引先に100万円の請求書を発行した」という事象には「売上100万円」と「売掛金*100万円」という2つのデータを発生させる。このうち「売上100万円」というデータには実体がない、まだ入金されていないし、社会ルールに基づいて「売上100万円」というデータを起こしただけである。しかしこの売上は、経営者の成績である「利益」を計算する元データとなる。「このデータをいじりたくなる気持ち」は理解できると思う。自らが責任者である会社組織なのだから、少しくらいデータをいじっても、少なくとも会社外部の人にはわからないはずと思ってしまう。ここで売上を200万円にすれば100万円利益が増える。これが「粉飾」である。売上100万円をなかったことにすれば、利益が減って税金が減る（税率が40％なら40万円のカネが出ていかず手元に残る）。これが「脱税」である。

　しかし売上データをいじると「売掛金100万円」もいじらなくてはならない。これは意外に大変である。売掛金は取引先に貸しているカネであり、この100万円分だけぴったり回収しなくてはならない。しかし売掛金をいじってしまうと、一体この取引先にいくら貸しているかがわからなくなってしまう。そのため「本当の数字」をどこかに書いておかなければならなくなる。これが「二重帳簿」である。しかしこれでも駄目である。取引先を調べればわかってしまう。

この取引先の帳簿には「買掛金100万円」と書いてあるはずである。それでも取引先と口裏を合わせれば、やってやれないことはない。しかしここまでやれば、どこから見ても犯罪である。売上データ100万円を200万円に変えただけなら「過失」との区別は難しい。しかし二重帳簿を作って、取引先と口裏を合わせておいて……というならどこから見ても「故意」である。

不正というリスクを抑えるコントロールは、この犯罪をできないようにすることではなく、犯罪を犯すことに多大な労力を求め、かつ必ず「発見され、罰せられる」という恐怖を与えることである。これがコントロールの本質である。

ここで「される側」は、「このルールどおりにやる」という準拠性しかない。「社会で決められたルール、手続きどおりやる」というものである。簿記のデータ入力が面倒くさくて、大変で、自分にとってなんの幸せもない手続きであっても、やるしかない。

* 売ったが入金されていないものを売掛金、買ったが支払っていないものを買掛金という。

（ⅱ）　内部コントロール

内部コントロールとは「する側」が組織の内部にあるものを言う。会社の責任者である経営者が、従業員に対して行う（従業員が「される側」）ものがその代表である。

この時は「する側」の経営者が正当性を考える。つまりそのコントロールで「起こり得るリスク」を抑えることができるかである。特に「不正」がそのポイントである。一方、「される側」の従業員は準拠性が強く求められる。「ルールどおりやる」である。

先ほどの売上、売掛という会計データの例で考えてみよう。この2つのデータを同一人物が起こしていれば、データをいじりやすい。たとえば、本社から離れた地方の営業所で、営業所長（売上から計算される利益が成績）がこの2つのデータを起こしていれば、「数字をいじりたい。いじってもわからない」という気持ちが働いてしまう。これをコントロールするなら、この2つのデータは別々の人が起こすようなルールとする。たとえば「売上データは営業所の

第3章　イノベーションリーダーの動作原則

スタッフが入力し、売掛金はすべて本社の経理部で管理する。請求書はすべて本社で発行し、取引先の入金管理を行う」というものである。

この内部コントロールにはこれ以外に2つの意味がある。1つは、リスク発生時に会社を救ってくれることである。不正が起きても、そのコントロールに正当性（そのルールが妥当）があれば、仮にそれが社会的事件になってもマスコミから「ずさんな管理」と指摘されることはない。

もう1つは、従業員を守ることである。従業員の目の前に100万円もの現金を置いておくのは、いくらなんでもひどい。「カギをかけて金庫に入れて、カギをきちんと管理しておく」（＝コントロール）のが経営者が従業員に対するマナーであろう。「不正をやりづらくしてあげて、従業員を犯罪から守る」。これが内部コントロールの本質である。

内部コントロールの正当性は「そのコントロールが社会的に見て妥当か」というスタンスで設計しなくてはならない。その正当性を経営者が判断するために、さまざまなものが社会から提案されている。

ISO（International Organization for Standardization：国際標準化機構）という「国際間のルール、手続き、プロトコル（約束事）などの規格の標準化を行う国際機関」があり、日本もここに参加している。このISOの定めた標準規格に、個別企業が生み出す製品、サービスが基づいているかを確認することを適合性評価という。これを製品認証、要員認証のほかに、マネジメントシステム（本書で言う内部コントロール）についても行っている（マネジメントシステムでは「審査登録」という表現を使う）。ISO9000（品質管理、品質保証に関する規格）、ISO14000（環境）、ISO27000（情報セキュリティ）などが有名である。これは内部コントロールの正当性について社会として提案し、かつそれをチェックするものである。このほかにもこの内部コントロールの正当性が国、自治体、公的機関、業界団体などから提案されている。経営者は社会から提案された正当性に則って内部コントロールを設計すべきである。

その内部コントロールについて、従業員から「なんでこんな面倒くさい手続きをしなくてはならないのか」「なんだか役所の手続きみたいで煩わしい」「これじゃ書類作りばかりで本来の仕事ができない」というクレームが出ても、

PART I　イノベーションリーダーのフレームワーク

「ルールだからやりなさい」とマネジャーを通して命令しなくてはならない。「なぜこんなルールにしたのか」など説明する必要はない。「カギをかける」という内部コントロールも「なぜカギをかけるのですか？　そんなことをしても泥棒は入ってくる。カギをかけるのは面倒だからやめましょう」と不満があってもルールを守らせる。そしてルール違反に対しては厳しく罰さなくてはならない。仮にそれが過失であっても、それを罰することが不正を抑えることになる。

(iii)　J-SOX法

上場会社は金融商品取引法によって、この内部コントロール（ここでは内部統制とよんでいる）に関する報告書を公認会計士のチェックを受けたうえで、証券市場へ提出することが義務付けられている。つまり自社がどのようなルールで内部コントロールし（正当性）、どのように守っているか（準拠性）を報告しなくてはならない。これはアメリカのSOX法（サーベンス・オクスリー法）をもとにして作られたルールで、金融商品取引法の一部として規定されているが、俗にJ-SOX法（日本版SOX法）と言っている。

J-SOX法で言う内部統制は、ややこしいが次のような意味である。

「社会（金融商品取引法なので投資家が対象）が行う外部コントロールの1つとして、経営者に内部コントロールを求めるもの」

本書では「J-SOX法の内部統制」を内部コントロールの1つとしてとらえる。

③　**監査**

監査（audit）とは「監査人がある対象（被監査部門と言う）に関して、そのコントロールについての正当性、準拠性をチェックすること」と定義される。この一部は第1章で述べたことと重複するが、監査というコントロールをここで整理しておこう。

イノベーションリーダーから見た監査は次のような構造である。

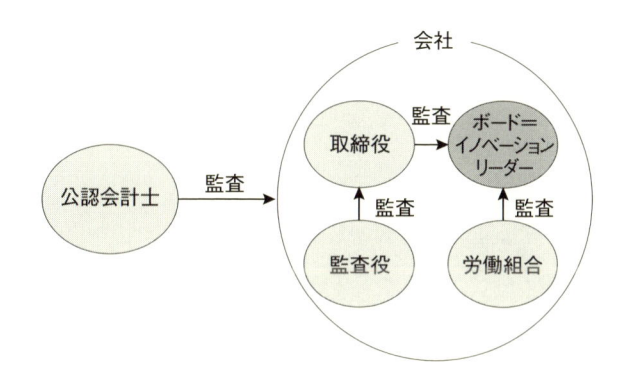

第3章　イノベーションリーダーの動作原則

（i）取締役監査

　法的には株主から取締役へ経営権限が委任されているが、これをボードメンバーに再委譲している。したがって、権限委譲の定義（28ページ）から考えて、取締役はボードメンバーの業務に関しても責任を負う。これが取締役が行う監査のバックボーンである。

　被監査部門はボードメンバーであり、その内容はボードメンバーが立案、実行する内部コントロールの正当性およびボードメンバーを代表とする従業員のコントロール（外部＆内部）に関する準拠性である。ボードメンバーから見ると直接的な監査であり、監査結果が不適切な時は業績によらず解任されることもある。

　ここで大切なことは可監査性（auditability）である。簡単に言えば「監査しやすいようにする」ということである。特に準拠性についてこれが強く求める。内部コントロールの正当性はそれを明文化することで監査可能になるが、準拠性、つまり全従業員がコントロールどおりやっているかという監査は極めて難しい。監査は実行してから行うものであり、「実行後に残っているもの」（監査証跡と言う）から判断するしかない。

　ここで可監査性を高めるには、準拠性を担保するものをコントロールに入れ（ルールどおりやっているかを誰がどういう形でチェックするかなど）、監査しやすいように監査証跡を残しておくことである。「監査でチェックされて悪い

所が見つかる」という意識を捨て、自らのコントロールが機能していることを監査人に証明してもらうという気持ちを持つことである。

（ⅱ） 労働組合による監査

39ページで述べたとおり、ボードメンバーから見て労働組合は監査人としての役割を持つ。被監査部門はボードメンバーというよりも、ボードメンバーから権限委譲を受けてマネジメントを実行するマネジャーである。労働組合の構成メンバーは現場プレイヤーであり、彼らが受けるマネジメントについて監査を実行すると考える。その内容はマネジメントにおける外部コントロール（労働法など）、内部コントロール（労働協約、勤務規則、目安箱、……）の準拠性である。

（ⅲ） 監査役監査

法定監査であり、監査役が監査人、取締役会が被監査部門というものである。実際の経営が、従業員で構成されるボードメンバーに権限委譲されている変革企業では、以下の2点を行う。

- 少しややこしいが取締役を監査対象とし、取締役監査という仕事についての内部コントロールの正当性（取締役が行う監査ルールが妥当か）と準拠性（そのコントロールどおりにやっているか）を監査する。
- 取締役会、ボードメンバーおよび従業員の外部コントロール（主にソーシャルコントロール＝法規制）の準拠性を監査する。つまりコンプライアンス監査。

（ⅳ） 公認会計士監査

株主総会で選出された公認会計士（会計監査人）が会社全体を被監査部門として行うものであり、次のような監査がある。

- 会計監査……金融商品取引法という外部コントロールの準拠性を、主に有価証券報告書というレポートを通して行うもの。
- 内部統制監査……J-SOX法のルールに基づき、取締役会の作成する内部統制

報告書についてその内部統制の正当性、準拠性を監査するもの。

イノベーションリーダーにとって大切なことは、監査のノウハウではなく、監査における自らの位置づけを理解し、可監査性を高めていくことである。

(2) リスク対応原則

前述したようにコントロールとはリスクを抑えていくことであり、そこにはリスク対応原則というものがある。リスクに対する人類の知恵と言ってもよい。

リスク対応原則とは、以下のようなステップでリスクに対応していくというものである。

① リスクの基本原則

リスクに対応する時の基本原則は、どんなコントロールを作っても「リスクをすべて消すことはできない」ということである。リスクとは将来起こるかもしれないトラブルであり、これをすべて消してなんのトラブルも起きないようにはできない。

たとえば、「自社製品の不良品が顧客に届いてしまう」というリスクで考えてみよう。ここで将来にわたって不良品をなくすということはできない。不良品を一切作らないようにはできないし、不良品を顧客の手に届く前にすべて取り去ることなどできない。飲料メーカーでいえば自社の飲料製品にゴミが入るというリスクを消すことはできない。完璧なクリーン工場など造れるはずはないし、入ってしまったものすべてを検査で見つけることはできない。全部開けてチェックしていたら売るものがなくなってしまう。

そうなるとリスク対応の最大のテーマは「リスク対応をどこでやめるか」であり、「コントロールをどこまで強くするか」というものである。

② リスクの列挙

リスク対応の第1ステップは、想定されるリスクの列挙である。これを一定領域ごとに考える。たとえば、先ほどの不良品では「調達」、「生産」、「物流」

といった領域に分けてリスクを挙げる。

ここで大切なことは「すべてのリスクを挙げることはできない」ということである。起こるかもしれないトラブルは無限にある。ここでは「どこでリスク列挙をやめるか」という先ほどの基本原則が適用される。

列挙されたリスクについてだけしかコントロールを考えることはできない。つまり、常に設計したコントロールには「想定していないリスク」が存在する。この「想定していないリスク」についての対応を考えなくてはならない。むろん、「想定していないリスク」に対して具体的な対応策は考えられない。そこで「想定されていないリスク」が起きた時の"対応の方向"を設計する。これをコンティンジェンシープラン（contingency plan：不測事態計画）と言う。コンティンジェンシープランについては後述する。

③ リスクの評価

列挙されたリスクについてその重要度を2つの指標から付ける。可能性と影響度である。できれば可能性は「リスクが発生する確率」、影響度は「そのリスクが起きた時に受ける組織としてのダメージを金額換算したもの」とし、この2つを掛け合わせて（これをリスクの期待値と言う）各リスクを定量的に評価したいところである。

しかし多くの場合、まだ起きていないトラブルの確率やダメージの金額を表すことは困難である（過去何度も同じトラブルが起きていることはあまりないので、確率やダメージ金額を見積もれない）。だからと言ってこれを評価しないわけにはいかない。「深刻なリスク」と「どうでもよいリスク」を一緒にして対応を考えるわけにはいかない。そこで可能性、影響度について、直感的に"大"（可能性なら「起きそう」、影響度なら「起きたら大変」）、"中"、"小"くらいで表すしかない。影響度については「極大」（これが起きたら会社は崩壊する）も入れたい。

④ 内部コントロール

内部コントロールの基本的方向は、「可能性が大」（起きそう）のリスクに対

第3章　イノベーションリーダーの動作原則

しては予防（可能性を小さくする）を、「影響度が大」（起きた時のダメージが大きい）のリスクに対しては発生時対策（ダメージを小さくする）を打っていくことである。

　しかしこれも"どこまでやってもきりがない"という基本原則にぶつかる。これについては次のようなことが原則となる。
・予防ばかりに頼らない。「起きないようにすること」ばかりを考えてしまうと、起きた時の対応が考えられない。発生時対策によるコントロールが最も大切である。
・少しややこしいが、予防が発生時対策の最後の砦である。きちんとした予防をしておけば、経営者として最大のダメージである「こんなことに対して予防策をとっていなかったのか」という外部からの批判は受けない。
・不正などに対する"最大の予防"は、ペナルティという発生時対策である。どんな小さな不正でも「厳正に処分する」（たとえば懲戒免職）という発生時対策は、不正を予防する。
・監査は予防であり、発生時対策である。内部コントロールの正当性、準拠性について監査を受けることで、少なくとも予防コントロールが不備という批判を受けることはない（発生時対策）。そのためには可監査性を高め、積極的に（我が身を守るものとして）監査を受けるようにする。
・「どこまでやるか」についてはソーシャルコントロールにその正当性を求めることである。つまり社会に存在している会社として、妥当なコントロールを持っているかという観点である。それが前述したISOであり、各種の規制である。

⑤　コンティンジェンシープラン
（ⅰ）　BCP
　コンティンジェンシープランが最悪の事態が起きた時の会社の生死を分けることになる。コンティンジェンシープランとは、たとえば先ほどの不良品で言えば、「どんな不良品であっても、その発生を認識した時は、それに関するすべての情報を広報室へ報告し、ここで集中管理する」といったものである。不

良品発生の情報についてルールを決めておかないと、その発生源となっている工場、それをチェックする品質保証部門、それが起きたことによって自らの仕事に大きく影響を受ける販売部門という現場で情報が止まってしまい、経営サイドにまで上がらない。誰でも自分のミスは隠したいし、ミスだと思いたくないし、ミスによるダメージは受けたくない。この心理を否定せず、ルールによってこれをプロテクトする。「情報を隠せばそれだけで（結果的にその人に責任がないトラブルだったとしても）ペナルティを負う」というコントロールを設計する。

このコンティンジェンシープランがないと、トラブル部門のマネジャー、さらには経営者であっても土壇場になるとどうしても冷静さを失って、会社にとってはマイナスの行為をしてしまう。仮にそれを決めておいても、平素からメンバーをきちんと教育しておかなければならない。そうでないと会社はトラブル発生というリスクだけでなく、「トラブルへの対応ミス」というリスクで倒れてしまう。

そのためコンティンジェンシープランを緊急事態計画とよんだり、さらにもっとストレートにBCP（Business Continuity Plan）とよんでいる。BCPとは、会社に予期しないトラブルが起きても、事業を継続できるように計画しておくことである。

(ⅱ) 不確実性の下での意思決定

このコンティンジェンシープランにヒントを与えるのが「不確実性の下での意思決定」というゲームの理論で生まれた考え方である。これは情報が不確実の中で、どのように意思決定すべきかということを理論化したものである。この不確実性の下での意思決定は次のような例で考えるとわかりやすい。

雪国にある店舗で、毎日Aという商品を、前日に仕入れており、当日の天気によって大きく売れ行きが変わる。しかも天気に関する情報はまったくない（明日の天気は読めない）。この商品Aには10個、20個、30個の仕入れパターンがあり、それぞれの天気別の利益が次ページの表のようにわかっている。この利益には、売れ残りによる損失だけでなく、欠品（品不足）による機会損失

第3章　イノベーションリーダーの動作原則

（商品があれば売れたのに損した）も含まれている。

天気	利益		
	10個仕入	20個仕入	30個仕入
晴れ	−8,000円	4,000円	12,000円
くもり	−4,000円	−1,200円	8,000円
雨	4,800円	−2,400円	−8,800円
雪	2,400円	6,400円	−4,800円

　ここで明日の天気がまったくわからない時、どのような意思決定をするか（何個仕入とするか）というものである。

　ここには最適の意思決定はない。それは明日の天気は明日になってみないとわからないからである。しかし意思決定の基準のようなものは考えられる。次のようなものである。

・マキシマックス（Maximax）基準

　意思決定策ごとに最良のケースを想定し、その中の利益が最大のものを選ぶ。10個仕入は「雨」で最大4,800円、20個は「雪」で6,400円、30個は「晴れ」で12,000円。よって30個仕入を採用する。これは結果として、あらゆる案と状況の組み合わせの中から、最大利益を生むケースを選ぶことになる。

・マキシミニ（Maximini）基準

　意思決定策ごとに最悪のケースを想定し、その中の利益が最大のものを選ぶもの（最小の中から最大を選ぶのでマキシミニ）。10個仕入では、最悪の時は「晴れ」で、この時の利益は−8,000円、20個は「雨」が最悪で−2,400円、30個は「雨」が最悪で−8,800円となる。よって最悪のケースのダメージが最も小さい20個仕入を採用するというもの。「損失を最小に抑える」という守りの戦略である。

・ミニマックス・リグレット基準

　その意思決定策をとった時のリグレット（後悔）に着目するものである。10個仕入れて、もし天気が晴れとなったら利益は−8,000円である。この時は「30個仕入れていれば12,000円の利益が得られたのに」と後悔する。どれくらい後悔するかといえば12,000−（−8,000）＝20,000円である。同様にあらゆる

ケースでそのリグレットを計算すると下表のようになる。

天気	10個仕入	20個仕入	30個仕入
晴れ	20,000円	8,000円	0円
くもり	12,000円	9,200円	0円
雨	0円	7,200円	13,600円
雪	4,000円	0円	11,200円

　各意思決定策についてこのリグレットが最大のケースを考え、それが最小のものを採用しようというものである（最大のものが最小なのでミニマックス）。

　10個仕入は「晴れ」で最大リグレット20,000円、20個では「くもり」で9,200円、30個では「雨」で13,600円。よって最大リグレットが最小となる「20個仕入」を採用する。できるだけ後悔したくないという人間の気持ちを表したものと言える。

　コンティンジェンシープランは未知のトラブルへの基本的対応法である。ここではマキシマックス基準のような最良のケースを考えるのではなく、マキシミニ基準、ミニマックス・リグレット基準のように最悪のケースを想定することが妥当である。つまり「トラブル対応において情報が確実でない段階では、常に最悪のシーンを想定して行動しなければならない」というコントロール原則を持つ。これがコンティンジェンシープランである。

　私が本書の原稿を書いているのは2013年8月である。この2013年8月に「カネボウ化粧品の美白化粧品で肌がまだらに白くなる」というトラブルが発生し、カネボウ化粧品は自主回収を実施した。そしてその記者会見で「2011年頃からその発生がお客様相談窓口に報告されていたが、使用者側の疾患と窓口担当者が思い込み、対応が遅れた」と発表した。

　ここでの問題はどこにあるのだろうか？　むろん「肌が白くなってしまう」というリスクへの予防が甘かったことははっきりしている。しかしリスクは無限にあり、すべてのリスクの予防はできない。ポイントは2011年にクレームが入ってきた時点であり、この時マキシミニ基準によるコンティンジェンシープランが徹底されていればどうなっていただろうか？　確かに2011年時点ではこのトラブルの責任はカネボウにあるのかどうかわからない。しかし最悪の

第3章　イノベーションリーダーの動作原則

シーンは「カネボウに責任がある場合」であり、かつ「その被害が広がった場合」である。この「最悪のケースでの最良の策」はどう考えても「発表し、即日回収」である。「これをやっていれば……」の悔い（リグレット）はカネボウ化粧品の経営者にとって最大のものであろう。

こういった時、情報の発生源に最も近いロワーマネジャーのマネジメント力（リスク対応力）が生死の分かれ道になる。カネボウ化粧品もここで情報が止まっていたと推測される（いくらなんでも経営者まで情報が上がっていて、こういう対応をとるとは考えづらい）。

実はカネボウ化粧品は2009年に私のクライアントとなった。テーマは「入社2年目、3年目の社員をプロのプレイヤーに育てる」というセミナーである。この若きプレイヤーは極めて優秀な人たちであり、その能力（特にそのマーケティングセンス）に感動さえ覚えた。しかし、このセミナーを通してコンサルタントである私が不安に感じたのは、当社のマネジメントである。この若き優秀な（少しやんちゃな）プレイヤーを果たしてマネジメントできるのかということである。カネボウは2005年に粉飾決算が発覚し、解体的出直しを図っている。つまりコントロールの甘さによって一度は死の淵にまで行っている。それなのに2009年に初めて会ったカネボウの若手社員に仕事のディスカッションをさせると、コントロールの甘さ、特にロワーマネジャーにリスクに対する「弱さ」を若者たちの発言から感じた。そこで私は2009年のセミナー終了後に変革マネジャー養成塾の提案を行った。若きプレイヤーの「一人前化」の前にマネジメントの強化を行う必要があるというものである。この変革マネジャー養成塾ではマネジャーがぶつかるさまざまなシーンについて「自分がマネジャーならどういう行動をとるか」を個人で考えさせ、グループでディスカッションする（このケースを私は『マネジャーのケーススタディブック』（同友館）という本にしている）。この中のケースに「クレームが発覚し、自社の責任かどうかわからない時はどうするか」というものがある。むろん、対応は今述べたとおり、「クレームが入った」ということを速やかに社会へディスクローズである。

しかし、この変革マネジャー養成塾の提案はカネボウ化粧品には受け入れら

れなかった。事件の一報を新聞で読んだ時、「もしこれを 2010 年にやっていれば」というコンサルタントとしての私のリグレットも残ってしまった。

4 予測原則

（1） 予測の構造化

ここでは「未来の数字を考えること」を「予測」と定義する。この未来の数字の中でイノベーションリーダーにとって最も大切なものは「目標」であり、計画の中枢をなすものである。

予測はその人の能力に依存するものではなく、ノウハウである。このノウハウがここで述べる予測原則であり、人類が「未来の数字」について出した最終的な結論である。つまり「これしかない」というものである。

この予測原則の理論的バックボーンは「統計」という数学である。統計は過去の数字から未来の数字を予測するための学問、というよりもテクニックである。

予測は次のような形に構造化される。

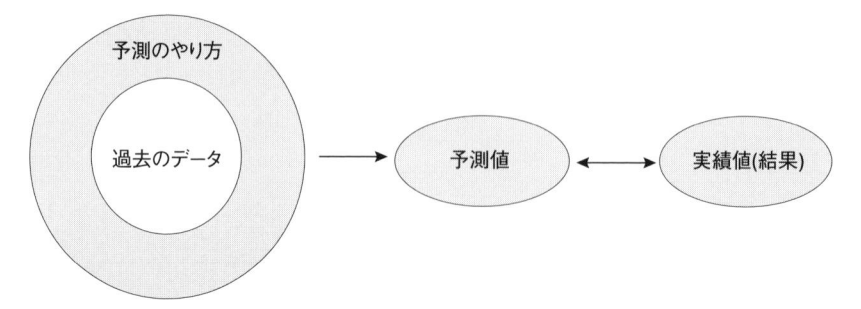

```
  予測のやり方
   ┌─────┐
   │過去のデータ│ ──→  予測値  ←→  実績値(結果)
   └─────┘
```

つまり予測とは「予測に使えそうな過去のデータを収集して、予測のやり方を決めて、予測値を出す」という仕事であり、しばらくして必ず結果（「実績値」と表現する）が出るものである。

一方、このような構造ではなく、未来の数字を出すことを「予想」と定義する。過去のデータを使わなかったり、過去の数字を見ていてもやり方を決めず

第３章　イノベーションリーダーの動作原則

に未来の数字をカンで出したり、というものである。

　この２つの大きな違いは、予測は「どうやって出したのか＝根拠」をすっきりと説明できることである。「どんなデータを使って、どんなやり方をしたのか」が根拠である。データとやり方が確定しているので、コンピュータなどのITを使って行うことができる。

　しかし予想は根拠を説明することができない。「カン」という能力を使っているのであろうが、カンとは「人には説明しようがないもの」と定義される。組織ではなく１人で仕事をする時や、組織においてもオーナー経営者のようにどんなことでも１人で決められる絶対的な権限を持ったリーダーなら、周りの人へ未来の数字などの目標の根拠を説明する必要がない。自らのカンを信じ、そのカンがはずれても全責任を自分で負えばよい。しかしイノベーションリーダーであれば、ボードメンバーとして自らの考えた目標などの「未来の数字」を他のメンバーに合意してもらい、トップへ説明し、その数字を調整しなくてはならない。さらには部門長として部下のマネジャーと数字を調整しなくてはならない。ここに予測というノウハウが必要となる。

　ある会社で経営計画の目標を調整していたら、次のような発言があった。

　「私が営業部門の責任者として実際に現場を見て肌で感じたのは、マーケットはかなり厳しいということです。海外企業の攻撃も厳しいし、国内ライバルも生き残りをかけて必死です。来期の売上目標は前期並みと言いたいところですが、なんとか皆が命がけでがんばって、５％アップというところかなと思います」

　この「５％」は発言者の「カン」としか説明しようがない。それを聞いた周りの人は「私はそう思わない」となって議論が平行線となり、最後は経営企画部が力ずくで自分の考えた数字で押し切ってしまった。そして押し切られた人たちは納得がいかず、「どうしてこんな目標になったんだ」とストレスを溜め、部門長、マネジャーとして部下に説明ができない。部下に言えるのは一言「上に押し切られた」である。

　このような時は次のように発言したい。

　「お手許の資料をご覧ください。現在進めているA案の条件に従えば、来期

の売上目標はこの数字とするのが妥当だと思います。しかしこれでは中計の目標利益に達しません。来期はB案のように価格勝負をやめ、新規顧客よりも既存顧客を中心にプロモーション予算を組み、粗利率を確保して、利益をこの数字に設定すべきと考えます」

これは資料に書いてある過去のデータ、予測のやり方(上記の"条件")を説明している。だから周りのメンバーは「過去のデータはこのような顧客別売上でなく、商品別売上をベースとすべきだ」「設定(やり方)は売上を一定にして経費をダウンさせるようなものとすべきだ」と予測のためのデータ、やり方を議論し、合意すればOKである。

目標という未来の数字そのものでなく、使うデータ、やり方を議論し、合意することで、"すっきりと"目標を設定できる。

(2) 回帰分析

ビジネスで予測をする時は、同じ予測をくり返しやっていくことがほとんどである。先ほどの売上予測のようなものである。毎期、毎月くり返してやっていく。このようなケースでは、回帰分析という予測原則が適用される。

予測を「やらない」「やりたくない」、あるいは「できない」と思っている人は、予測値と実績値が一致しない(予測がはずれる)ことを「やる前に」恐れている。

しかし、もしやってみて「予測値≠実績値」だったら何が悪いのだろうか?

過去のデータが悪いわけはない。もちろん「そのやり方が悪い」ので「当たらない」と言える。ではどうしたらよいのだろうか。これには1つしか答えがない。実績値がわかった今になってみれば、どうすれば「予測値=実績値」になったのかを考えることである。つまり結果が出てから、「予測のやり方」を変えて、「当たる」ようにする。そしてこの新しいやり方を使って、次の局面で予測してみて…ということをくり返していくことである。これが回帰分析である。

たとえば、毎月の売上を予測しているとしよう。1か月目に「予測のやり方1」

第3章　イノベーションリーダーの動作原則

で予測し、「予測値1」が出た。そしてまもなく「実績値1」が出た。もちろん「予測値1 ≠ 実績値1」なので、予測値1 ＝ 実績値1（あるいは最も近くなるようにする）となるように「予測のやり方2」に修正する。2か月目に「予測のやり方2」で予測値2を出し、実績値2が出る。もちろん予測値2 ≠ 実績値2である。そこで予測値1 ＝ 実績値1、予測値2 ＝ 実績値2となるような"やり方"を考えたいが、なかなかうまくいかない。次善の手は「実績値1 − 予測値1」、「実績値2 − 予測値2」の和が小さくなるように予測のやり方を考えることである。つまり予測の誤差を最小にするやり方である。そして3か月目、4か月目、……と、「誤差を出して、その和が小さくなるようにやり方を変える」とやっていけば少しずつ「当たる」ようになっていくのがわかると思う。

　この回帰分析は、ビジネスにおけるほとんどのケースにおいてパソコンのエクセルを使えば簡単にできる。（詳しいやり方を知りたい人は拙著『ビジネスマンの数字活用力向上講座』（同友館）を参照してほしい。）

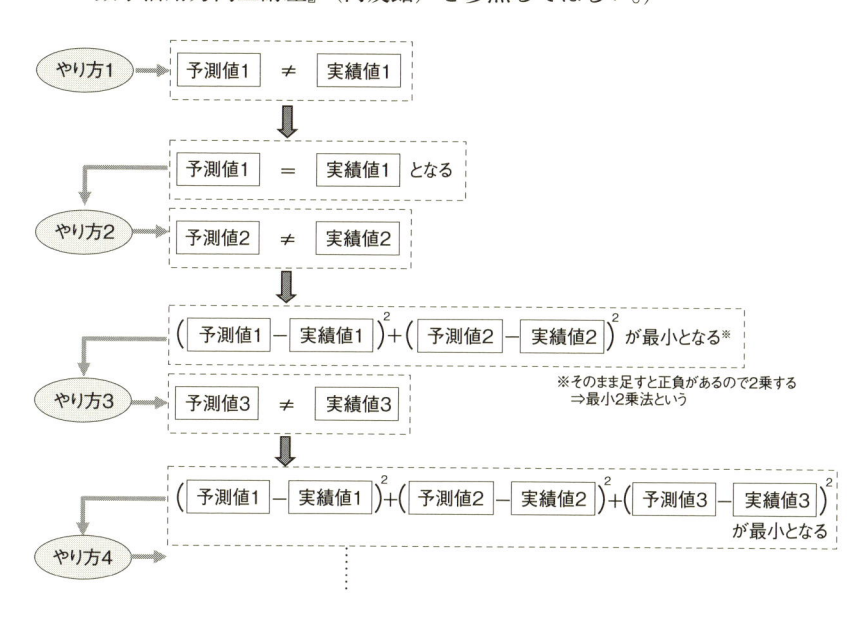

やり方1：　予測値1 ≠ 実績値1

↓

やり方2：　予測値1 ＝ 実績値1 となる
　　　　　予測値2 ≠ 実績値2

↓

やり方3：　$(予測値1 − 実績値1)^2 + (予測値2 − 実績値2)^2$ が最小となる※
　　　　　予測値3 ≠ 実績値3

※そのまま足すと正負があるので2乗する
⇒最小2乗法という

↓

やり方4：　$(予測値1 − 実績値1)^2 + (予測値2 − 実績値2)^2 + (予測値3 − 実績値3)^2$ が最小となる

　予測はやらなければ当たらない。そして当たり方は予測をやった量で決まる。上の図を見ればわかるとおり、回帰分析の「過去のデータ」には「過去の実績

値」だけでなく、「過去の予測値」を必要とする。この「過去の予測値の量」(予測の経験量)がその会社の予測力となる。

イノベーションリーダーにとって大切なのは、具体的な予測のやり方を考えてみることよりも（これは情報システム部でやるべき）、この回帰分析という予測原則を取り入れ、「予測を IT でやる」と意思決定することである。もし「IT なんかで予測をやって本当に当たるのか」と聞かれたら、次のように答えよう。

「当たるかどうかは神様しかわからない。でも他に方法が思いつかない。もし良いやり方があるなら教えてほしい」

相手は答えられるはずがない。人類は予測について回帰分析より優れたものを思いついていない。もしこれより良いやり方を思いついたらノーベル賞ものである。

(3) PDCA

この回帰分析という予測原則を、経営を含めたマネジメントに適用したものが PDCA という考え方である。PDS サイクル（PLAN−DO−SEE：計画−実行−評価）の SEE（評価）に着目したものである。

SEE は実行（DO）の反省をして、「うまくいったこと、うまくいかなかったこと」「うまくいかなかった理由」「今後に生かすこと」を考えていくことではない。

SEE は次の 2 つに分けることができる。

・CHECK（差異分析）

計画（PLAN）と実行（DO）を冷静に分析し、その差異を見つけ、なぜ計画どおりにならなかったかを考える。回帰分析で言う予測値が PLAN で、実績値が DO である。そしてその「差異」が先ほどの「誤差」である。

・ACTION（次の計画に生かす）

CHECK を受け、実行（DO）が終わった今、どういう PLAN にすればよかったかを考える。そして次の計画を立てる。回帰分析で言う「結果が出た今、どうすれば当たったかを考え、やり方を変える」である。

第3章　イノベーションリーダーの動作原則

この時 PDS は PDCA となり、マネジメントサイクルとよばれる。

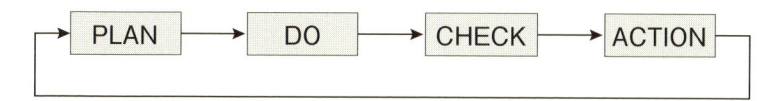

PLAN → DO → CHECK → ACTION

つまり、なんらかの形で計画を作り（回帰分析でいう予測値）、実際にやってみて結果（実績値）を出して、その計画と結果の差を見つめ（予測値−実績値）、どうやったら次の計画がより良いものになるか（予測値≒実績値）を考える、ということをくり返していく（サイクル）。SEE（CA）は次の計画のためにやっている。

5 文書作成原則

（1）文書コミュニケーション

　ボードメンバーとしての自らの意見は、原則として文書にまとめる。
　ボードでコミュニケーションする時は自らの部門長としての意見は固めておかねばならず、コミュニケーションの効率性（相手がそれを理解するスピード）、正確性（誤解なく伝わるか）のどちらの面でも口頭より文書の方が優れたコミュニケーションツールである。これには反論できないと思う。文書はすべての結果が残るし、意見を変える場合でもそのメンテナンス経緯がはっきりわかる。ただ自らの意見に対する相手の意見は、口頭が原則となろう。それを文書でやっていると効率性が落ちる。しかしこの意見も議事録として残す。つまり最後には文書化する。したがって、ボードメンバーにおけるコミュニケーション結果はいずれにしても文書として残る。これが149ページの可監査性も高める（どういう経緯で意思決定されたかが残る）。
　経営塾をやってみて実感したことがある。それはイノベーションリーダー予備軍のビジネス文書作成能力が極めて低いことである。ほとんどの人が事実をまとめることはできるのだが、自らの意見を文書表現するのが下手である。そしてオリジナリティのある意見を出す人、つまりイノベーションリーダーへの

適性を持っている人ほど下手である。この人たちの文書は散文調であり、内容がユニークで面白いのに論旨のブレ、冗長性が気になる。だから真意を読み取るのにすごく時間がかかる。

文書作成能力は持って生まれた能力よりも、文書作成テクニックを知っているかに依存している。そしてこの文書作成テクニックの柱は構造化という原則である。

（2） 構造化原則

ビジネス文書の基本は構造化である。構造化とは「それぞれの要素の関係をはっきりさせ、全体の構造をすっきりさせる」という意味である。この定義でわかるとおり、76ページの論理性の中核をなすものである。

構造化ドキュメンテーションとは次のような単純なテクニックである。

（ⅰ） 列挙

文書をいきなり書き始めるのではなく、まず書きたいことやその要点を思いつくまま列挙する。これを後でグルーピングしたりするので、パソコンを使ってメモるような感じで書いていく。

ここで大切なことは網羅性である。つまりこのステップの最後に「文書で書きたいことはこれですべてか」をセルフチェックする。

（ⅱ） 階層化

書きたいことを見て、互いに関係のあるものをグルーピングしていく。このグループは階層的（親子関係を持つこと）にする。ここが構造化のポイントである。文書では大項目、中項目、小項目と決めることであり、親子関係で目次を作っていくことである。

たとえば、本項を書く時、私は次のように構造化した。

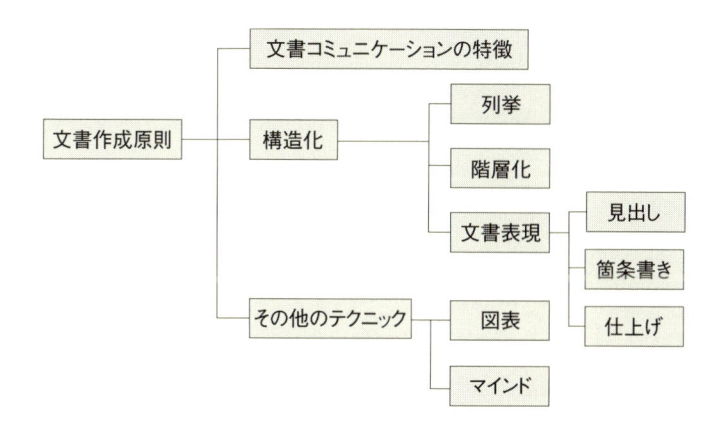

第3章 イノベーションリーダーの動作原則

```
文書作成原則 ─┬─ 文書コミュニケーションの特徴
              ├─ 構造化 ─┬─ 列挙
              │          ├─ 階層化
              │          └─ 文書表現 ─┬─ 見出し
              │                       ├─ 箇条書き
              │                       └─ 仕上げ
              └─ その他のテクニック ─┬─ 図表
                                     └─ マインド
```

　この構造図を見てストーリー展開（言いたいことが流れていくか）を考え、場合によっては修正する。OK であればこれを目次として項番を付ける。1、1－1（1のうちの一部）、(1)（1－1の一部）、①（(1) の一部）といった感じである。

(ⅲ)　**文書表現**

　以下のようなことがポイントである。
・グループごとにキーワードを作り、エッセンスを見出しにする。
・文書はなるべく短くし、「そして」「だから」「一方」などの接続詞はなるべく使わない。いくつかのことを並行して書いていく時は箇条書きにする。
・最後に文書全体のタイトルを付け、日付（文書を修正した時に役立つ。作成日、修正日を入れておくと文書の新旧がわかる）、氏名（この文書について疑問があった時の問い合わせ先）、ページ数（全部入っているかをチェックできる）を入れる。
・長い文書では文書をいくつかに分ける。概要（全体の論旨）、目次、本文、別添（本文を理解するための情報は分けておく）といったスタイル。

　構造化されていない文書と構造化された文書のイメージを次に挙げておく。

PART I　イノベーションリーダーのフレームワーク

〔構造化されていない文書〕

　当事業部門における営業上の課題としてはいくつかのものが考えられる。その最大のものは営業力のダウンといえる。新商品が次々と登場していく中でセールスマンの商品知識はこれに追いついていくことができず、我が社の商品の良さをきちんと説明できない。商品に関する知識のみならず、顧客に関する知識も欠けているため、商品を顧客の業務にどのように使うかが提案できず、顧客の言葉を聞くだけとなってしまう。

　また知識だけでなくセールスモデル自体にも問題がある。ライバル企業の多くはソリューションセールスへとシフトしているにもかかわらず、当社は相変わらずセールスの手法はセールスマン任せで、その結果のみを求める。結果を出せば良いセールスであり、それをセールス成功事例として共有するだけである。「ソリューションとは何か」、「ソリューションセールスはどのように進めていくか」といったことを教育していかないと、当社はシェアを落とすだけである。

第３章　イノベーションリーダーの動作原則

〔構造化された文書〕

---

1. 当事業部門の営業上の課題

1－1. セールスマンの知識

（1）　商品知識

　新商品ラッシュの中でセールスマンが商品知識を習得できない。そのため以下のような問題が発生している。

・どの顧客にどの商品を提案してよいかわからない
・当社商品のセールスポイントを説明できない
・当社商品のコストパフォーマンスの高さを説明できない

︙

（2）　顧客知識

　環境が大きく変わっていく中で、セールスマンが顧客の新しいビジネスモデルにおける課題を理解できない。そのために以下のような問題が発生している。

・顧客に商品の戦略的な使い方を提案できない

︙

1－2. セールスモデル

（1）　ソリューションセールスへの移行について

︙

（3） 図表テクニック

　文書は図表をうまく使っていくと相手に伝わるスピード（コミュニケーションの効率性）が高まる。図表は文書で言いづらい"イメージ的なもの"だけでなく、文書で書いたものと同意のエッセンスを表現するものとしても活用できる。

　この「図表テクニック」にはすでに164ページで述べた構造化で使った親子関係のほかにいくつかのものがある。このテクニックを、図表を使って整理すると次のようになる。

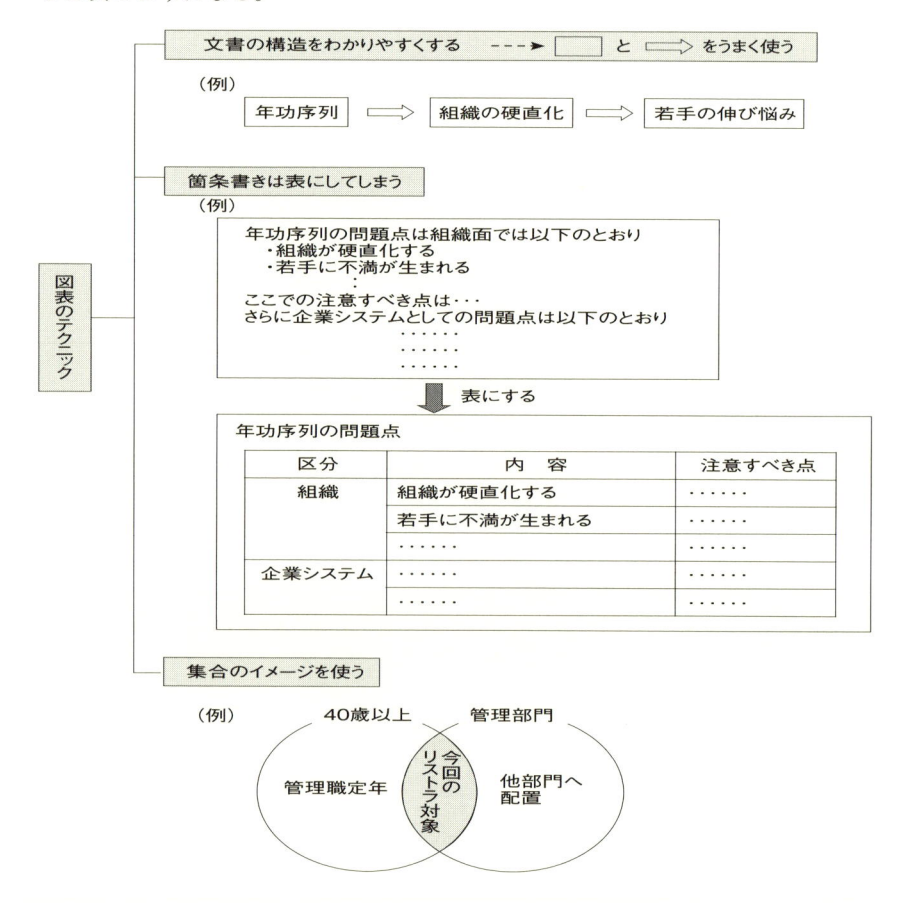

```
図表のテクニック
├─ 文書の構造をわかりやすくする  ---▶ □ と ⇨ をうまく使う
│   （例）
│   年功序列 ⇨ 組織の硬直化 ⇨ 若手の伸び悩み
│
├─ 箇条書きは表にしてしまう
│   （例）
│   年功序列の問題点は組織面では以下のとおり
│     ・組織が硬直化する
│     ・若手に不満が生まれる
│          ：
│   ここでの注意すべき点は・・・
│   さらに企業システムとしての問題点は以下のとおり
│     ・・・・・・
│     ・・・・・・
│     ・・・・・・
│
│   ⇩ 表にする
│
│   年功序列の問題点
│   | 区分 | 内容 | 注意すべき点 |
│   |------|------|------|
│   | 組織 | 組織が硬直化する | …… |
│   |      | 若手に不満が生まれる | …… |
│   |      | …… | …… |
│   | 企業システム | …… | …… |
│   |      | …… | …… |
│
└─ 集合のイメージを使う
    （例）
    40歳以上　　　管理部門
    （管理職定年）（今回のリストラ対象）（他部門へ配置）
```

（4） マインド

　文書を書くうえで最も大切なことは、実はマインドである。イノベーションリーダーという経営者にとって、文書作成は本業であることに合意することである。自らの意見を文書で表現できず口頭でしか伝えられない人は、イノベーションリーダーになる資格はない。ビジネス文書は自分のためのメモではない。プロとして、仕事として、誰か他の人が読むために書くものである。これを書くことで給与をもらっているのだから、書く前に気合を入れることである。
　先ほどの経営塾の多くのレポートを見て思うのは次のようなことである。
「これじゃメモで本人しかわからないだろう」
「これで人に読んでもらおうという気持ちがあるのかな」
「いつも口頭でしか意見を言ってこなかったから、こんなプレゼンのレジュメのようなものしか作れないんだろうな。もどかしいだろうなあ」
「どうして文書を書くコツを使わないのだろう」
「これで経営者としての適性を評価されるのに、どうしてもっとがんばらないんだろう」
　文書は原則を持って書けば、構造化されたものを必ず書けるし、今よりも文書作成時間は短縮され、書けば書くほど作成時間は短くなっていく。
　そして文書作成の最後のコツは、作りたい文書の雛形を手に入れることである。「こんな文書にしたい」というものを手元にいつも置いておくことである。芸術的な文書ではなく、文書作成原則にフィットしている文書を探し、その構成をパクることである。

PART II
イノベーションリーダーのオペレーション

　PART Ⅱはイノベーションリーダーの仕事のイメージをつかんでもらうことが目的である。

　自らがなろうとしているイノベーションリーダーがどんなことをするのかを知り、自ら、自社と重ね合わせ、シミュレーションして、イノベーションリーダーという仕事を疑似体験してほしい。

　それがイノベーションリーダーというポストを手に入れる近道である。

　経営者の仕事はパブリック・リレーションズ、戦略立案、資源の調達・配分の３つである。そしてイノベーションリーダーの仕事はこの３つを変革することにある。

第1章

パブリック・リレーションズの変革

PART II　イノベーションリーダーのオペレーション

　パブリック・リレーションズとは、イノベーションリーダーが経営者として公共との関係を設計し、それを組織に実行させていく仕事である。公共は社会全体を指し、会社としての経済的な直接関係者（株主、投資家、取引先、顧客、……）だけでなく、行政（税金など）、立法（法でソーシャルコントロールをしている）、司法（法の監査機関）という国を含めさまざまな要素を持っている。

　本章では、まずパブリック・リレーションズの全体設計（基本的なベクトルの設計）から入り、次に社会の各要素についての個別設計、そして最後にこの設計成果をどのように表現していくかについて述べていくことにする。

1　パブリック・リレーションズの全体設計

（1）　CSRの設計

　パブリック・リレーションズの原点と言えるのがCSR（Corporate Social Responsibility）である。CSRは「会社の社会的責任」という意味であり、パブリック・リレーションズの中核をなすものである。「社会との関係」の中で最大のものは「社会に対する責任」である。

　私はこれまでこのCSRを次の3つに分類して考えてきた。本書でもこれに従う。

- 公共責任……社会において「やってはいけない」と決められたことはやらない。
- 公益責任……会社は社会利益に貢献しなくてはならない。
- 存在責任……その会社がなんのために存在しているかという存在意義を考え、その意義に基づいて社会に存在し続ける責任。

①　公共責任の設計
（ⅰ）　コンプライアンスリスクの増大

　公共責任は組織に起こるコンプライアンス違反（違法行為）というリスクを抑えることであり、146ページで述べた内部コントロールを設計することがこ

れに当たる。コンプライアンスリスクの特徴は、昨日まで起きていないと、つい起きないと思ってしまい、なんのリスク対応もとらず、それが起きて会社は消滅してしまうことにある。

イノベーションリーダーとして知っておかなければならないことは、近年このコンプライアンス違反というリスクの発生確率が高まっていることである。そのためその内部コントロールの強化が強く求められる。

コンプライアンスリスクが高まっているのは次のような理由からである。

(a) 大企業悪人説

近年、オリンパス事件に見られるような"会社ぐるみの犯罪"が増えている、というよりも目立っている。従業員の出来心ではなく、経営者がそれを犯罪と知りながら組織として犯してしまう罪である。そしてこれがマスコミによって叩かれ、従来からある不思議なイデオロギーである「大企業悪人説」を社会に流布する。

「中小企業は汗水たらして必死に働いているのに、大企業はそれを下請けとして使い、利益を搾り取る。大企業は道義に反していようと利益を出すためならなんでもする」

このイメージの中で中小企業は守られ（私はこれが中小企業を弱くしていると思う）、大企業を規制する法律が次々と生まれ、コンプライアンスリスクはますます高まる。さらには違法とはいえないような行為をも、悪事として社会は追及する。派遣切り、下請切り（派遣契約、下請企業との契約を継続しない）といった少なくとも法的には問題ない行為をもマスコミに指摘され、それが国会に伝わり、ソーシャルコントロールは一層強まっていく。

さらには過失または事故で起きたことでも犯罪のように扱われてしまう。1人の長時間労働をしている従業員が不幸にも亡くなってしまった場合（真の原因はわからなくても）、それによって「ブラック企業」と表現され、採用環境を悪化させるだけでなく、本来の業務にも影響を与えてしまう。

(b) 労働環境の変化

34ページで述べたように、現在の労働法が考えているパラダイムと、会社（特に従業員ガバナンスタイプ）の中での仕事のスタイルは異なっている。

しかし、かつては仮に多少の違法行為があっても、それは閉鎖された世界での出来事として特に問題として発覚してこなかった。

私が30年以上前に会社に入った時、部長から言われたのは次のようなことである。

「上司は君に多少理不尽なことを言うかもしれない。しかしそれは君をいじめようと思っているのではなく、君のためを思って言ってるんだ。だから我慢しろ。君だっていずれ上司になるんだから。上司になればきっとわかる」

従来は年功序列で、多くの従業員は多少の早い遅いはあっても、いずれは管理職へと昇格していった。だから上司のやり過ぎ行為が、仮にコンプライアンス違反であっても（そもそも上司、部下ともにそれが違反だと知らずにいることも多いが）部下は我慢した。しかし今やどんな大企業でも年功序列をとることはできず、「いずれ君も上司になる」ということが言えない。ずっと部下のままの人もいる。この人は我慢できるはずがない。そして非正規、派遣といった新しい労働契約スタイルによって、そのリスクはますます高まっている。

従来から起きていて見過ごされてきたことが、トラブルだと認知され、法的な罰よりもマスコミによる制裁がそのダメージを大きくしている。日本相撲協会、全日本柔道連盟で起きた暴力行為（今までもあったが、社会的風潮の中でマスコミによって指摘され、組織のガバナンスを崩壊させつつある）の発覚は、決して対岸の火事ではない。

ある会社でこんなことがあった。

「若い従業員が無断欠勤をして、顧客との約束もすっぽかしてしまい、連絡がとれない。上司の課長が自宅に行ったがおらず、携帯電話へ何度かけても出ない。そして夜10時過ぎにこの人から上司の携帯電話に連絡が入った。本人は会社を辞めるつもりであったが、上司からの留守電を聞いて連絡してきた。上司は居酒屋で飲んでいた。『よかった。君がどこかで倒れているのかと心配していた。明日からまた一緒にやろう。ただこのままでは君も出社しづらいだろう。どこにいるんだ？　なんだすぐ近くじゃないか。すぐここへ来てくれ』と言い、当人はその居酒屋に来た。上司は『これから言う

第1章 パブリック・リレーションズの変革

ことをメモしなさい。明日、まずは顧客のところへ私も同行するから謝りに行きなさい。君の積み残した仕事は××君が仕掛かっているからすぐに引き継いでくれ。そのうえでうちの人事部長のところへ一緒に話しに行こう。……』。そして彼はこのまま退職し、総合労働相談センターに駆け込んだ」

この上司の行動をどう思うだろうか？　私は「部下思いのいい上司だ」と思う。しかし、勤務時間外（夜の 10 時）に、勤務場所以外（居酒屋）で指揮命令を行ってよいとは言えない。これまで経営家族主義（従業員は家族同様）の中で働き、当然のようにやってきたことがコンプライアンス違反、パワハラ、セクハラとなっていくのである。

先ほどの上司は自社の労務担当（労働コンプライアンス違反をチェックすることがメインの仕事）に呼ばれ、これを指摘された時、次のように発言している。

「何が悪いんですか？　私だって昔は上司に飲み屋で説教されてきた。それが私の今の仕事にどれだけ役立っているか。このままでは、彼はどこに行ってもビジネスマンとしてやっていけない」

残念だが、法的には上司は部下の親でもなんでもなく、特定のシーンでの指揮命令権を持っているだけである。

(c) 事業活動の規制強化

事業活動の違法行為についても大企業悪人説の中でその摘発が強化され、かつその摘発によって、さらに規制は強化されている。ある程度は目をつぶっていた駐車違反を一斉摘発したのと同様である。その象徴的な出来事が、当たり前のようにやっていた公共事業の談合を取り締まったことである。

談合に限らず、独禁法などの法律違反があっても、そのお目付け役である公正取引委員会（公取委）などはこれをほとんど摘発してこなかった。そしてこれが違法行為を増やした。談合する側にもそれなりの言い分はある。「公共事業の受注で価格競争をやれば必ず手抜きが出る。それが公共物の品質を劣化させ、社会が不幸になる」というものである。確かに一理あるが、違法は違法である。皆がやっていても、その法律自体が現状からかけ離れていても、犯せば違法である。そしてビジネス法に書いてあることの多くは、皆が

やっていることを禁止したものである。事業規制で皆がやっていないことを禁止しても意味がない。

たとえば独禁法に基づいて、公取委が次のような行為を不公正取引としている。

・差別対価……地域、相手によって販売価格を変えること。
・取引条件等の差別取扱い……「同一条件、同一取引」を守れ。
・排他条件付取引……ライバル会社と取引をするなら取引しない。

（これらにはすべて「正当な理由なく」「不当な」が付くが。）

上の行為はどう見ても多くの会社がやっていることである。多くの会社でやっていたとしても違法は違法で、見つかれば（公表されれば）、会社が受けるダメージは法的な行政処分のペナルティより大きいと言える。

知的財産法も然りである。他人の著作物（印刷物だけでなく、コンピュータソフトウェアも対象）を、それを正規に購入したからといって勝手にコピーすることはできない。これはそのルールを知らない人さえもいる。ライバル会社の提案書を勝手にコピーしたり（ライバル会社の提案書が手元にあること自体がおかしい。提案書はライバル会社の著作物であり、著作物が著作者の意に反して存在していること自体が違法）、新聞記事などを勝手にコピーして会議で回覧したり……といったものである。飲酒運転などとは異なり、その行為を禁じている法律があることさえ知らない人も多い。

(d) グローバル化

世界中どの地域でも法律はある。そのルールはコンセプトが変わらなくても国によって違いがあって当然である。なかでも異なっているのは違法行為に対する処罰である。外国と比べ日本のような島国、同一民族で、治安が良いところは比較的罰が甘い（この治安が落ちて厳しくなっているのも事実であるが）。だから会社が海外進出すると、日本で許されたことが海外でも許されると思い、罪を犯して、重い刑罰、膨大な罰金を求められる。そして日本国内においても外国人労働者が増え、日本でのビジネスに関する法律の厳密な適用が求められている。

第 1 章　パブリック・リレーションズの変革

（ⅱ）　内部コントロールの強化

コンプライアンス違反のリスクに対しては内部コントロールの強化をするしかない。「違法経営」を経営者が訴えても何も変わらない。「法を守る」というごく当たり前のことを、あえて訴えても従業員になんの変化もない。従業員のコンプライアンスリスクへの気持ちに合わせて、次のような手を打つべきである。

（a）違法だと知らない

前述した労働法や事業に関する法律のように「皆がやっている」という理由で、それを違法と知らずに犯しているものもある。これはもう悲劇というより喜劇である。経営者がこの社会ルールを従業員、特にロワーマネジャーに徹底することしかない。ロワーマネジャーはプレイヤー（労働法が守る対象）に接するため、労働法のリスクが高いゾーンであり、かつプレイヤーに直接的な指揮命令権を持っており、この人の無知がビジネス法違反の原因ということも多い。

さらにロワーマネジャーについてはもう1つの意味がある。もし違法行為があった時、その主体が平社員であれば「管理不足」であるが、管理職であれば「会社ぐるみ」と言われても仕方がないことである。

ここで大切なことは、この「ロワーマネジャーにコンプライアンス教育を会社としてきちんと行った」という"事実"である。仮にそのコンプライアンスセミナーでロワーマネジャーが寝ていて、違法行為を犯しても、「会社ぐるみ」という指摘だけは避けられる。「会社」はこのリスクを察知し、それを排除しようと、教育というコントロールをとったのである。

（b）やっても見つからない

ルールを知っていて、それでも犯す時はこの気持ちが働いているはずである。これについての対応策は当然「やったら見つかる」ということを教えることであり、そのためには組織として「違法行為を見つけるために努力している」という姿勢を見せることである。たとえば、コンプライアンス担当部門を作り、モニタリングするとともに抜き打ちで検査する。37ページで述べた目安箱を作って監視する。内部通告をしても当人には絶対ダメージを与

えない。……といったもので、「やれることはすべてやる」という姿勢である。「性悪説」と言われようとも「やっても見つからない」という気持ちだけはなんとしても取り去る。これが147ページで述べたように「従業員を守る」ということであり、愛である。

さらには先ほどのロワーマネジャー教育で、この見つかった事例を多く提示し、「やれば必ず見つかる」ということを教える。たとえば、「地方の支店で下請企業からキックバックをもらっている」というケースで考えてみよう。「自社が下請企業に出した仕事に対して、本来の発注額に上乗せして請求させて払い、その上乗せした分のカネを個人に戻させる」というものである。この場合、監査のプロである税務当局に必ず発見される（今、発見されなくてもプロは必ず見つける。警察よりも脱税の発見はプロである）。当社側は下請に払った金額を支出（税務会計では損金とよぶ）として計上している。一方、下請企業は当社へキックバックした分を必ず損金としている。したがって、いくらキックバックしたのかはそれを調べればわかる。このキックバックを受けた金額を会社のために使っているのであれば、会社は収入（税務会計では益金とよばれる）として税務申告しなければならない。していなければ（しているはずがない。していればキックバックの意味がない）脱税である。もし個人のポケットに入れているなら、当人が個人所得として申告しなければならない。していなければ（しているはずはないが）脱税であり、金額が大きければ逮捕される。そして会社としては彼を背任・横領で訴えないと、経営者が株主から訴えられてしまう。

特に「直接的にカネに関わる違法行為」は「やれば必ず見つかること」を教える。

（c）見つかっても許してくれる

仮に違法行為が見つかっても、「会社のためにやったことなんだから許してくれる」という思いを捨てさせることである。それには罰則規定を作ってはっきりと定め、「必ずそのとおりにやる」と宣言する。そして仮にその行為がなされて、そこに情状酌量の余地があろうとも、あえてルールどおり厳罰に処すことである。「泣いて馬謖を斬る」である。組織を守り、コントロー

第1章　パブリック・リレーションズの変革

ルを担保するにはこれしかない。

先ほどのキックバックであれば、会社のためにカネを使っていても懲戒免職にし、もし自らのポケットに少しでも入れていたらその額を問わず、横領で訴えるとともに損害賠償請求を行う。そしてそれを社会へ公表する。

また違法行為をした本人だけでなく、その上司にもペナルティを課す。監督不行届きである。これをルール化し、部下の罪は上司も罪に問われることをはっきりさせ、マネジメントによるモニタリング機能を徹底する。

このペナルティのルールは、それが起きてから決めるのでは遅い。起こる前に、できるだけ早い時期にこれを決め、組織全体に周知させる。

② **公益責任の設計**
（ⅰ）　**公益責任のコンセプト**

公益責任とは「会社は社会利益へ貢献する責任」があるというものである。ここで問題になるのが社会利益と会社利益の関係である。「大企業悪人説」に見られる会社利益に対する考え方は「会社が利益を出すのは、社会から利益を搾取したものであり、社会利益を考えれば会社利益は小さくしていくべきだ」というものである。確かに高価格でボロ儲けしている高級すし屋が社会利益に貢献しているとは考えにくい。社会利益と会社利益がゼロサムゲームと考えればトレードオフの関係であろう。しかし会社が利益を目指さないとすれば、株主との関係はどうなるのであろうか。株主の利益である配当は、会社利益をもってなされる。

このヒモを解くカギはゼロサムゲームからシェアゲームへの変更である。つまり「益を分け合う」という考え方である。

（ⅱ）　**付加価値会計**

利益計算の基本は「収入−支出＝儲け」である。「入ってくるカネ」から「出ていくカネ」を引いて「手元に残るカネ」を計算するものである。

財務会計では、これを「収益−費用＝利益」として計算する。そのうえでこの会社の手元に残った利益を、株主（配当）、社会（税金）、会社（会社に残し

て使う、内部留保)といった形で分配する。

この時、従業員の給与は費用(出ていくカネ)として計算される。というよりも、財務会計ではこれを求めている。

しかし、これは117ページで述べた個人原則に反している。会社の構成メンバーであり、事業の実行主体である従業員の取り分(給与)が、経費や仕入先に払ったカネと同様に「出ていくカネ」とするのはおかしい。

創業者オーナーガバナンスの会社であれば「給与は払う」であるが、従業員ガバナンスの会社であれば「給与は他のステークホルダーと分け合う」である。

そうなると給与も儲けに入れて(つまり出ていくカネに入れないで)、儲けの分け前を従業員も得ると考えるべきである。

このように計算した儲け(手元に残るカネ)を付加価値と言う。

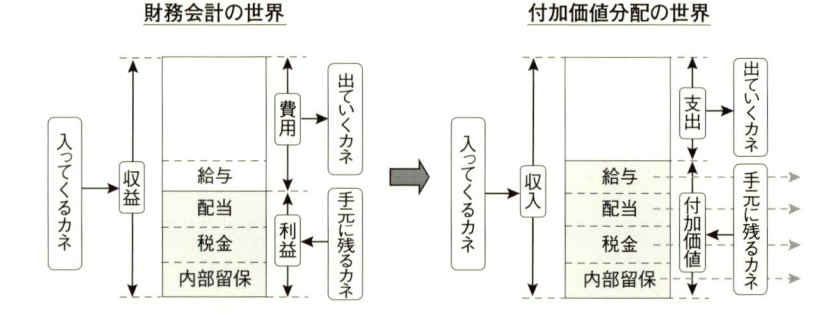

つまり従業員、株主、社会、会社という4者のステークホルダーが付加価値を分け合う。そのうえで給与および配当を付加価値の一定比率とする。この給与分配率(s)、配当分配率を事前に従業員の代表者たる経営者と株主の間で株主総会などを通して合意する。

ここで給与に着目してみよう。

$\dfrac{給与}{付加価値} = \dfrac{給与}{給与 + 利益} = s$ である。これを給与について解くと、

給与 = 利益 × $\dfrac{s}{1-s}$ となる。

「付加価値の一定比率を給与にする」ということは「利益と給与を比例させ

ること」と同意である。つまり利益が2倍になったら給与も2倍になる。しかし利益が半分になると給与も半分になってしまう。この対応については第3章で述べる。

また、これによって付加価値と利益は比例し（ともに給与に比例するので）、税金は利益の一定比率として計算されている。ここで配当も利益と比例させると、利益＝配当＋税金＋内部留保なので、内部留保も利益に比例する。

つまり付加価値、利益、給与、配当、税金、内部留保がすべて比例することになる。この変革は次のような意味を持つ。

・給与と利益の関係

給与分配率を一定にしておかないと、利益と給与はゼロサムゲーム（利益＝付加価値−給与）となり、利益を出すためには給与を下げればよいということになってしまう。こうなると給与と利益はトレードオフとなり、従業員から見れば「給与を下げる利益」を目指すことはできない。

しかし給与と利益が比例すれば「利益が上がること」＝「給与が上がること」となり、利益を従業員の目標とすることができる。

・配当と内部留保の関係

利益が上がると配当が上がることになる。配当の性質から考えて当然のことなのだが、従来の日本では安定配当というものが当たり前であった。つまり利益の額に関係なく、安定的な配当を出すというものである。こうなると最後の差額としての内部留保とトレードオフとなってしまう。つまり配当を上げれば会社の取り分である内部留保が減ってしまう。

しかし配当、内部留保が利益に比例すると設計すれば、配当が増えれば（利益が増える）内部留保も増える。

・税金の考え方

どうしても経営者には税金を減らしたいという気持ちが生まれてしまう。これが公益責任と利益をトレードオフにしている。しかし、こうすることで利益が増えれば給与も増え、配当も増え、内部留保も増え、そして税金も増えるようになる。税金だけを減らすことはできない。

この付加価値分配によって経営者を含む従業員、株主、会社そして社会（税

金）が1つのベクトルを持つようになる。「利益を増やす」ことであり、それが社会利益を増やす。このベクトルが公益責任設計の原点である。

（ⅲ）付加価値の意味

このように設計された付加価値と利益は比例するので、「利益を高めること」を目指すということは「付加価値を高めること」を目指すのと同意である。

ところで付加価値とはなんだろうか？　魚屋で言えば、魚や資材を1匹当たり100円で買ってきて、これを150円で売れば50円が付加価値である。この50円は「魚を切って食べやすくし、かつ冷蔵庫に入れて保存し、運びやすくパッキングし、……」ということへの対価である。つまり魚屋が行った仕事そのものへの対価である。

公益責任の基本は対価（＝売買価格）を付加価値の大きさによって決定することである。こうすれば付加価値を高める努力は、対価を上げる努力となり、かつ公益（「魚をおいしく食べたい」という思い）により大きく貢献することを目指すことになる。

付加価値（＝利益）を高めるということは、それによって税金を払って社会利益に貢献するだけでなく、もっと直接的に社会利益に貢献していくことになる。付加価値は事業による社会貢献の高さである。

付加価値＝公益と考えれば、従業員はなんのために働くのかの答えもはっきりする。それは公益を高めるため、つまり社会に貢献するためである。これが最後の公益責任であり、次の存在責任との接点と言える。

③　存在責任の設計
（ⅰ）存在責任と社会貢献

存在責任の考え方は、公益責任の最後にある「社会に貢献する」ということにある。社会に貢献する会社であれば、社会側にその貢献に対する期待感が生じる。社会貢献する会社は社会に存在してほしいというものである。これを会社側から見れば、その期待に応じて社会に貢献し続ける責任（＝存在責任）がある。

第 1 章　パブリック・リレーションズの変革

社会貢献は付加価値によってなされる、つまり社会貢献が大きい会社ほど存在価値があり、存在責任が大きいことになる。

存在責任の設計は自社がどういう社会貢献をしているかを従業員が認識し、「そのために働く」というベクトルを持つことである。

経営者がこの存在責任を設計しようとすると、必ず見つける寓話がある。それはドラッカーが自著に書いた「3 人の石切工の話」である。これを多くのトップが自社の従業員への講話に使っている（私も何度も聞いた）。その目的は存在責任、社会貢献を理解してもらうためである。

少し脚色して話をしていることが多いが、その主旨は次のようなものである。「ある人が 3 人の石切りをしている人に『あなたは何をしているのですか？』と尋ねた。1 人目の石切工は『私は石を切ってカネを得ている。生活のために仕事をしているんだ』と答えた。2 人目は『国で No.1 の石切工になるために技術を磨いている』と答えた。3 人目は『石を切って、この石で社会の皆が集う教会を作っている』と答えた」

むろん 3 人目の石切工になってほしいというものである。

経営者たちが伝えたかったのは「我々は石を切って稼いでいるんじゃない。石を切るのは教会を作るためであり、教会という石の建物を通して、社会へ貢献している。我々の目的は社会貢献にある。社会の人たちが神様にお祈りできる教会を作っているんだ。我々がいなかったら、一体誰が石を切るんだ。石を切らなければ教会は作れない。それでは社会は困ってしまう」という思いであり、これが存在責任である。

社会ニーズに合わせて、売れるものを作るのではない。それなら社会ニーズがなくなれば存在責任もなくなる。社会に貢献しているという意識を持てる会社は、社会から存在を強く求められる。

(ⅱ)　BCP と存在責任

この存在責任を表すキーワードが"ゴーイングコンサーン"である。「会社は永遠に継続すべき」という概念である。この存在責任がゴーイングコンサーンのピンチを救ってくれる。

会社は偶発的にピンチを迎えることがある。ちょっとしたトラブルでの資金ショートや予測できなかった事故といったものである。この時、仮に自力で生き残れなくても、社会に貢献し存在価値があれば、社会が救ってくれる。少し前の銀行であり、近年ではJAL、東京電力である。

銀行もJALも、そして東京電力も社会においてかけがえのない会社であり、これが消滅すれば社会的ダメージが極めて大きい。なくてはならない会社は存在している必要がある。だからその会社が倒れそうになっても、社会が税金を使ってでも救ってくれる。

この存在価値を支えているものは付加価値を生み出す力である。それはその会社という組織に存在している人間の能力である。この社会に貢献する人間の能力が、最悪の時に会社を救ってくれる。だからイノベーションリーダーのなすべき仕事はこの能力を持った人たちを会社に存在させておくだけでなく、会社がその能力を高め、積極的に能力を発揮できる仕組みを作り、その能力によって社会に貢献することである。これがピンチになっても会社の事業を継続させてくれる。すなわちBCP（154ページ）である。

東京電力は、社会のために「電気を作る」という能力を組織のメンバーが持ち、組織がこれを支え、社会へ貢献している。東京電力は原発事故でその損害賠償額が自社の支払能力を超えても、つまり倒産状態になっても東京電力を潰そうという意見は社会のどこからも出なかった。出たのは「発送電分離」を求める声である。「発電」（電気を作る）と「送電」（電気を送る）は社会的貢献度、付加価値度、そして求められる能力が異なる。発電は高い技術力を要し、社会的貢献を強く求められる企業が担当すべきである。言い方は少しきついが、送電（電力を送る）は競争によるメカニズムで安いところが勝つようにすればよい。

JALの救済を行ったのは稲盛和夫氏である。彼が言ったのは次のようなことである。

「JALはLCC*とは社会的価値が違う。社会に高付加価値（安全、客室乗務員による高付加価値サービス提供）を生むことがJALの社会的価値であり、CSRである」

第1章　パブリック・リレーションズの変革

これがJALの存在責任である。

　オリンパスも、粉飾という社会的な責任を持つ上場会社としてやってはならない行為をしたが、マーケットからのレッドカードは受けなかった。焼肉店は「生肉を食べさせる」という不正をやり、一発で社会から退場となった。しかしオリンパスは残った。それは会社の大きさではない。オリンパスの「技術」という能力が社会には必要なものだったからである。

　私がいた日立グループも一時大ピンチに陥った。半導体事業などの投資に大失敗したが、「日立を潰せ」という意見はどこからも出なかった。日立がその技術で社会に貢献していることは皆が合意できるからである。

　＊　Low Cost Carrier の略。効率化によって格安の運賃を提供する航空会社。

(ⅲ)　能力と存在責任

　存在責任設計の原点は、自社がどのような社会的貢献を担いうるかであり、その社会的貢献はどのような能力が支えているかである。東京電力なら発電技術であり、JALなら安全で快適な航空サービスを提供できる能力であり、日立なら社会インフラを作っていく技術である。マーケットにおける信頼性でも、カネを稼ぐ力でもない。その組織で働く従業員の社会的能力である。この能力を見つけることが存在責任設計の出発点である。これが会社がピンチになると必ず起きる"創業回帰"である。自分たちがなんのためにこの会社に集まったのかという確認であり、そのための創業理念の振り返りであり、企業理念の見直しである。

　会社にとって、人材育成という「能力向上」はまさに命綱である。人材育成は利益を出すためではなく社会貢献する能力を開発することで、社会になくてはならない存在になるということである。ナンバーワンよりオンリーワンである。

　私のクライアント企業の社長で「学習する企業体」を経営のキーワードに掲げ、社長就任とともにこの学習を支える部門を人事部門から独立させ、アカデミーという名前を付けた。この戦略を私は次のように理解した。

PART II　イノベーションリーダーのオペレーション

　「この会社の目的は『学習すること』である。何かを得るために学習するのではない。学習は手段ではなく目的であり、その結果として、社会環境の変化に対応できる企業体が形成できる。会社は能力を高めるために集まった組織であり、それは社会貢献するためである。学習が目的であり、利益を出すことは手段でしかない。学習を永続的に続けていくにはカネが必要であり、それを得なくては学習できない。人材育成、つまり能力を高めることが会社の最大の目的である」

　エンプロイアビリティという言葉が話題になったことがあった。雇用可能性といったような意味である。これを存在責任から見ると、会社にとって雇用とは「人を育てること」であり、場合によっては、この育てられた人たちがその能力を生かすために社外へ出て他企業で働く（雇用される）ことも「良し」とすることである。
　「社内で教育をして、人を育てても、その能力で転職されては元も子もない」と言う人がいる。もし会社が能力主義（250ページ参照）をとるのであれば、それでも育てる。自社で培った能力が他社で生きるなら、むしろ積極的に生かすべきである。そしてその人たちが相当数いるのなら、その他社と一緒に仕事をすべきである。これがCSRから見たエンプロイアビリティ、つまり「社会で雇用されうる人を育成すること」である。

　私はサラリーマン時代、自社（現在の日立システムズ）に育ててもらっていると感じていた。会社は他の人よりも教育を受けるチャンスを多く与えてくれた。私がアメリカに行きたいといえば行かせてくれ、情報処理技術試験受験のための教育を勤務中にやってくれた。中小企業診断士試験で2週間の実習が必要な時も、受講レポートを出すことですべて出勤扱いにしてくれ、交通費まで負担してくれ、夜遅くまでやると言うと、研修手当まで支給してくれた。その後、「大学で教える」というアルバイトも認めてくれ、すべて私の収入としてくれた。そして私は退職し、コンサルタントとして独立した。会社を辞める時は周り中が引き留めてくれたが、その時、私が入社以来世話になっていた上司

第1章 パブリック・リレーションズの変革

は「君が他の会社に行くつもりなら、きっとこの会社にいた方が君の能力を生かせると思う。コンサルタントだってこの会社にいてもできる。でもどうしても1人でやってみたいなら、それは仕事の価値観の問題だから、自分の責任で試してみたらいい。うちの会社で磨き上げた能力で勝負したらいい。それで失敗したら、いつでもうちに戻ってくればいい」と言い、「考える時間が必要だろう」と休職扱いにしてくれた。そして独立後も昔の仲間はよく飲みに誘ってくれ、私の作った会社となんとか一緒に仕事をやれるようにと考えてくれた。

私がいた日立グループはそういう会社だった。私は退職しても日立を愛し、日立のOBとしてのプライドを持っている。だから社会が強く日立を求めている理由もよくわかる。仮に日立という会社がなくなっても、日立が創った個人の能力は永遠に消えない。

これに関しては異論を持つ人もいると思う。ただ私は多くの経営者がこのように存在責任を設計してほしいと願っているし、クライアント企業にも必ずこの話をする。そしてほとんどすべてのクライアント企業の次期経営者はこれに合意してくれる。だから本書を読んでいるイノベーションリーダー候補の方もこれに合意してくれると思う。

(ⅳ) ガバナンスと存在責任

会社が存在しても従業員ガバナンスを失ってしまうことがある。いわゆる従業員ガバナンス会社に対する敵対的買収である。これを守ってくれるのも存在責任であり、従業員の能力である。

ホリエモン（47ページ）はいろいろなことを社会に教えてくれた。彼がニッポン放送、フジテレビを買収しようとし、いい線まで来ていた時である。私は連続ドラマを観るように、毎日その買収劇をテレビで楽しんでいた。ある番組でリポーターがニッポン放送の社屋の前で張っていて、従業員にインタビューしようとしていた。ほとんどの人が無言で去っていく中で、どこかで顔を見たことのある人が出てきた。昔、深夜放送でディスクジョッキーをやって有名に

なった人である。この人がその会社の取締役の1人に名を連ねていた。そしてインタビュアーにこう答えた。

「堀江さんがそんなに買収したいなら、この会社を持っていけばいい。でも何が欲しいんだ？ あのアンテナか？ 会社は買収できても我々は買えないぞ。買収されたら我々は辞めて別の会社に行く。そこで番組を作る。堀江さんはアンテナを手に入れても、番組を作る力はないだろう。どうする気なんだ」

ホリエモン側は従業員ガバナンスの恐ろしさを知った。そしてこれが買収の流れを変えた。人間の能力は買えないということである。従業員が皆辞めてしまったら、その会社を買っても仕事を続けられない。

ホリエモンは「私が社長になるつもりはない。ただインターネットと番組を融合したいだけだ」とトーンダウンし、敗戦を迎える。

従業員ガバナンスを支えるものは従業員の能力であり、付加価値を作り出す力であり、社会への貢献力である。

従業員の能力を高めることはオフェンスであり、ディフェンスである。能力を高めれば、買収は難しくなる。攻撃は最大の防御である。

(2) インテグリティ

(ⅰ) PRとパブリック・リレーションズ

経営者の仕事をCSR設計といわずに、パブリック・リレーションズとよぶのは、インテグリティのためである。

パブリック・リレーションズとは、先ほど述べたように「公共との関係」であるが、これをPRと略すと少し異なる意味を持つ。PRはアメリカで生まれた考え方であり、次のように定義されている。

「会社を取り巻く投資家、株主、顧客、消費者、地域社会などの社会と良好な関係を保つために、会社が情報や資金を積極的に提供していくこと」

これを日本ではなぜか「広報」（広く知らしめる）と訳している。そしてこの意味がさらに進んで、PRは「ピーアール」という日本語となり「自らの良さをアピールする」となってしまう。

第1章　パブリック・リレーションズの変革

アメリカでも、日本でもPRは何度かブームが起こったが、いつの間にかマーケティング色を濃くしてしまう。

CI（Corporate Identity）がその典型である。CIのもともとの意味は「会社のアイデンティティ」であり、「会社が自らの存在意義を明らかにし、社会での位置づけをはっきりさせるために（ここまではまさに存在責任）カネを使い情報を発信していこう」というものである。しかし、いつの間にか存在責任を離れ、コーポレートイメージやブランドイメージの統一、そのための社名変更、ロゴやコーポレートカラーの設定となってしまう。CI同様にメセナ（文化、芸術活動への支援）、コーポレート・シチズンシップ（会社も市民として社会貢献が必要）が流行語となり、美術館などの文化的施設を造ったり、利益の1％を税金に加えて社会貢献に回したり、……ということがブームとなる。

しかしこれもいつの間にかマーケティングとなり、広報室はマーケティング部門の1セクションとなり、「マーケティング効果がない」という理由でいつの日かこれをやめてしまう。

ある食品メーカーで私がマネジメント教育をやっていた。その会社では食育ということをパブリック・リレーションズの一環としてやっており、Webサイトなどでこれを訴えていた。その主旨は「日本人が失ってしまった『食べる美しさ』を子供たちに教えていくことであり、これによって食品メーカーとして社会に貢献していく」となっていた。このマネジメント教育はマネジャー予備軍がマネジメントテーマを決め、マネジャーになる前に一度PDSを実践するというものであった。このテーマに「食育」を設定したセールスマンがいた。私はなかなか良いテーマだと思い、その計画を見た。内容は「取引先の量販店でのイベントの1つとして親子クッキングスクールを企画し、そこへ自社商品を使ったメニューを提案し、ファンを作ることで量販店との関係を強化する」というものだった。

私は「これは食育ではなく、チャネルプロモーションでしょう。食育を次期マネジャーとしてテーマに選んだのなら、もっとピュアに食育を考えてみたらどうですか。この教育でセールスマンとしての業績を上げたって仕方がないん

PART Ⅱ　イノベーションリーダーのオペレーション

だから。上司とよく相談しなさい」とコメントした。そしてこの上司からクレームが入った。「この計画のどこが悪いんだ。うちの支店は食育キャンペーンで予算を取り、その代わりにこれだけの売上を上げることを約束した。彼の作った計画は戦略に則ったベストなものだ」。何をか言わんやである。

　本書で言うパブリック・リレーションズはこの手のPRではない。ましてやマーケティングでもない。「社会との良好な関係を会社自らが積極的に願う」ということである。CSRは「責任」である。つまり会社が社会に対して責任を持っており、これを担うということである。パブリック・リレーションズは「関係」であり、この「責任」をも含めて「社会との良好な関係を作りたい」という会社の意思である。責任といった相手の望むことだけではなく、「望まれなくても社会へ貢献したい」という思いである。
　税金がCSRなら、ボランティアはパブリック・リレーションズである。つまり社会として義務付けられたものではなく、会社の意思で積極的に社会に貢献することである。

　(ⅱ)　パブリック・リレーションズとインテグリティ
　このパブリック・リレーションズのバックボーンがインテグリティである。「なぜパブリック・リレーションズをやるか」という問いへの答えがインテグリティである。
　46ページではイノベーションリーダーという個人のインテグリティについて書いたが、ここでいうインテグリティは会社という組織としてのインテグリティである。日本語で一番近いものを探せば「品格」であり、もっとストレートに言えば「社会から立派な会社だと言われたい」という"願い"である。なぜ「立派な会社」と言われたいかなんてない。そう思われたいだけである。「社会からどう見られたいか」というものであり、美意識（何を美しいと思うか）である。
　このインテグリティを説明するのに、以前の自著では「シルバーシートで老人に席を譲る」というものを例にしていた。何人かの経営者予備軍にCSRに

ついて説明を求められ、これを使ったからである。しかし近著ではシルバーシートは公共責任だと訂正した。

　私の次女は高校、大学時代は埼京線という世にも有名な満員電車で通学していた。この電車は自宅の近くの駅から始発電車があり、30分くらい並んでいると座れるらしい。私の娘が30分並び、やっと座席に座った。その時、目の前に老人が立った。ここで寝たふりをしたら、私は娘を勘当する。無条件に「立つ」という行動をとってほしい。もし立たなかったら、私は娘に「人にどう見られてもいいのか。内山家の娘として恥ずかしい」と言ったと思う。まさに道徳である。インテグリティは道徳であり、道理やルールではない。道徳とは「そうしなければいけないというルールがなくても、とりたい行動」である。

　ガラガラの電車で、誰も座っていないからであろうが、後ろに「携帯使用禁止」と書いてあるシルバーシートにわざわざ座って、携帯をいじっている若者がいる。まさにコンプライアンス違反であり、公共責任の世界である。これはもう道徳を超えている。

　インテグリティとは道徳であり、イノベーションリーダーから見れば「組織として何を美しいと思うか」を設計することである。「何を美しいと思うか」は人によって違うような気もする。しかし100人が100人とも（先ほどの携帯をいじっている若者だって）電車で老人が来たら席を譲る方が、譲らないよりも美しいと思うはずである。

　「何が美しいか」は人によって違うのかもしれないが、「何が美しくないか」はそれほどは違わない。これが美意識の原点であろう。

　親子の関係なら小さい頃から美意識を持たせることが親の責任である。しかし会社に親はいない。

　今、多くの経営者は言う。

　「昔の日本企業はもっと品格があった。どうしてこんなに品格がなくなったんだろう」

　これに対する私の仮説は、年功序列、経営家族主義の崩壊が原因というものである。かつての日本企業においては年功者が"美しさ"を自らの態度で示し、周りの若者が"美しさ"を失っていれば、口ではっきりと注意した。こうして

やんちゃな若者が、次第に立派な上司になっていった。私は10数年しかサラリーマンをやらなかったが、このシーンを見て育ってきた。しかし年功序列が崩れ、若者が業績を上げただけで上司になっていく時代になった。もっと極端に言えば、「品格なんてかけらもなくても、ただ仕事ができて業績を上げた人」が出世していくということである。

これを組織、特に若者たちが感じれば、一気にインテグリティは崩れる。そして弱肉強食のジャングルのような会社を生んでしまう。

もうイノベーションリーダーとしてインテグリティをどう設計するかはわかったと思う。自らが組織のリーダーとして自らのインテグリティを高め、品格なき行動には、若者はむろんのこと、仮に年長者でも勇気を持って注意し、かつインテグリティの高い人がキャリアアップして組織のリーダーとなっていく仕組みを作っていくことである。

もし組織のインテグリティを高めることに合意しないで経営者になろうと思っている人が1人でもいたら、これをなんとしても排除していくことが組織のトップの使命と言えよう。

この組織としてのインテグリティを考える時の近年のキーワードは、「ダイバーシティ」、「ワークライフバランス」という2つである。これをもって組織のインテグリティのイノベーションについて考えてみたい。

(ⅲ) ダイバーシティ

インテグリティを考えると、最初に浮かぶのがこのダイバーシティである。ダイバーシティ（diversity）とはもともとは「多様性」という意味であるが、ビジネスの世界では「性別、キャリア、国籍など多様な人が集まることでシナジーを生んでいく」という意味で使っている。

ここでのポイントはフェア、公平である。つまり属人的な情報（男か女か、外国人か、高校卒か大学卒か大学院卒か、……）によって人を差別せず、ただ能力、そしてそこから生まれてくる仕事にだけ着目して組織を考えようというものである。これが公平さであり、差別やいじめ（セクハラ、パワハラ）をな

第1章　パブリック・リレーションズの変革

くしていくというのがダイバーシティである。

　反ダイバーシティの典型的なものが男女差別、セクハラである。

　多くの日本の会社では従来、「男性が仕事の中心、女性はそのサポート」というパラダイムの下で仕事をしてきた。そしてつい最近までそれが当たり前と思ってやってきた。というよりも「それが嫌なら別のパラダイムの会社に行くか、女性が活躍できる特定の職種に就くしかない」と考えられていた。たとえば、外資系の男女差別のない会社であり、病院の看護師（昔は女性を表す看護婦といっていた）であり、航空会社の客室乗務員（スチュワーデスという女性名詞を使っていた）といったものである。

　1985年の男女雇用機会均等法で、社会はすべての会社に対して男女差別の撤廃を求めた。したがって、男女差別はインテグリティというよりも、公共責任（コンプライアンス）に当たるものである。

　しかし男性従業員、特に管理職と言われる上層部がこのCSRを意識していない。

　私は変革マネジャー養成塾などのディスカッションで、一定人数（3人以上）の女性がいると、女性だけを1つのグループにしてこの男女差別について意見を聞いている（もちろん無記名で）。残念ながら一定人数の女性が集まらない会社も半数以上ある。女性ゼロや女性が1人、2人といったものである。

　1グループが作れるほど女性がマネジャー候補になっている会社は、少なくともグループを作れない会社よりは男女差別がない方だと思う。しかし、それでもこのマネジャー候補の女性のほぼ100％が「我が社はすべての面で男女不平等、特に人事評価はひどい」と言っている。さらに「女性の活躍を心の中では良しとしない上司が多い」「うちの女性活用制度は、外部へのアピールに過ぎない」あたりはまだソフトなのだが、「『うちの女の子』と言うのはやめてほしい」「『恋人いるの？　結婚の予定は？』というプライベートな情報を聞くのはやめてほしい」といった少し信じられないような上司についての指摘が多い。この上司たちは男女雇用機会均等法を知らないのかと思ってしまう。さらにはここにはとても書けないような、どこから見てもセクハラ、パワハラだろうと思われるものもある。

PART II　イノベーションリーダーのオペレーション

　一方、男性上司にディスカッションさせると、どこの会社でも他のテーマとは異なり意見があまり挙がらず、シーンとなる。心の中で思っていること、自分がやってきたことはとても言葉に出せないものであったり、あるいはこれまで考えたこともなかったのであろう。そして「最近、女性はがんばっている」という他人事の意見や「うちの営業は、お客が男性だから仕方がない」と男女差別をする言い訳をする。

　先ほどの状況を見る限り、上司と部下というマネジメントの世界でこの男女差別が現れるのであろう。そしてマネジメントシステムはフェアにできているが（まさか人事評価などを含めマネジメントシステムが男女不平等にできているはずがない）、そのオペレーションが伴っていないのだろう。

　このような状況下でイノベーションリーダーはどのようにインテグリティを設計すべきだろうか。マネジメントシステムとマネジメントオペレーションの2つに分けて考えてみよう。

・マネジメントシステム

　これはマネジャーに対する人事評価しかないと思う。男女公平というインテグリティをマネジャーの評価項目に入れることである。さらにはイノベーションリーダーの第1条件にインテグリティを挙げたように、マネジャーになるためのMUST条件をインテグリティとする。こうしてインテグリティの低い人（男女差別をする）はマネジャーに昇格させず、マネジャーになってしまった人については人事評価を下げ、場合によってはマネジメントを担当させないことだろう。

　「女性を積極的にマネジャーなどの幹部として登用する」という仕組みを考える人もいるが、これは明らかに男女不平等である。しかし男女差別が過去にあり、現在の女性たちに不公平さをもたらしていると考えるなら、経営者が「かつて女性を差別してきたことを認める。そのリカバリーとして、もしこれまで男女公平であったのなら昇格してもおかしくないはずの女性がいたら、今すぐ昇格させろ。昇格は過去の人事評価の積み上げ（現在の能力だけでなく過去の評価も反映していることがほとんど）であるが、差別してきた女性にはこれを排除し、特別措置として女性の昇格を優先させる」と宣言するのもイノベーショ

第 1 章　パブリック・リレーションズの変革

ンと言えよう。

・マネジメントオペレーション

「男女差別についてきちんと教育する」ということしか思い浮かばないかもしれないが、その効果はあまり期待できない。誰でも「男女差別をしてはならない」ということを知っている。そうなると179ページで述べたように、「見つからない」「見つかっても大丈夫」という2つの意識をクリアすることである。コンプライアンス部門が男女不公平について監査したり、目安箱を作って発見し、もし発見したら、なんらかのペナルティ（降格など）を課すことだろう。

これは外国人についても同様である。国内で外国人が働くというケースよりも、海外の子会社で日本人のガバナンスの下で外国人従業員が働く時は要注意である。ここで外国人（現地の人）への差別が起きれば、会社自体が崩壊してしまうリスクさえある。だから外国子会社の経営者、マネジャーはこの公平さというインテグリティを最大の人事評価ポイントにし、かつ本社として監査をしっかりとやり、もし違反を発見したら厳正に処分する必要がある。

（iv）　ワークライフバランス

経営者がインテグリティを考えると、仕事と生活の関係についてこれまでの考え方を変えることが多い。サラリーマンとして会社に入り、役員まで上り詰めた経営者の多くは、プライベートを捨て、仕事、仕事で生きてきた人が多い。「24時間365日、会社のために人生をかけて尽くす」というもので、これが男女差別を生んだとも言える。女性は子育てがあり、仕事と育児の両立はできないと思ってきた。

これについて社会は両立を求めている。これがワークライフバランス（仕事と生活の調和を図る）である。そしてどこから見てもワークライフバランスを考えている会社の方が、プライベートを作れない会社よりインテグリティが高い。

イノベーションリーダーとしてこの設計には2つのテーマがある。1つは、仕事と生活の関係を考えると、どうしても「仕事がおろそかになるのでは」という不安を持ってしまうことである。これについては仕事と生活の境目をはっ

きりさせることである。プレイヤーについては法的に組織の指揮命令下にある勤務時間とそれ以外は分かれている。この識別をはっきりさせ、勤務時間は"仕事だけ"、それ以外は"生活だけ"というけじめを設けることである。しかしこの抵抗勢力がマネジャーである。彼らは自身に残業という概念がなく、したがって勤務時間と時間外という識別がはっきりしない。だからプレイヤーの生活にも、ずかずかと土足で入ってくる（感じがする）。

　私のクライアント企業に「マネジャーには原則として残業を認めない。トラブルなどで残業する時は、人事部へ申請手続きをすること」というルールを作り、「空いた時間を家族や趣味、自己啓発に充て、人間的な魅力を高める努力をしてほしい」という会社がある。

　そしてこのワークライフバランスも人事評価の項目に入れていくことだろう。つまり、ワークライフバランスという戦略ベクトルに向かっているマネジャーおよびプレイヤーの人事評価を上げていくことである。

　イノベーションリーダーとしてインテグリティ設計のもう1つのテーマは、「生活のための時間の創出」である。ここではマネジャーではなくプレイヤーの方が大きな問題である。それが残業である。

　私は「残業という行為」は必ずしも「定時までには終わらない仕事を上司から押し付けられて、遅くまでやっている」というものだけではないと思う。この「押し付け」については、マネジメントミスなのだからマネジャーを適正に評価すればよい。つまり業績に比べて残業時間の多いチームのマネジャーの人事評価を下げるというものである。後で述べるように、目標に応じてチームにヒトが配分されているという仮説を持ち、その配分されたヒトという資源を使ってパフォーマンスを出せないのだから、マネジメント能力が低いと考える。

　イノベーションリーダーにとって、残業の問題はむしろプレイヤーの方が大きい。残業について若き優秀なプレイヤーに聞くと、皆がこう言う。「残業は不公平だ。仕事が遅い人ほど残業手当で給与をたくさんもらえる」。彼らが指摘するように同じ仕事量をやるのでも、ゆっくり時間をかけてやった方が給与が高い。ここまで考えなくても、残業をやる前提でプレイヤーが仕事を組み立てれば、残業は増える。この残業代が増えることによって、能力が高くて残業

をしないプレイヤーに不公平感を生む。

これに対してはなんとか能力をベースとした給与体系に持っていくことが求められる。つまり能力を上げ、仕事を早くやると給与が上がるという仕組みである。詳細は第 3 章で述べる。

2 パブリック・リレーションズの個別設計

次に社会の個別要素について、どういう関係を作っていくかを考えてみよう。

(1) 国

日本企業にとって、国は大きく 2 つに分かれる。日本と外国である。

① 日本
(i) 税金

会社と国の関係で大きな要素は税金である。

税金とは富の再配分である。つまり「社会の各メンバーが協力して益を得ている」という前提の下で、個別に生まれてしまった益を適正に配分し直そうというものである。

税金についてはこの基本概念を忘れないことである。そして「自社が払う税金を小さくしたい」という気持ちを持たないことである。これを担保するのが 181 ページで述べた付加価値会計であり、公益責任という CSR である。税はソーシャルコントロールであり、その正当性は国会や行政（税務当局）で考える。会社にとって必要なことは準拠性である。税はただルールどおりに払うだけのことである。

「法人税率を諸外国並みに下げてほしい。そうでないと外国へ本社を移転する」などと言う経営者がいる。まさにインテグリティの低さを自らで証明しているようなものである。しかもこれが従業員の代表としての経営者の発言であれば、極めて不適切である。すべての従業員が、税率の低い外国で仕事をし、

PART Ⅱ　イノベーションリーダーのオペレーション

そしてその低い税金でインフラを作ったところで生活をしたいと思っているかである。会社は経営者のものではなく、117ページで述べたように従業員のものである。

「アメリカのグーグルが法人税の低い国を使って税を回避しているのでは？」というニュースがあった。これはCSRの公共責任より、インテグリティの問題である。「美しくない」。こんな会社を立派な会社とは誰も言わない。

（ⅱ）　その他の法律

税法以外の法律についても「どういう法律が自社に有利か」と考え、どうすればそうなるかなどと考えるべきではない。業界団体を作って業界の利益を主張し、そこへ仕事がたくさん回るようになどと考えないことである。

法律は国民の代表である国会で決め、国会が指名した組織が行政をリードする。そして会社に選挙権はない。それがルールである。行政への賄賂はコンプライアンス違反であるが、行政への陳情も、会社の政治献金も美しくない。票を入れたり、立候補したり、さらには気持ちを同じくする人を応援したり……というのは、すべて各個人がやることであり、会社には何もできない、それがソーシャルルールである。

あるクライアント企業の人事部長に「経営塾を行うにあたり、どんなことを塾で望みますか」と聞いたら、その第1にCSR経営を挙げて「品格のある企業」「建前と本音を使い分けない」「愚直にコンプライアンス」と言い、その具体的な例として採用のことを挙げた。「『経団連の倫理憲章*どおりやっていては優秀な学生はとれない』、と言う人がいるが、私はルールに従ってやる。それで優秀な学生がとれなくても構わない。そもそもそんな優秀さなんていらない。どんなルールなのかを知っていて、それを守らない人はいらない」と言った。誰もこれには反論できない。

イノベーションリーダーに求められるのは、自らのインテグリティに基づいて、組織にそれを実行させていく行動である。

＊　日本経済団体連合会の出した採用に関する約束事。

第1章 パブリック・リレーションズの変革

② 外国

輸出入、海外進出、現地法人設立、M&Aなどさまざまな形で日本のグローバル化は進展している。このグローバル化を戦略キーワードにしていない会社は1つとしてないと言ってよい。

外国に対するパブリック・リレーションズで大切なのは、相手は外国であり、その国の国益があり、その国益はその国の法律で守られていることである。その国の国益に反する最大の行為は「日本企業が進出して、その国の社会から益を搾取し、その国の企業の業績を落とし、さらには労働を奪って、失業を起こすこと」である。これではいくらその会社がその国に法人税を払っても国益に反する。

もし国益に反すなら、どんな国であれ、どのような手を打ってでも国を守る。世界に規制なきマーケットはない。そしてマーケットは国ごとに完全に分断されている。世界中からビジネスをするために人が集まってきた国であるアメリカでさえ、日本の自動車、半導体に関しては大抵抗した。日本だって外国に比べて弱い農業は、外国企業の進出からなんとしても守ろうとしている。

まずはこのパラダイムを理解することである。だから決して「日本マーケットはもう伸びが期待できない。島国日本から海外へ進出し、そこで外国企業と戦い利益を伸ばそう」なんて豊臣秀吉や戦前の大日本帝国のような発想は持たないことである。

これを支えるのはCSRというインテグリティである。たとえばメーカーであれば、「自社が培ってきた技術は他の国にもきっと貢献できる。そしてそれはその国の幸せにもなる。地球のために社会貢献しよう」という思いにしか成功の道はない。

私のクライアント企業でもこのグローバル化に成功している会社もある。「自社の持っている技術をベースとして、現地の人たちが働いてその国の社会インフラを作り、そのインフラの運営という会社として最もおいしいところ（定常的収入）はその国に置いていく」というビジネスモデルを持っている。新幹線を後進国とともに作って、運転という仕事、運賃という収入をその国に置いて

いくものと同様である。

　後進国へ自社製品を輸出して、というビジネスモデルでは、最初は売れてもいずれコピー商品は出てくる。日本だってコンピュータ事業においては国家支援の下でこれをやってきた。

　コカ・コーラはグローバル化に成功した会社である。コカ・コーラはボトラー制をとった。これはアメリカのコカ・コーラ本社がフランチャイザー*となり、それぞれの国・地域にコカ・コーラボトラーという会社を作る。ボトラーはその国の資本で、その国の人が製造・販売する純粋な国内企業である。こうして世界のすみずみにこの製品は浸透した。

　*　フランチャイズシステムの主宰者。フランチャイジー（加盟企業）にライセンシングなどを行ってフィーを得る。

（2）　株主・投資家

①　株主

　株主は会社に対しさまざまな権利を持っているが、次の3つがその代表である。

- ・配当→株数でシェアする
- ・ガバナンス（経営者を選ぶ権利）→株の過半数で持つ
- ・残余財産（会社を解散して、清算し、残った財産を分け合う）→2/3以上の株主の賛成が必要

　1つ目の配当については、すでに述べたように付加価値分配と考え、その率を一定にしておくことで、利益と比例させる。そのうえで経営計画で目標としての利益（＝その一定比率としての配当）を提示し、これを約束する。

　2つ目のガバナンスについては、本書の対象である会社は従業員ガバナンスが前提である。したがって、株主は原則としてこれを行使しない。しかし法的には株主が持っており、最後は法律である。ガバナンスを行使させない最も簡単な方法は、誰かが過半数を持つことであるが、これではその人がオーナーで

第 1 章　パブリック・リレーションズの変革

あり、従業員ガバナンスではなくなり、本書の対象外となる（子会社については親会社、子会社を1つの会社としてガバナンスを考える）。もう1つ考えられるのが持ち合いである。つまりガバナンスを求めて他社に自社株を持ってもらうことであるが、この他社にも株主がいる。この株主の意思の下、持ち合い相手の会社が集まって過半数の勢力になり、ガバナンスを行使してくる（現経営者をクビにして従業員ではない人が経営者となる）可能性は否定できない。これは多数の個人の株主が持っていても同じである。さらには2/3以上の株主が集まれば、3つ目の解散権を行使してくる可能性だってある。

せめて解散権を拒否するために、1/3だけはそのインセンティブが働かない株主（メインバンク、取引先など）で押さえ、この人たちを社外取締役に入れておくことである。ただ過半数は厳しいことが多く、ガバナンスリスクは消えない。

最も考えられるシーンは、業績が悪化した時に、ファンド（後述）が一般株主から委任状をとって、取締役会が株主総会に出した次期取締役名簿を否決し、自らはその名簿を出さないことである。そうなると現取締役がそのまま暫定の経営者となるので、彼らに再建策を要求する。この再建策の目玉は目に見える形での利益アップの約束である。そしてそれは人件費の削減に求めるしかない。たとえば、再建策（リストラ）として『給与総額を70％にする』という意思決定を迫ることである。

このガバナンス行使というリスクへの予防策は2つある。1つはこの気持ちを起こさせないことである。一般株主がこう思うかどうかは配当よりも株価である。つまり株価の急落だけは避けることである。そう考えると投資家（投資家の株の売買によって株価は決定される）との関係をどう保つかというIRと同一である。これについては次項で述べる。

もう1つは、株主がそのインセンティブを持っても、従業員に仕事をやらせるしかないと思わせることである。これが190ページで述べた従業員の業務遂行能力であり、最後の砦である。

次に株主を含めたIRについて述べよう。

② IR

　上場会社において、投資家とのパブリック・リレーションズは、IR（Investors Relations）と言われる。投資家はガバナンスの取得ではなく、証券市場でカネの運用を行う人たちである。当然のことであるが投資家は株を買ってから売る。証券市場ではこの「買った値段」と「売った値段」の差、つまり儲けを求めて株の売買を行う。ここで買う方を投資家、売る方を株主と言う。しかし証券市場はこの売って儲かったカネでもう一度別の株を買ってほしいと考えている。そこで、この売買を「運用」とよんでいる。投資家は株を運用して儲けるギャンブラーであり、株主および株主になる（やめる）可能性を持った人たちである。だから「IR＝株主とのパブリック・リレーションズ」と考えられる。

　投資家は大きく2分される。機関投資家と一般投資家である。

（ⅰ）機関投資家

　機関投資家とは、基本的には他人のカネを集めて株に投資していくタイプである。言ってみれば、株の投資という難しいギャンブル（マネーゲーム）を、素人のカネを集めて、代わりに勝負するプロフェッショナルである。証券会社、投資顧問会社（投資のコーチをしてくれる会社）、信託銀行（財産の運用・管理を行う。もちろん株もその1つ）、投資信託会社（自社および証券会社、銀行などが集めたカネを1つにまとめてどうやって運用していくかを決め、信託銀行にその運用を任せる）、ファンド（投資信託会社のような形態を行う企業をファンドとよぶが、一般には「ごく少数の大口投資家からカネを集めて運用するプロフェッショナル」のことを言う）などがある。

　彼らは投資のプロというよりもギャンブルのプロである。上がりそうな株を買い、上がったらさっさと売るというものである。つまり短期的な売買をくり返すのが特徴である。だから短期的な株価（今日の株価、明日の株価）にしか興味がない。しかも株価というのは彼らギャンブラーたちが短期的に行ったギャンブルの結果である。普通に言う「今の株価」とは、直前のギャンブルの結果である。株価1,000円というのはそれが1万株発行されていても、直前にその1株を1,000円で売った人がいて、1,000円で買った人がいたというだけ

のことである。

　このプロのギャンブラーは配当を求めていないし（すぐ売るんだから配当時に持っているとは限らない）、株の価値は株価しかない。この株価は会社にはいかんともしがたい（というよりも操作してはいけない）。そしてその短期的な上下は会社の業績ではなく（株価は秒単位で変わるが、そんなに刻一刻と業績が変わるわけではない）、ただの思惑である。相手がどう思っているか（株価が上がると思っているか、下がると思っているか。皆が上がると思えば株価は上がる）である。だから彼らは中長期的な経営計画を必要としない。この計画が必要なのは、その期間株を所有することを考える人だけである。

　このギャンブルに会社が一喜一憂しても仕方がない。だから機関投資家に対するIRは「ルールどおりに情報をすべてディスクローズすること」と考える。積極的でもなく、消極的でもなく、ルールどおりのディスクローズである。自社の株価が上がるように投資家へ発言したり、どうすれば上がると思ってくれるかといった感情は持たないことである。相手はそんなことに動かされるアマチュアではない。

(ⅱ)　一般投資家

　株の投資が本職ではなく、ビジネスや仕事で儲けたカネを少し投資するアマチュアギャンブラーを一般投資家と言う。このほか、本業は別にあるものの他人のカネをギャンブルに使って運用するセミプロもいる。保険会社、銀行、農協などである。この人たちはどちらかと言えば一般投資家と同じ性質を持っているので、本書ではこれも含めて一般投資家と言う。

　イノベーションリーダーはこの一般投資家とどういう関係を作っていけばよいのだろうか。

　それは多くの一般投資家に自社株を買ってもらい、できるだけ長い期間持ってもらう、つまり「売らないで持っていてもらう」ということである。もっとストレートに言えば、投資家に自社のファンをいかに多く作るかということである。そして買いたい人が増え、売りたい人が減っていけば株価は上がっていく。そして株価が上がれば一般投資家が喜ぶという構図である。つまり、ここ

でのIRの基本は「投資家との良好な関係を作る」=「投資家にファンを増やす」=「株価を上げる」ということである。

　まずは買いたい人を増やすことを考えよう。これは今からその会社の株を買うのだから、これからやる会社の事業へ投資することになる。過去の結果はあまり関係がない（過去とまったく違う結果が明日出るわけではないので、明日の結果を予測するには過去の結果は必要となるが）。

　ここでのポイントは、投資家は何にカネを払うかである。それは事業である。つまり過去の業績よりも、これから先どんな事業をどんなビジネスモデルで実行するかを、投資家に訴える必要がある。これが個人投資家へのIRの原点である。そして同じ事業領域で、同じビジネスモデルをやってもその会社の従業員の能力によって結果は異なる。

　つまり上場会社は投資家に対して、事業領域、ビジネスモデル、それを支える自社の従業員の能力を積極的にディスクローズし、それによって投資を受ける必要がある。仮にその情報をライバルが見て競争上不利になると考えても、上場会社であるならこれをディスクローズしなければならない。それが嫌なら上場をやめるべきである。

　ところで株価はどうやって決まるのだろうか。というよりもイノベーションリーダーとして株価に対してどのような仮説を持つべきであろうか。

　株を買うということは株主になることであり、その会社にカネを投資することである。なぜ投資するかと言えば、その会社がカネを増やしてくれるからである。これで株という財産の価値（=株価）は上がっていく。つまり「カネを増やせば株価は上がる」という仮説である。「皆さんの大切なおカネを使って事業を行い、おカネを増やす」ということである。これで株主は配当だけでなく、株価の上昇という形でリターンを得る。

　この「事業で増やしたカネ」を営業キャッシュフロー*をベースとして考える。このことを一般投資家と合意したい。営業キャッシュフローは「利益＋減価償却費」でざっと計算できる。利益が「増えたカネ」というのは直感的だが、なぜ減価償却費を足しているのかを簡単に説明しよう。ある会社で機械を1億円で買って、これを10年間使うとする。この時、財務会計では買った瞬間に

費用1億円として出すのではなく、使う10年間にわたって$\frac{1}{10}$（1,000万円）ずつ減価償却費として計上する。ここでたとえば5年目に計上した1,000万円はもう払う相手がいない。この年2,000万円の利益（収益－費用）が出ていれば（すべて現金収支として）、現金は1年間で2,000万円ではなく3,000万円増えている。これが営業キャッシュフローである。

　投資家と会社の関係で言えば、投資家がこの1億円の機械代を出し、利益が毎年2,000万円なら毎年3,000万円ずつ現金を増やしている（回収している）。だから投資家は、機械のような財産を必要とし、それを使うことで営業キャッシュフローを生んでくれる会社に投資すればよい。つまり出資している会社の株価が営業キャッシュフローの分だけ上がると考えればよい。そして会社は一般投資家に対して、何年間でどれくらいの営業キャッシュフローを増やすかを約束する。10年間の長計とは、一般投資家に10年間株を持ってもらって、10年後に売るかどうかを判断してほしいというものである。だから目標利益、減価償却費（＝どんな資産を買うのか）を長計に書いて、その夢（営業キャッシュフロー分だけ株価が上がる）を買ってもらう。これが先ほどのファンを作るという意味である。

　*　営業とはビジネスのことであり、キャッシュフローとはカネの流れではなく、現金増加量である。つまりビジネスで増えたカネの量のことをいう。

（3）　顧客

　顧客とは社会の1要素というよりも、事業の遂行対象であるため、戦略における中心人物である。ここでは「顧客との関係」の基本だけを記述し、以降は第2章の戦略ベクトル立案で述べることとする。

①　顧客の定義

　顧客をパブリック・リレーションズで考える時大切なことは、その定義である。つまり「誰が顧客か」ということである。

　これは自社の商品（サービスを含めて）を購入する人（法人企業も含めて）

すべてではなく、「自社商品を購入する人のうち、その自社商品によってベネフィット（便益）を受ける人」である。言い方を変えると商品の最終使用者である。それ以外の自社商品購入者は自社から見て「流通」と表現する。

自動車のエアコンを作っているメーカーで考えてみる。自動車メーカーや自動車販売店は流通であり、顧客はその自動車に乗ってエアコンを使い、「涼しい」というベネフィットを受ける自動車利用者である。

さらに顧客は2つに分かれる。カスタマーとゲストである。カスタマーとは自社商品をくり返し購入する客であり、ゲストはいわゆる「一見の客」である。見方を変えれば、カスタマーは自社商品から受けるベネフィットを理解したうえで購入する顧客であり、ゲストはそれを知らずに（予想して、仕方なく）購入する顧客である。

会社はカスタマーを中心にパブリック・リレーションズを考える。それはカスタマーの方がゲストより自社商品の貢献度が高いからである。その具体的行動をCRM（Customer Relationship Management）と言う。これはマネジメントであり、パブリック・リレーションズではない。またこのマネジメントのベクトルを作るのは戦略であるので第2章で述べることとする。

② 顧客のベネフィット

顧客のベネフィットの大きさを「$\dfrac{商品貢献度}{商品購入コスト}$」と定義し、これを顧客満足度（CS：Customer Satisfaction）とよぶ。

顧客とのパブリック・リレーションズの中心はこのCSを上げることである。これには2つの方法がある。購入コスト（販売価格）を下げるか、貢献度を上げるかである。ここでの設計ポイントは、マーケティング学者であるコトラーが自著で述べているとおり、「顧客は予算（コスト限度額）の範囲内で商品貢献度が最大のものを求める」という仮説にある。この顧客が持つ貢献への期待をニーズとよぶ。

顧客とのパブリック・リレーションズはこのニーズをとらえ、商品貢献度を上げていくことである。商品貢献度を上げていくことで顧客は予算限度額まで

購入し、かつそれをくり返していくことによって、会社の付加価値（それに比例する利益）は高まっていく。

これが顧客とのパブリック・リレーションズであり、戦略への制約事項である。「商品貢献度を一定にして購入コスト（販売価格）を下げること」をできる限り避け、かつCS以外の要素での購買を求めないことである。

たとえば「囲い込み戦略」というものがある。通常とは異なる手段で顧客にくり返し購入をしてもらうものである。携帯電話などでやっている「他社からの切り換え購入を思い切って安くし、かつ他社へ切り換えないことを一定期間約束すれば安くする」といったものである。あるいはマイレージのように購入時にポイントを付けて、そのリターンをしていくものもある。囲い込みはその開始当初は会社にリターンをもたらすのだが、他社も当然追随する。そうなると（囲い込みの意味がないので）単に価格を下げるだけのことになってしまう。

くり返し購入には、ニーズをとらえ、CSを上げていく以外の手はないことを原則とする。

私の会社もセミナーという商品を売っているが、一切の値引きはしない。顧客のニーズをとらえ、商品貢献度（ニーズに合ったセミナーをして）を上げ、CSを上げることだけをひたすら目指している。

（4） 取引先

流通（顧客以外の商品購入者）および商品や資材の購入元（仕入先など）を「取引先」と表現する。これに対するパブリック・リレーションズには2つのテーマがある。

① ゼロサムゲームの解消

取引先とはなんらかの商品売買をやっており、ゼロサムゲーム状態になっている。ここでのポイントは136ページで述べたように協力ゲームに変えること、つまりサプライチェーンというアライアンスモデルである。そのアライアンス

PART II　イノベーションリーダーのオペレーション

テーマは顧客に着目するということである。先ほどの自動車エアコンメーカーならエアコンメーカー、自動車メーカー、自動車販売店が1つになり、自動車ユーザーのベネフィットを考え、CSを上げていくことを目標にする。ここから先は次項のライバル会社のところで述べるアライアンスモデルを参照してほしい。

②　パワーバランス

アライアンスでは「対等な関係」（103ページのガルブレイスはこれを「拮抗力」と名づけた）が求められる。親と下請、メーカーと専属販売店のような関係はアライアンスではない。自動車メーカーがエアコンメーカーを下請と考えれば、ゼロサムゲームから脱却できない。自動車メーカーはできるだけ安くエアコンを買おうとし、他のエアコンメーカーとの競争を煽り、下請の利益をギリギリまで絞り込もうとする（悪く言えば、「生かさず殺さず」である）。このパワーバランスを変えるのは共通の顧客である。顧客が「この会社のエアコンがいい」と言ってくれることであり、もっと強烈に「そのエアコンでなければ別の車にする」という一言である。つまりエアコンメーカーは自社商品の最終使用者の声、CSを大切にすることである。このエアコンのCSが上がればパワーバランスは対等となり、アライアンス関係に持っていける。

自動車販売店ならそのサービスである。顧客は自動車を買っているのではなく「運転するサービスを買っている」と考える。販売店が行う保守などのさまざまなサービス、提供する自動車の情報によってCSは上がる。

そしてエアコンメーカー、自動車メーカー、販売店が互いの商品、サービスのCSの高さを確認した時、そこにサプライチェーンというアライアンスが生まれる。

(5)　ライバル会社

①　ライバル会社の関係

ライバル会社とは、同一の顧客に対して自社が提供している商品と代替性の

ある商品を提供できる会社である。

　こう定義すればわかるとおり、商品を選択するのは顧客である。したがってライバル会社と戦うのではない。顧客が他社商品を選択したのなら、「それはなぜか」と考える。そしてその理由の仮説をベネフィット、CS以外に考えない。つまり自社商品のベネフィット＝$\dfrac{商品貢献度}{商品購入コスト}$が低いと考える。この時、コストを下げてベネフィットを上げるのではなく、商品貢献度を上げるべくニーズをとらえる。

　もし顧客が自社商品のベネフィットについて情報を持たないのであれば、この情報を提供し、顧客に商品の選択を委ねる。それ以外の手法（囲い込みなど）を用いて購買を迫ることはしないと誓ったはずである。

② もし完全にバッティングしたら

　しかし自社商品と他社商品がまったく同じ商品貢献度だという場合はどうするかである。顧客のベネフィットの違いは購入コストしかないという状況である。放っておけば価格競争となる。価格競争は自社、ライバル会社に幸せがないだけでなく、社会にも幸せをもたらさない。つまりCSR、パブリック・リレーションズから考えてもやるべきことではない。これを皆がやれば社会全体がデフレーションとなり、モノの価値がどんどん下がっていく。バブル崩壊後これが続いたが、価格を下げるために給与を下げ、さらにはリストラによって失業が増え、消費が落ち込み、未曾有の不況という誰も幸せがない社会を生みだした。各業界で局地的に起きたライバルとの戦いは、別の業界をも刺激し、社会全体に「勝者なき不毛の戦い」を生むことを歴史が教えている。

　ではどうすべきか。まず考えられるのは違う商品にすることである。いわゆる差別化である。しかしライバルと同機能という理由で、そのために差別化するというのはよく考えると極めて難しい。選択するのは顧客である。ここで多くの顧客が均一的なニーズを求めていたらどうするかである。

　そうなると、どう考えても手を握ることであろう。国内シェア1位と2位が手を握れば、過度なシェアとなって独禁法上問題があるかもしれない。しかし

こういうケースでは商品が成熟(つまり顧客がすべての商品情報を知っている)し、ニーズが均一化しているので外国企業などが国内マーケットに入ってきているはずである。この国際シェアを考えて、公取委もそのアライアンスを認めることが多い。だから製紙、金融、鉄鋼、造船、小売といった成熟分野で次々と合併、経営統合＊が生まれている。

しかしここで1つの問題が生まれる。手を握ろうとする相手が後で述べる理念がまったく違っており、かつある商品は成熟しているが、ある商品では顧客のニーズがバラついていて顧客の選択を競っている状態の時である。この時は部分的に手を握るしかない。これがアライアンスである。アライアンスはこのようにライバル同士が結びつくもの（水平アライアンス）のほか、先ほどのサプライチェーンのような取引関係にある会社が結びついたもの（垂直アライアンス）がある。

ここではこのアライアンスというパブリック・リレーションズについて考えてみる。

＊　共同で親会社（持株会社）を作ってガバナンスを統合し、1つの企業グループになること。

③　アライアンスの課題

アライアンス（alliance）とは、国家同士が共通の目的を達成するために独立した国のままで結ぶ「同盟」をその語源としている。日米軍事同盟である。

アライアンスは極めて難しい"パブリック・リレーションズ"である。それは次の4つの課題があるからである（アライアンスは3社以上でも可能であるが、ここではA社、B社という2社のアライアンスで説明する）。

（ⅰ）　秩序

A社とB社は、社内でははっきりとした秩序（意見の優先度）を持っている。しかしアライアンス部分についてはそれがない。たとえばX案はA社にメリットがありY案はB社にメリットがあるという時、X、Yのどちらを取るかである。

この秩序を設計しなくてはならない。アライアンスしていて、意見が分かれたらどうするかということである。

（ⅱ）　継続性

アライアンスとは共同商品開発プロジェクトやいわゆるジョイントベンチャーのように、あるテーマについてのみ手を組み、これが終わったら解消というものではない。つまり時間的継続性を持っている。逆に言うと、いつまで継続するか、そして途中での解消ができるのかを決めなくてはならない。結婚は両者の合意であるが、離婚のルールをはっきりさせないと結婚に踏み切れない。どちらかが「やめたい」と言って片方に損失が出ても解消できるのであれば、アライアンスを意思決定するのは難しい。ライバル同士がいったんは手を握って相手の情報をつかみ、勝てそうとわかったら手を切って戦う可能性があるのなら、とてもアライアンスには踏み切れない。

（ⅲ）　互いが何を出し合うのか

手を握る時は互いの経営資源（ヒト、カネ、モノ、情報、……）を共有していく。この出し合う経営資源のバランスが悪いとアライアンスはできない。しかし、この出し合う経営資源の価値はアライアンスに合意しないうちは評価が極めて難しい。

（ⅳ）　分け前

アライアンスによって得たリターンを両社がどういう比率で分けるかである。これを事前に決めておかないと、アライアンスがうまくいくほど（アライアンスリターンが大きいほど）その分け前で揉めて解消していく。アライアンスがうまくいっているのに解消されるのは、ほとんどこれが理由である。

これらアライアンスの課題の解決策は、次のように共同で会社を作ることである（共同で親会社を作ると、それは経営統合となりアライアンスとは言わない）。

PART II　イノベーションリーダーのオペレーション

このモデルは私のクライアント企業と経営塾を通して一緒に考えたものである。この会社は垂直アライアンスとして、顧客企業との共同会社を数多く作っている。この会社のセールスマンは「顧客からカネをもらう仕事」の受注を目指すのではなく、顧客との共同会社設立を提案していく。

④　アライアンスの設計

まずA社、B社それぞれの株主と経営者の間で「アライアンスすること」に合意し、両社の株主はアライアンスに関するすべての権限をA社、B社の経営者に委譲する。A社、B社の経営者（またはそのスタッフ）は、カネ以外の共有資源（ヒト、モノ、ノウハウ、ブランド、……）および共同開発する資源を明確にし、その価値評価（カネに換算）を共同で行う。

次に共同で設立する会社への投資負担のバランスを決める。これは共有する経営資源の価値を考慮して、共同開発資源の投資分担を決めることと同じである。

この合意が得られたら共同会社を設立する。出資するカネは株となるが、それ以外の共有資源は事業譲渡、会社分割、現物出資、ライセンシング、出向などから選択する。リターン分配を考えると、全体の投資負担バランスと共同会社の資本比率（株の所有割合）を一致させておく方が望ましい。

設立後、共有資源の1つである「ヒト」の中から、共同会社の経営者をA社、B社の経営者（共同会社の株主として）が共同で選任する。この選任された経営者が共同会社の経営計画を作成し、A社、B社の経営者の了承を得て権限委譲を受ける。これによって先ほどのアライアンス課題の（ⅰ）〜（ⅲ）を一気に解決する。

ノーマルな会社であれば、以降A社、B社は株主としてのみ存在し、投資の見返りに配当を得ていくのだが、アライアンスではまだ仕事が残っている。先ほどのアライアンスの最大の課題である「（ⅳ）分け前」である。共同会社はA社、B社に対してなんらかの商品・サービスを提供したり、逆に商品・サービスの提供を受けるはずである。そしてその対価、および外部との商品・サービス対価により共同会社としての業績（アライアンスリターン）が生まれる。

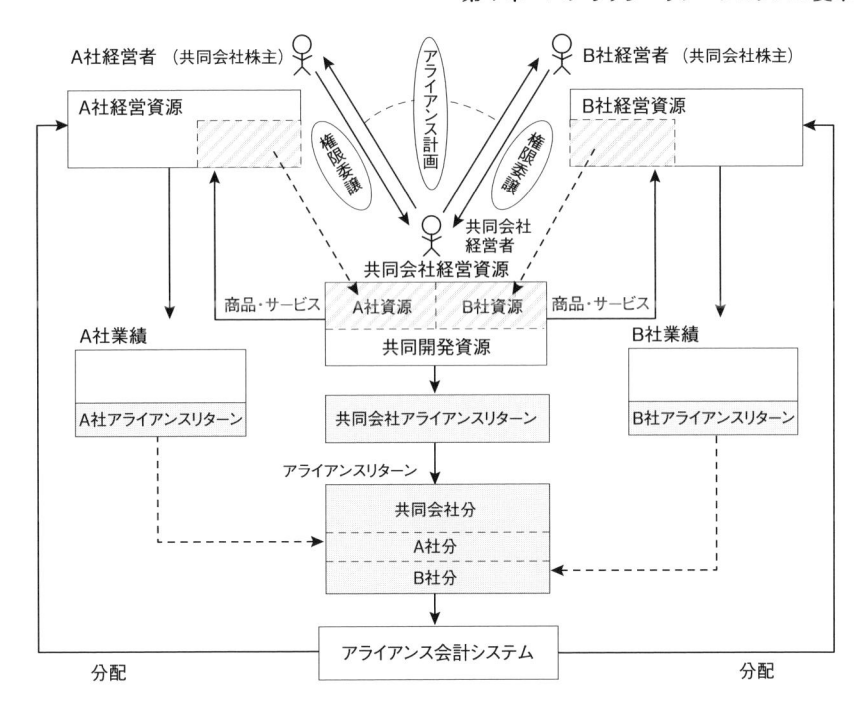

第1章　パブリック・リレーションズの変革

一方、A社、B社においてもアライアンスリターンというシナジーが生まれる（A社、B社の業績も向上する）。

　このすべてのアライアンスリターンの合計を、出資比率をベースとして一定のルールで分配する必要がある。極めて複雑な会計システムであるが、そのアライアンスリターン算定、分配にはITがスピード、正確性、そして公平性において大きな力を発揮する。

　このアライアンス会計システムがなかったり、いい加減であるとアライアンスがうまくいってリターンが大きいほど、分け前で揉めてしまう。

(6) 銀行

① 銀行とは

銀行（bank）とは、社会からカネを集め（預金）、企業に一定期間そのカネ

を貸す（貸出）ことを業としている企業である。銀行業務の最大の問題点は、借金の本質とも言える「借りたカネを返さなくても犯罪にはならない」ことである。つまり社会としてこれを罰しないということである。したがって、貸す方（銀行）は2つのことを行う。「返してもらえるか」という判断であり、これが与信である。もう1つは返してくれない時の契約を結ぶことであり、これが担保である。担保の代表は土地である。つまり、会社が持っている土地などの財産を抵当として、返してくれない時はそれを没収するというものである。

しかし、銀行はこの担保を現実的にはほとんど行使できない。貸付先が返してくれないからといって、土地などの担保を取り上げれば、むろんその会社は事業継続不能となって潰れてしまう。これを強行すれば「貸しはがし」とよばれる。それがコンプライアンス上、契約上では正当な行為であっても、事業をやっている会社を「借金が返せない」という理由で潰してしまうことは、一般の会社よりも社会的責任が重い（社会からカネを集めている）銀行にはほとんどとれない選択肢と言える。そして仮に潰して銀行が土地を手に入れても、それを売ってカネを全額回収できないことをバブル崩壊が教えてくれた。会社が借金を返せない時は不況であり、土地価格が大幅に下落している。つまり仮に売れても銀行は大きな損失を計上しなくてはならない。

そうなると銀行は、会社にカネを貸し出す時にもう1つのリスクヘッジを併せて行う。「監査」か「経営状態をリアルタイムにモニタリングすること」である。つまり、銀行の人間を監査役として貸付先に送り込むか、取締役会のメンバーに入れることである。そしていよいよ危なくなればトップの座というガバナンスを取り、「借金が返せる経営」へと矯正する。

② 会社から見た銀行との関係

多くの会社は創業時に多大なカネを必要とする。そしてこのカネを証券市場に求めることはできず（特に日本では創業時の上場などほとんどあり得ない）、銀行に求めるしかない。銀行は土地などを担保にするだけではなく、経営者自身（その親族）を連帯保証人とし、経営者の個人資産まで担保にする。しかし借り入れしたカネは設備に投資されており、そこから生まれるキャッシュフ

第1章　パブリック・リレーションズの変革

ローで利子は返せても全額を返すのは苦しい。こうなると銀行は先ほどのように監査役、取締役派遣という目に見える形だけではなく、目に見えない生殺与奪の権を持ち、実質的なガバナンスを持つ。銀行から「返せ」と言われたら会社が終わってしまう状態である（銀行は法的には事業会社の株を5％以上持てない。つまり法的にはガバナンスをとれない）。

さらに会社は支払と収入のタイミングのズレによるカネのショートの補完を銀行に求める（代金は来月払うが、売上は3か月後に入金）。

この状態では大型の投資は銀行の了承が必要となる。つまり経営の命綱となるカネという経営資源の調達、配分さらには戦略ベクトルまでも銀行に委ねることになる。

このパラダイムから脱却するために、会社は上場を目指す。そして借金を返して、完全なる従業員ガバナンスを手に入れる。

実は本書はこの従業員ガバナンスの会社を対象としている。では、ここでの銀行の役割はなんであろうか？

それはBCPが最大のものであろう。つまり予期しない事態（大きなトラブル）が起き、膨大な資金需要が生まれ、一定期間収入が絶たれた時の「救済」である。最後の最後は銀行に救ってもらうということである。これがメインバンクである。会社にとってメインバンクはBCPである。そのため会社のカネに関するサービス（振込、為替、……）をメインバンクに委託してその手数料を払い、かつBCPの一環としてカネの必要がなくても一定の借り入れをして、この金利（BCPの保険料と考える）を払うというものである。

(7) マスコミ

最後のパブリック・リレーションズの相手が、新聞、テレビといったマスコミである。これも銀行同様にBCPの1つと考える。

不測のトラブルが起きた時、仮にカネが続いていても（倒産状態にならなくても）その生死を決するのがマスコミということが多い。社会の正義を守ると主張するマスコミは、たとえそれが法的にグレー、場合によっては白であって

217

も、道徳違反をも悪事とし、社会から抹殺することもある。大地震によって被害を受けた東京電力の生死も、最後は国（税金援助）よりもマスコミの論調が決めると言っても過言ではない。「責任を取って経営者は辞任し、その経営を外部の人間に委ねろ」という声である。まさに従業員ガバナンスの崩壊である。「ブラック企業」と言われてしまった会社も、そうやってマスコミから攻め続けられれば、場合によってはそのガバナンスさえも放棄しなくてはならなくなる。

マスコミはスポンサーによって成り立っている。TVコマーシャルであり、新聞広告である。しかし上記のようなことから守るために、広告をするのはやや問題があると思う（まあCSR経営、自らのインテグリティを社会に誓うという広告なら話は別だが）。

そうなると情報公開しかないと思う。マスコミが最も嫌がるのが、会社が自分にとって不都合な情報を隠している時である。そしてその隠していた時間（マスコミが発見するまでの時間）が長ければ長いほど、その怒りの度合いは強い。「社会にとって不利益な情報を20年にわたって隠ぺい」などと報道されると、まさにマスコミの餌食である。そしてこれが特定のメディアによって見つかると（いわゆるスクープ）、他のメディアの怒りはその頂点に達する。

もうマスコミとのパブリック・リレーションズはわかると思う。ディスクローズである。マーケティングの世界では自社にとって有益となる情報をマスコミを使って顧客に伝えていくことをパブリシティと言うが、それではない。自社にとって不利益な情報をむしろ積極的に自らで公開していくことである。永遠に外へ漏れない情報はない。だったら1秒でも早く社会へ渡した方がよい。155ページのマキシミニである。

第1章　パブリック・リレーションズの変革

3　理念設計

　パブリック・リレーションズの基本原則は、すべての社会メンバーに情報を公開することである。つまりパブリック・リレーションズ＝ディスクローズである。

　1、2節で述べたパブリック・リレーションズの設計結果は、Webサイト、マスコミ、会報誌などを通して、社会へ積極的にディスクローズする。そしてそのディスクローズした情報をフレームワーク（制約条件と言ってよい）として、経営者の残りの仕事である戦略立案、経営資源の調達・配分を行っていく。

　このディスクローズされたものは理念、ミッション、コーポレートメッセージ、社訓、行動指標といった表現をするが、本書では「ミッション」（社会的使命）と表現する。このミッションを大きく2つに分ける。企業理念と経営理念である。

　企業理念とは会社が存続している限り変えないパブリック・リレーションズである。もし変えるなら、それは別会社になることだから社名も変え、したがって定款も変える（社名を変えるには定款の変更が必要）。つまりまったく新しい会社になる。

　経営理念はその時の経営者が任期中（長計期間中）におけるパブリック・リレーションズであり、最終的な決定はその時のトップによってなされる。つまり経営者（トップ）が変われば、変わるものと言える。むろん次の経営者がこの経営理念を引き継ぐこともある。

　企業理念は「変えない」ものであるから、創業理念（新しい企業理念を創った時に会社が生まれ変わった）と同様であり、イノベーションを行ったメンバーの遺言であり、DNAである。そして経営理念はこれを受け継いだ次の経営者の生みだすものである。

　理念設計時にこれをはっきりと区分しておく。1、2節で設計したパブリック・リレーションズを振り分けると、ざっと次のような感じである。

PART II　イノベーションリーダーのオペレーション

パブリック要素	企業理念	経営理念
全体	CSR、インテグリティに関すること	
国	・税に関する考え方 ・グローバル化に関する考え方	
株主・投資家	機関投資家と一般投資家に関すること	・株主への配当に関すること ・株価に関すること（営業キャッシュフローベース）
顧客	顧客の定義	CRMに関すること
取引先	ゼロサムゲームの解消	パワーバランスに関すること
ライバル企業		ライバルとの関係（不戦など） アライアンス
銀行		銀行＝BCP
マスコミ	情報のディスクローズ	

第2章

戦略立案の変革

PART Ⅱ　イノベーションリーダーのオペレーション

1 戦略立案という仕事

（1）　戦略フロー思考

ボードメンバーはその任期中の経営計画を立て、株主総会でこれを了承のうえ、社会へディスクローズしなくてはならない。前述のように経営計画の期間とボードメンバーの任期は一致しており、任期が3〜5年程度の時は中期経営計画（略して中計）、6〜10年程度の時は長期経営計画（長計）ということが多い。

また長計を作成する時でも、その部分計画として中計を作り、中期的な目標（3〜5年）を株主などに約束することも多い。

以降は長計を作ることを前提として記述していく。

長計はミッションをベースとして次のようなフローで作成する。この仕事を戦略立案と言う。

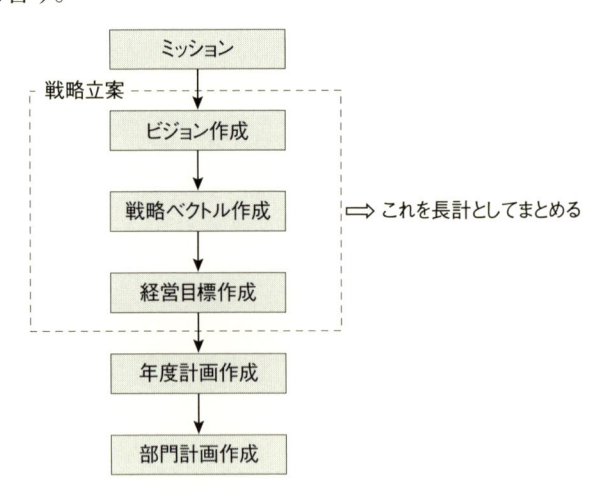

```
         ┌─────────┐
         │ ミッション │
         └─────────┘
              ↓
   ┌--戦略立案----------┐
   ┆  ┌─────────┐   ┆
   ┆  │ ビジョン作成 │   ┆
   ┆  └─────────┘   ┆
   ┆       ↓         ┆
   ┆ ┌───────────┐ ┆ ⇒ これを長計としてまとめる
   ┆ │戦略ベクトル作成│ ┆
   ┆ └───────────┘ ┆
   ┆       ↓         ┆
   ┆  ┌─────────┐   ┆
   ┆  │ 経営目標作成 │   ┆
   ┆  └─────────┘   ┆
   └-----------------┘
              ↓
       ┌─────────┐
       │ 年度計画作成 │
       └─────────┘
              ↓
       ┌─────────┐
       │ 部門計画作成 │
       └─────────┘
```

戦略立案結果は長計としてまとめられ、さらにこれをベースに年度計画、部門計画が作られる。このように戦略を順に作っていくことを戦略フロー思考と

第2章　戦略立案の変革

言う。

　戦略はミッションからフローされるものである。決して過去の業績を分析して、これをどうやって向上させるかという業績向上アプローチではない。

　また、チーム計画、部門計画、全社計画という形で下から積み上げていくボトムアップアプローチでもない。

（2）　経営戦略委員会

　経営計画は経営という仕事を行う計画なので、本来はそのスタート時になくてはならない。したがって、株主総会で長計了承→取締役選任→ボードメンバー選任という流れが妥当だが、長計はそれを実行するボードメンバーが作らなくてはならない。

　この矛盾を解決するには2つの方法がある。1つは新ボードメンバー＝イノベーションリーダーが選任されてから、これを作るというスタイルである。このため1年目はこれまでの中計などを仕上げていく形となる。つまりボードメンバーの任期2年目からが新長計のスタートとなる。しかしこれでは新ボードメンバーの1年目は、戦略立案とともに前ボードメンバーの中計を引き継ぎ、仕上げることとなり、就任1年目が極めてタイトになる。

　そのため一般的にはもう1つのスタイルをとる。新ボードメンバー予定者（トップ予定者も含めて）を、その任期の1年くらい前に決め、彼らが1年かけて（現業を遂行しながら）経営計画を作るというものである。この時、次期ボードメンバーは経営戦略委員会という名前でよばれることが多い。むろんこの委員長は次期トップである。

　経営戦略委員会には現在のトップ、現ボードメンバーの一部がその引き継ぎを含めて参加するのが一般的である。また経営戦略委員会に次期マネジメント層などがワーキンググループとして参加し、意見陳述や情報提供などを行うことも多い。

　戦略立案はボードメンバーというよりもイノベーションリーダーにとって最も大切な仕事であり、「変革」の最重要ポイントと言える。

PART Ⅱ　イノベーションリーダーのオペレーション

　そう考えると前章の理念設計のタイミングは自ずと決まってくる。すなわち長計と同時にミッションも了承してもらうしかない。ミッションだけ先行提示しても、株主はこれをどう判断してよいかわからない。ミッションの実現方法とその結果予測（目標）を聞いて、これを判断するしかない。したがってこの経営戦略委員会で理念設計からスタートすることになる。そうなるとイノベーションリーダーの戦略立案という仕事は、実はボードメンバーになる前がポイントと言える。

2　ビジョン作成

（1）　ビジョンのフレームワーク

　ビジョンとは長計によってもたらされる姿である。10年の長計を作るのであれば、そのビジョンは10年後の姿である。ビジョンの原点は前章で述べたミッションであり、このミッションを実現する方策として（フロー上の次ステップとして）ビジョンを考える。
　組織メンバー（従業員）はミッションの下に集まった同志である。つまりミッションを実現することがその夢となる。そう考えればビジョンは従業員の夢を表すものでなくてはならない。
　株主、投資家の夢は、むしろそれを数値で表したもの、すなわち経営目標にあると考えられる。
　ここで大切なことは、戦略フローにおいて目標よりも夢がその上位に来ていることである。目標を実現することが夢（ビジョン）ではなく、イノベーションリーダーが従業員の代表として、自分たちの夢を描き、皆がこれに合意し、それを「実現したい」という期待感を持つことが大切である。そしてその夢を実現することで株主、投資家の求める目標を達成するという構造である。
　イノベーションリーダーの最大の仕事はこの夢を描くことであり、その夢が組織メンバーをワクワクさせる。決して目標を達成するために、組織を活性化するのではない。これを多くの経営者は前述のように「明るさ」と表現してい

る。組織の明るさ（＝ワクワク感）は、決して業績への期待感ではなく、夢を持つ喜びであり、夢が達成することへの期待感である。

（2） シーズと社会ニーズのマッチング

ビジョンは組織の夢である。この夢は組織の持っているもの（これを「シーズ」と表現する）が、社会の求めるもの（これを「社会ニーズ」と表現する）とマッチし、その社会ニーズを満たした時に生まれる。長計期間における「シーズと社会ニーズのマッチング」がビジョンである。

ではビジョンはシーズと社会ニーズがマッチングすればよいのか？　答えはノーである。

ビジョンは前述のとおりミッションにより制約される。つまり社会と約束したミッションの範囲内での夢に限定される。

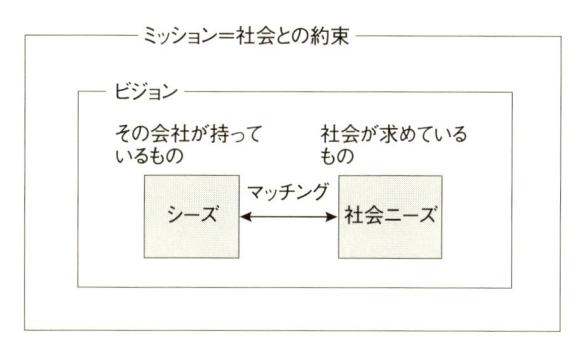

```
┌─── ミッション＝社会との約束 ───┐
│  ┌─ ビジョン ──────────┐  │
│  │ その会社が持って   社会が求めている │  │
│  │ いるもの           もの           │  │
│  │ ┌─────┐ マッチング ┌─────┐ │  │
│  │ │ シーズ │ ←────→ │社会ニーズ│ │  │
│  │ └─────┘           └─────┘ │  │
│  └──────────────────┘  │
└───────────────────────┘
```

このシーズと社会ニーズのマッチングは次のようなステップで進めていく。

（3） コアコンピタンスの定義

シーズと社会ニーズのどちらからアプローチするかと言えば、シーズである。社会ニーズは無限であり、シーズは有限である。シーズという自らを見つめ直すことがビジョン作成の第1ステップである。「我々は社会に対して何ができるのだろうか」というものである。

PART Ⅱ　イノベーションリーダーのオペレーション

　シーズとしては多くのものがあるが、このうちその会社が誇れるものをコアコンピタンスとよぶ。「あなたの会社の"売り"はなんですか」と聞かれて答えるものと言ってよい。就職面接などで聞かれる「あなたの長所は？」と同じ類いのものである。

　コアコンピタンスの出発点は組織の持っている能力である。この能力が事業を遂行し、それが経験となって蓄積される。その経験の積み重ねによって、その会社の看板のようなものを生む。そしてこれが蓄積されてブランドを生む。

　すし屋で言えば魚を見る目（能力）で、多くの食通を集め（経験）、「いつもネタが新鮮」というその店の評判（ブランド）を生む。

A（能力）		
	プロジェクト管理力	見積能力
		施工管理力
		品質保証力
	技術力	環境保全技術
		エネルギー管理技術
		計測・制御技術
	営業力	プラント提案力
		海外ネットワーク

⬇

E（経験）		
	エネルギープラント建設	天然ガスプラント建設
		電源設備プラント建設
		原子力発電所建設
	水資源プラント建設	ダム建設プロジェクト設計・施工管理
		工業団地用水供給設備建設

⬇

B（ブランド）		
	信頼性	納期厳守
		安全第一
		高品質
	ライフサイクルサポート	ソリューション提案
		自社保守によるプラント維持

この能力（Ability）、経験（Experience）、ブランド（Brand）の3つを見つけていくものを、その頭文字をとってAEB分析と言う。

たとえば、プラント建設を行っている会社の例で考えると前ページのようになる。

（4） ニーズ分析

① 顧客は誰か

自社のシーズとマッチングする社会ニーズを誰が持っているかと言えば、顧客である。ここでの顧客の定義は現在の顧客のみならず、ビジョン期間内に顧客となりうるものをすべて含めて考える。

ここでまず考えるのは「顧客は誰か」である。207ページで述べたとおり、顧客の定義は「自社の商品によってベネフィットを得る人」である。この顧客を見つけることがニーズ分析の第一歩である。たとえば先ほどのプラント建設会社で考えてみよう。この会社が「プラントを作る」というサービスを提供していると考えれば、顧客はプラント運営者（そのプラント建設というサービスを受ける主体）であろう。「プラント」という商品を売っていると考えれば、顧客はそのプラントの利用者である。この時、先ほどのプラント運営者は流通（商品を購入するがそれを使わない）とよばれる。そしてどちらがニーズを持っているかである。どう考えても最終的な利用者であろう。

185ページのドラッカーの寓話を思い出してほしい。石切工の顧客はやはり「教会利用者」であり、教会を作る建設業者は流通であろう。

食品メーカーの顧客は「それを食べる人」であり、食品を売るスーパー（流通）ではない。

この顧客ニーズが集まったものが社会ニーズである。

② 事業セグメント、顧客セグメント

顧客ニーズの構造を次のように考える。つまり顧客ニーズを自社商品のベネフィットでソリューションしていくというものである。

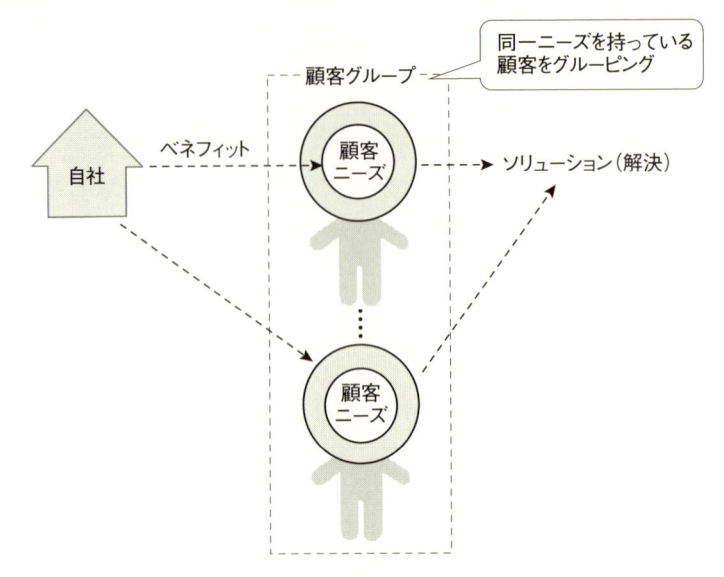

PART II　イノベーションリーダーのオペレーション

　ここで同一ニーズを持っている顧客をグルーピングして考えたい。しかし顧客が見つかっていないのでニーズが特定できていない。そこで、まずは自社商品・サービスのグルーピングを考える（これを事業セグメントとよぶ）。この事業セグメントについて、同一の使用形態をとると考えられる顧客を同一グループにする（これを顧客セグメントとよぶ）。

　多くの会社ではこの事業セグメントがすでに実施されているので、これに従ってもよい（もちろん組み直してもよい）。先ほどのプラント建設会社で言えば、エネルギー事業、設備プラント事業、社会インフラ事業、水資源事業といったものが事業セグメントである。

　顧客セグメントは都市住民、地方住民、大規模工場、オフィスビル、……といったものである。食品メーカーなら、朝食手抜型顧客、昼食弁当型顧客、夕食献立型顧客、夕食素材購入型顧客、……といったものである。

③　ニーズ予想

　セグメント化された顧客ごとに、そのニーズのキーワードを挙げてみる。ここでニーズは次の3つのタイプに分けられる。

第2章 戦略立案の変革

- **不満**（dissatisfaction）…顕在化されたニーズに対して、商品がすでに対応しているが、顧客が満足していないもの。値段が高い、スピードが遅い、味がまずい、……。
- **変化**（change）…顧客の環境変化により現れつつあるニーズ。地球環境の変化、技術進歩、ライフスタイルの変化、……。
- **潜在**（potential）…顧客ニーズはもともとあるのだが、それがソリューションされていない。あるいは顧客自身がそのニーズに気づいていない。モバイル（固定して使っているものを持ち歩きたい）、ガン予防策があることを気づいていない、……。

この3つのテーマから顧客セグメントごとにニーズを予想する。これをDCPニーズ分析と言う。

たとえば、先ほどのプラント建設会社で考えてみよう。

顧客セグメント	D：不満	C：変化	P：潜在
都市住民	低コスト 安全 高機能 …	省エネ エコロジー 介護 健康 東京オリンピック	アフリカ、インド、中東 モバイルコントロール 空気供給
地方住民	普及率 低コスト …	環境保全 新幹線 過疎化 介護	中国、東南アジア 温泉 地熱エネルギー
工場	低コスト エネルギーコントロール 高品質	海外移転 省エネ 環境保全	エネルギーインテグレーション リモート保守
一般企業	高機能 …	BCP 省エネ セキュリティ	エネルギーインテグレーション …

④ **事業・顧客マトリクス**

次に事業セグメントと顧客セグメントのマトリクス表を作り、各欄に上記ニーズを割り当てていく。各事業に想定したニーズをマッチングさせることである。

PART II　イノベーションリーダーのオペレーション

顧客＼事業	エネルギー事業	設備プラント事業	社会インフラ事業	水資源事業
都市住民	省エネ 低コスト インド、中東、アフリカ		空気供給 東京オリンピック	エコロジー 健康
地方住民	低コスト供給 地熱エネルギー 中国、東南アジア		新幹線 介護施設	多目的温泉
工場	エネルギーコントロール 環境保全	空気とエネルギーのインテグレーション 東南アジア		低コスト供給 環境保全
一般企業	エネルギーインテグレーション	BCP 空気とエネルギーのインテグレーション 総合セキュリティ	高速ネットワーク	

(5)　ビジョン作成

　上記プロセスで出たアウトプットをベースとして、これをビジョンにまとめる。ビジョンは大きく2つの部分に分ける。1つは会社全体のビジョンであり、もう1つは事業ごとのビジョンである。

　全体ビジョンはキーワードをベースとしてそのイメージを表現する。事業ビジョンも事業部門長（になる予定の人）が機能スタッフ部門長の協力の下で作成していく。いわゆる長期事業遂行計画である。

　ここでは各事業ごとにワーキンググループを作り、その事業イメージを作成する。そのうえでこのエッセンスをビジョンとして社会へディスクローズする。

　たとえば次のようなものである。

わたしたちの夢

　省エネ、安全、環境保全をテーマとして、社会基盤づくりをサポートし、世界中の子供たちが安心して未来を夢見る世界を創りたい。

事業の夢

1. エネルギー事業

　地球環境を守ること。これがわたしたちのエネルギー事業の原点です。

> わたしたちは、この地球環境を守るためにエネルギーインテグレーションを提案します。……
>
> 2. 水資源事業
>
> 世界、そして人類にとって最も大切な要素は水です。水は生活維持、ビジネス維持に必要なだけでなく、循環型社会形成の基盤となるものです。わたしたちはこの水資源事業において、世界共有資源管理を提案します。………………
>
> 3. 社会インフラ事業
> ……………………………………………………………………………

3 戦略ベクトル作成

戦略ベクトルとは、ビジョンという夢を達成するために、会社として進むべき方向を決めることである。戦略ベクトルには次のような要素がある。

(1) 基本ベクトル

ビジョンという夢は、前ページのように事業と顧客のマトリクスがベースとなっている。しかしその達成するための方向を考えるには、事業と顧客のどちらを優先するかということを決めなくてはならない。

126ページで述べたように、2つのことを一度には決められない。

事業と顧客のどちらが上流かと考えるのだが、むろんこれに答えはない。どちらを優先するべきかという道理もない。あるのは「どちらを優先する組織か」と言う基本的な理念である。したがって、これをミッションの企業理念か経営理念に入れてはっきりと明記する。「こう考える会社であり、これを変えたら別の会社だ」と思うなら企業理念、「現経営者としてこちらを優先させたい」と言うのなら経営理念に入れる。メッセージの主な相手は株主、投資家、顧客といった外部ステークホルダーではなく、組織内部の従業員に対してである。

何を思考の原点（思考ビュー、略して「ビュー」と表現する）に置くかという、まさに理念である。

ここで多くの会社は、すでにある企業理念、経営理念を振り返り、これに合意できるかを判断する。場合によっては創業者の作った創業理念やその組織結成の時の言葉を探してみたりする。

"技術の日立"なら、その第1ビュー（最初に見るもの）は顧客よりも事業であろう。パナソニックで言えば、松下幸之助の創業理念（「綱領」と表現している）は「産業人たる本分に徹し、社会生活の改善と向上を図り、世界文化の進展に寄与せんことを期す」であり、現経営者がWebサイトでメッセージ（経営理念に当たる）として「パートナーと共にお客様の『いいくらし』を拡げる」と宣言している。つまり顧客が第1ビューということである。

私のクライアント企業について見てみよう。アズビルは"山武"という社名を変更するとともにミッションも変更した。従来の「省」「savemation」という事業第1ビューの理念から、「私たちは『人を中心としたオートメーション』で、人々の『安心、快適、達成感』を実現するとともに、地球環境に貢献します。そのために私たちは、お客さまとともに、現場で価値を創ります。私たちは、『人を中心とした』の発想で、私たちらしさを追求します。私たちは、未来を考え、革新的に行動します」というグループ理念に変え、第1ビューをお客様、現場という顧客に置き、現場で顧客の長期パートナーになることを掲げている。

高砂熱学工業は社是（企業理念に当たる）を「人の和と創意で社会に貢献」とし、経営理念を「1. 最高の品質創りを重点に社業の発展を図り、社会に奉仕する。2. 全員の創意を発揮し、顧客ニーズに対応した特色ある技術を開発する。3. 人材育成と人間尊重を基本として人の和と品性を高揚する」としている。つまり経営理念でビューを事業→顧客→組織と順序づけている。

千代田化工建設は、経営理念を「総合エンジニアリング企業として、英知を結集し研鑽された技術を駆使してエネルギーと環境の調和を目指して事業の充実を図り、持続可能な社会の発展に貢献する」とし、経営ビジョンとして「千代田化工建設グループは、時代の要請を捉え、新しい時代を拓く価値を創造す

る、世界で最も信頼性の高いプロジェクト・カンパニーとしての地位を確立するとともに、高度なエンジニアリング能力を様々な分野で発揮し、『収益成長企業』として持続的に発展する」と訴えている。つまり事業を第1ビューとしている。

コカ・コーラウエストという会社はコカ・コーラウエストジャパンと近畿コカ・コーラボトリングという2つの上場会社が経営統合をし、そのうえで合併したものである。前者の会社の経営理念は「Our Total Happiness わたしたちは飲料ビジネスに徹します。企業価値の増大に努めます。お客さまのご満足を追求します。やりがいを大切にします。社会に貢献します」であり、「飲料ビジネス」という事業を第1ビューとしていた。後者の会社の経営理念は「さわやかさ創造企業」であり、顧客が第1ビューであった。そしてこの2つは経営統合して1つの企業グループとなり、そのグループの経営理念を「飲料ビジネスの未来を創造します」とした。つまり事業が第1ビューである。それからしばらくして両社は合併し、後者の会社から社長が誕生し、ミッションを変えた。合併後のコカ・コーラウエストは、企業理念として「飲料を通じて価値ある『商品、サービス』を提供することで、お客さまのハッピーでいきいきしたライフスタイルと持続可能な社会の発展に貢献します」とした。第1ビューが事業か顧客かはややわかりづらいが、長期経営構想2020という長計の中にウエストビジョンという名で「お客さまに愛され、株主・地域社会に愛され、社員が愛する会社へ!!」と書いている。つまりこの長計中は顧客が第1ビューということである。

経営塾などでクライアント企業の経営者予備軍に自社の理念についてディスカッションしてもらっているが、ほとんどすべての人がこれに合意している。そして皆がこう言う。「仕事をしていくうちに、自分たちに見失ってしまっていたが、これこそがうちの会社だ」

これが基本ベクトルである。

以降の戦略ベクトルのアプローチは事業が第1ビューか、顧客が第1ビューかによって異なる。この2パターンに分けて記述していくことにする。

PART II　イノベーションリーダーのオペレーション

（2）　事業が第1ビューのケース

ここではまずビジョンでセグメントした事業ごとに、その基本的方向（事業戦略ベクトル）を決める。そのうえで事業別に顧客戦略ベクトルを作成していく。この2つのベクトルは下流の2つのプロセスにフローする。1つは次のステップである経営目標作成であり、もう1つは資源の調達・配分である。

①　事業戦略ベクトル

これについてはボードメンバーが議論していくのだが、そのディスカッションツールとしてポジショニングマップという次のようなグラフを使う。

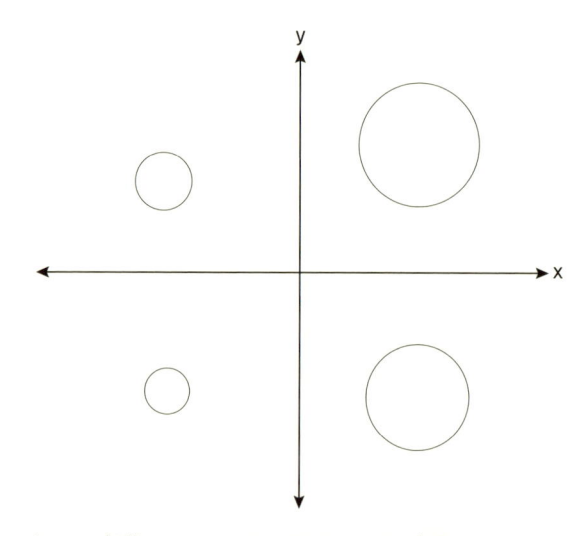

円に当たるものが事業セグメントであり、その事業を x 軸、y 軸、円の大きさという指標で考える。

事業戦略ベクトル作成においては、x 軸、y 軸に経営目標の指標となるものを選定する。一般的には利益、売上、キャッシュフロー、シェア、……といったものである。円の大きさには主力経営資源に当たるものを1つ選ぶ。これは一般に"ヒト"であろう。

ビジョンで例としたプラント建設の会社で考えてみよう。ここで円に当たる

第 2 章　戦略立案の変革

事業セグメントはエネルギー事業、設備プラント事業、社会インフラ事業、水資源事業である。x 軸、y 軸の経営目標であるが、x 軸に営業利益、y 軸に売上をとってみる（キャッシュフロー経営に移行するのであれば、営業キャッシュフロー、投資額が妥当である）。円の大きさはその事業に携わる従業員の人数とする。

　まずは現状の事業についてグラフを描いてみる。事業戦略ベクトル作成段階では組織変革がなされておらず、事業ごとの売上、営業利益、人数は計算されていないかもしれないが（たとえば、地域別組織になっていて、地域別の損益しか計算していない）、この場合でも"ざっくりと"計算してみる。事業戦略ベクトルというのは大体の方向を決めるということであり、"ざっくり"で十分である。

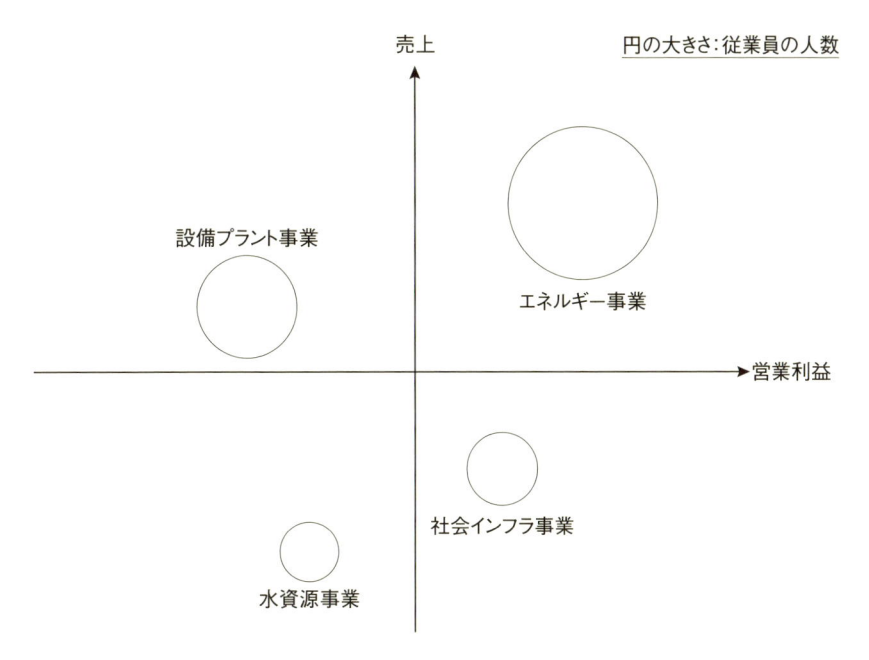

　x 軸、y 軸のレンジ（目盛り）の取り方は、各事業セグメントが上のように 4 つの象限に分かれるようにとる。

　そのうえで自然ベクトルというものを考える。これは各事業がどういうトレ

PART II　イノベーションリーダーのオペレーション

ンドにあるかというものである。つまりこのままの戦略で進めていくと、外的要因でどのように円が動いていくかである。たとえば、「エネルギー事業は従来どおり国内中心に事業展開した時、ほぼ需要は満たしている。一方、競争環境は韓国企業の日本進出で厳しくなっており、低価格化が進んでいる」という状況なら、エネルギー事業は売上、営業利益とも下向きと言える。この事業分析を各セグメントについて行い、自然ベクトルを下図のように引く（自然ベクトルをここでは点線で引いている）。

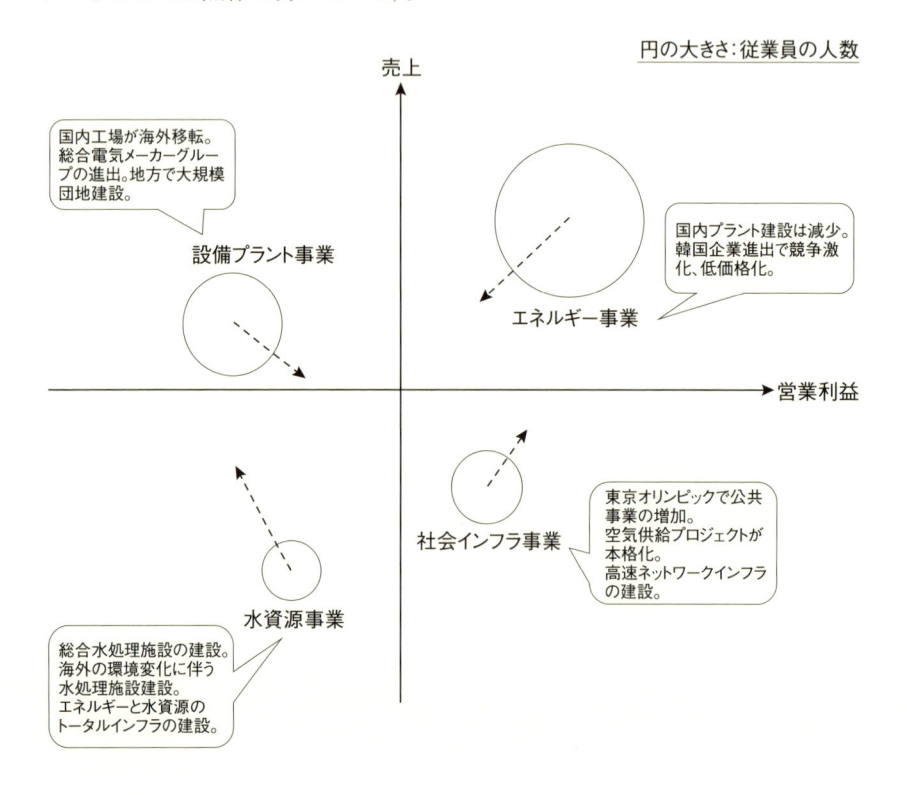

円の大きさ：従業員の人数

売上／営業利益の4象限図

- 設備プラント事業（左上）
  - 国内工場が海外移転。総合電気メーカーグループの進出。地方で大規模団地建設。
- エネルギー事業（右上）
  - 国内プラント建設は減少。韓国企業進出で競争激化、低価格化。
- 水資源事業（左下）
  - 総合水処理施設の建設。海外の環境変化に伴う水処理施設建設。エネルギーと水資源のトータルインフラの建設。
- 社会インフラ事業（右下）
  - 東京オリンピックで公共事業の増加。空気供給プロジェクトが本格化。高速ネットワークインフラの建設。

　次に戦略ベクトルを考える。これは「当社としてどうしたいか」という目標ベクトルである。つまり売上、営業利益をどう持っていきたいかである。これは各事業部門長がワーキンググループを作って考える。そしてその結果を次ページのように図示する。

第2章　戦略立案の変革

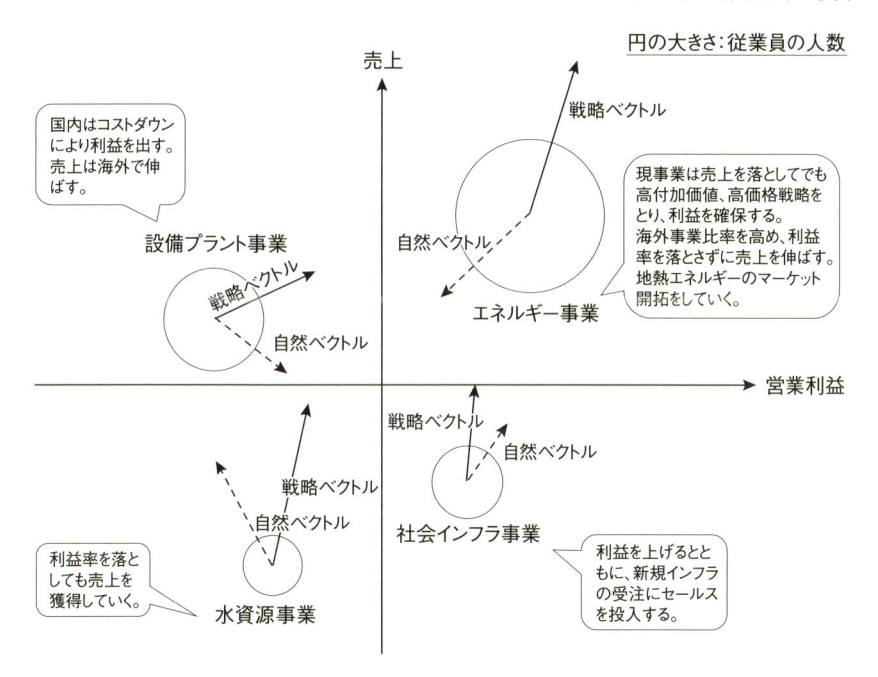

円の大きさ：従業員の人数

[図：縦軸「売上」、横軸「営業利益」の座標上に、4つの事業（設備プラント事業、エネルギー事業、水資源事業、社会インフラ事業）を円で表し、それぞれに戦略ベクトルと自然ベクトルが示されている。

- 設備プラント事業：「国内はコストダウンにより利益を出す。売上は海外で伸ばす。」
- エネルギー事業：「現事業は売上を落としてでも高付加価値、高価格戦略をとり、利益を確保する。海外事業比率を高め、利益率を落とさずに売上を伸ばす。地熱エネルギーのマーケット開拓をしていく。」
- 水資源事業：「利益率を落としても売上を獲得していく。」
- 社会インフラ事業：「利益を上げるとともに、新規インフラの受注にセールスを投入する。」]

　これは、各事業ごとに10年後の売上、営業利益を予測するのと同じである。つまり戦略ベクトルと自然ベクトルを合成させたベクトルによって、円の着地点を作ることになる。この作業は現場のマネジャークラスも入れたワーキンググループで行う。

　たとえば、エネルギー事業が1,200億円と予測されたとする。次にこれをベースとして営業利益の予測を行う。これには限界利益率というものを用いる。限界利益率とは「1円の売上に対していくら利益が上がるか」というものであり、一般の会社では売上総利益率（粗利率）がこれに当たると考えてよい。

　現在のエネルギー事業のP/Lが次ページの図の左のようになっていたとする。この時、売上総利益360億円なので、限界利益率は360÷900＝0.4となる。そのうえで10年後の限界利益率を予測する。やや落ちると考えて0.35とする。

　販売費・一般管理費（固定費）を345億円と予測すれば、予測利益は「1,200億円×0.35－345億円＝75億円」となる。

PART II　イノベーションリーダーのオペレーション

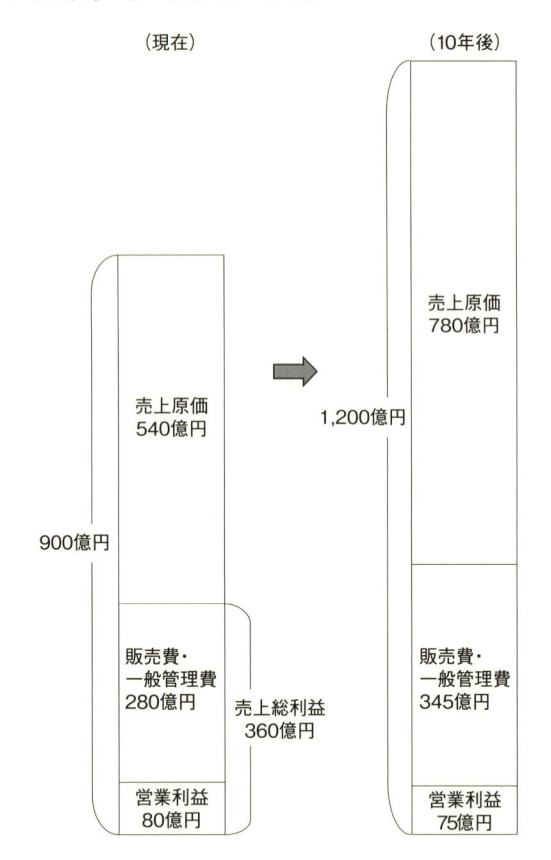

（現在）

900億円
- 売上原価 540億円
- 販売費・一般管理費 280億円 ／ 売上総利益 360億円
- 営業利益 80億円

→

（10年後）

1,200億円
- 売上原価 780億円
- 販売費・一般管理費 345億円
- 営業利益 75億円

これを4事業について行うと次のようになる。

事業	現在				10年後			
	売上	限界利益率	固定費	営業利益	売上	限界利益率	固定費	営業利益
エネルギー事業	900	0.4	280	80	1200	0.35	345	75
設備プラント事業	600	0.3	175	5	600	0.35	175	35
社会インフラ事業	300	0.45	75	60	500	0.4	125	75
水資源事業	100	0.5	40	10	500	0.45	200	25

第2章　戦略立案の変革

　これを先ほどのポジショニングマップに図示すると下図のようになる。太線は自然ベクトルと戦略ベクトルの合成であり、円がこのベクトルで動くことを意味している。

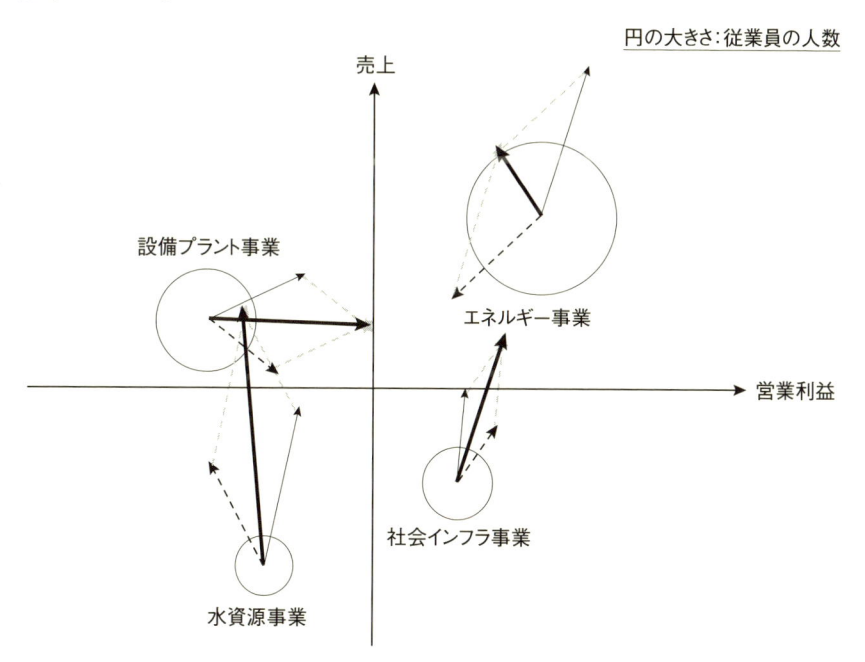

PART II　イノベーションリーダーのオペレーション

　この各戦略ベクトルを遂行するには経営資源（この場合ヒト）の配分調整が必要となる。この資源配分のベクトルを考える。

　たとえば、次のようなものである。⇒が資源配分ベクトルであり、円の大きさを動かすベクトルである。

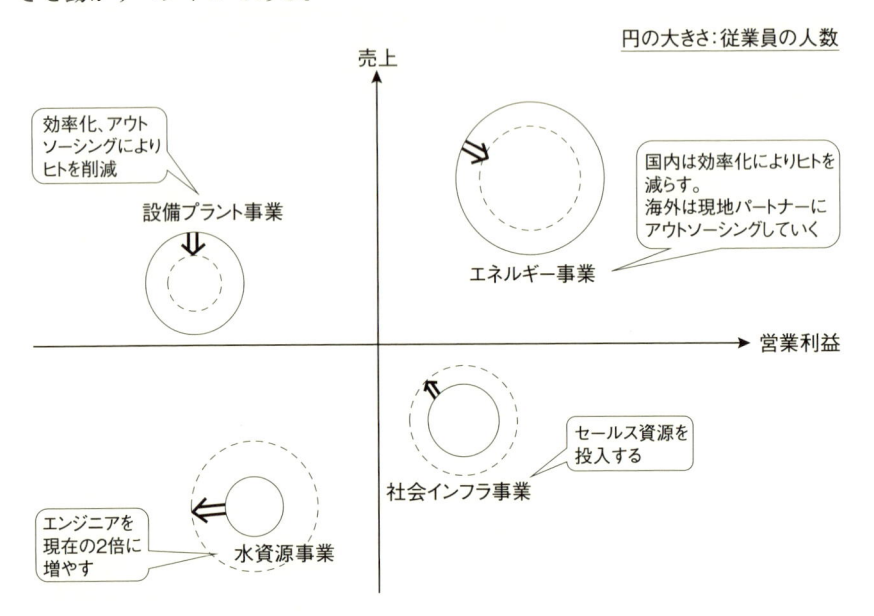

円の大きさ：従業員の人数

- 設備プラント事業：効率化、アウトソーシングによりヒトを削減
- エネルギー事業：国内は効率化によりヒトを減らす。海外は現地パートナーにアウトソーシングしていく
- 水資源事業：エンジニアを現在の2倍に増やす
- 社会インフラ事業：セールス資源を投入する

縦軸：売上　横軸：営業利益

第2章 戦略立案の変革

2つのベクトルによって、円の動き、円の大きさを下図のように図示する。点線の円が現在、実線の円が10年後である。

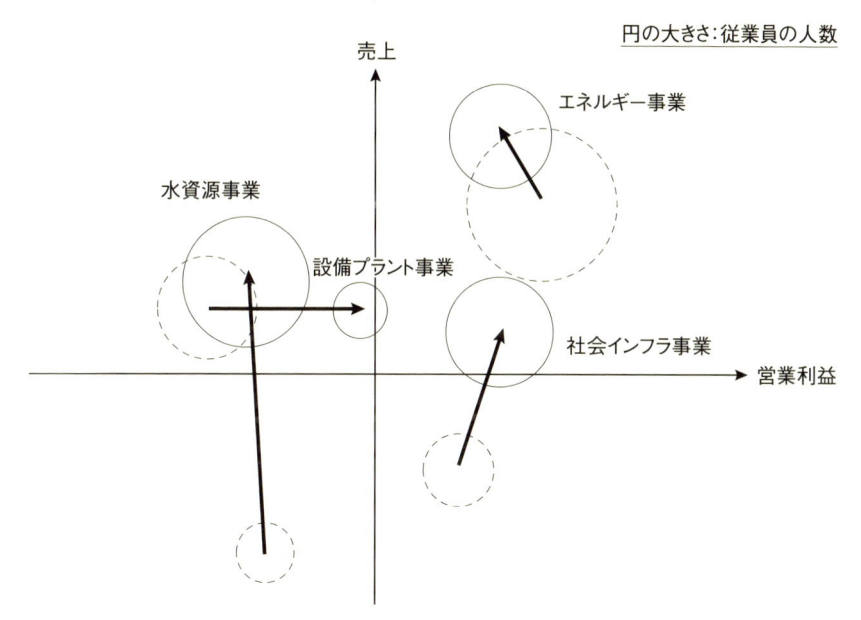

円の大きさ：従業員の人数

（図：縦軸＝売上、横軸＝営業利益。水資源事業、設備プラント事業、エネルギー事業、社会インフラ事業の4事業のポジションと変化をベクトルで示す）

これが長計を考える時の各事業のポジション（売上、営業利益、従業員の各事業への配分）となる。

これを事業ごとに表にまとめると次ページのようになる。

PART II　イノベーションリーダーのオペレーション

事業セグメント	現状 売上	現状 利益	自然ベクトル	戦略ベクトル	10年後 売上	10年後 利益	資源配分ベクトル
エネルギー事業	900億円	80億円	国内プラント建設は減少、韓国企業進出で競争激化、低価格化	現事業は売上を落としてでも高付加価値、高価格戦略をとり利益率を確保する　海外事業比率を高め、利益を落とさずに売上を伸ばす　地熱エネルギーのマーケット開拓をしていく	1,200億円	75億円	国内は効率化によりヒトを減らす　海外は現地パートナーとソーシングでアウトソーシングする
設備プラント事業	600億円	5億円	国内工場が海外移転。総合電機メーカーグループの進出、地方で大規模団地建設	国内はコストダウンで利益を出す　売上は海外で伸ばす	600億円	35億円	効率化、アウトソーシングによりヒトを削減
社会インフラ事業	300億円	60億円	東京オリンピックで公共事業の増加　空気供給プロジェクトが本格化　高速ネットワークインフラの建設	利益を上げるとともに、新規インフラの受注にセールスを投入する	500億円	75億円	セールス資源を投入する
水資源事業	100億円	10億円	総合水処理施設の建設　海外の環境変化に伴う水処理施設建設　エネルギーと水資源のトータルインフラの建設	利益率を落としても売上を獲得していく	500億円	25億円	エンジニアを現在の2倍に増やす
合計	1,900億円	155億円	―	―	2,800億円	210億円	―

第2章　戦略立案の変革

② **事業別顧客戦略ベクトル**

さらに各事業ごとに戦略ベクトルを考える。基本的にはその要素は顧客であり、ベースは230ページの事業・顧客マトリクスである。

この項目をベースに、事業ごとに顧客戦略ベクトルを考えていく。x軸、y軸、円の大きさという指標は事業・顧客マトリクスのニーズに基づいて選定する。たとえばエネルギー事業であれば、x軸を高付加価値（エネルギーインテグレーション）と低コスト、y軸を国内・海外の売上比率、円の大きさを売上として描いてみると次のようになる。

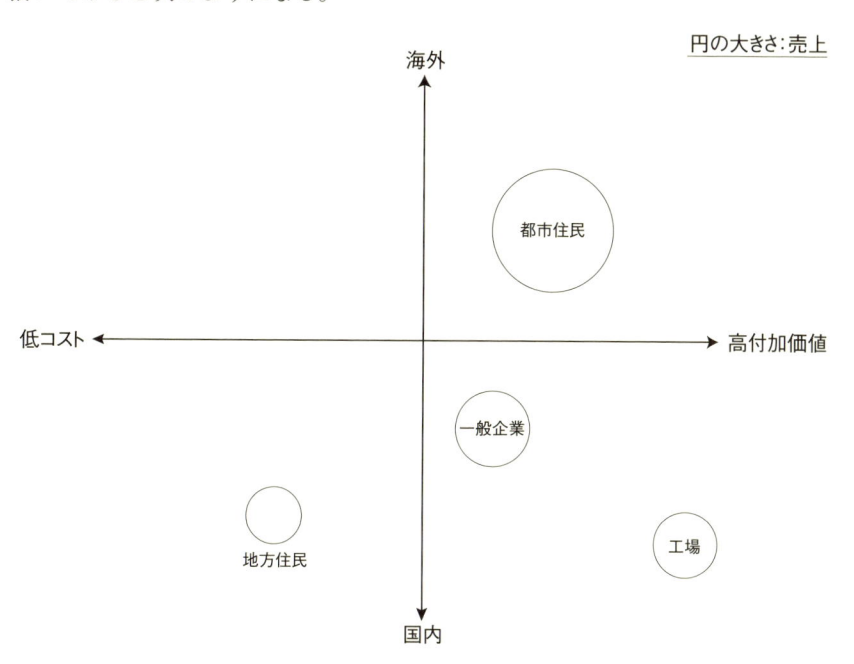

円の大きさ：売上

```
                       海外 ↑
                            |
                            |    ○ 都市住民
                            |
  低コスト ←─────────────────┼─────────────────→ 高付加価値
                            |
                            |  ○ 一般企業
                            |
            ○ 地方住民       |           ○ 工場
                            |
                       国内 ↓
```

そのうえで顧客戦略ベクトルを入れ、円を動かしてみる。

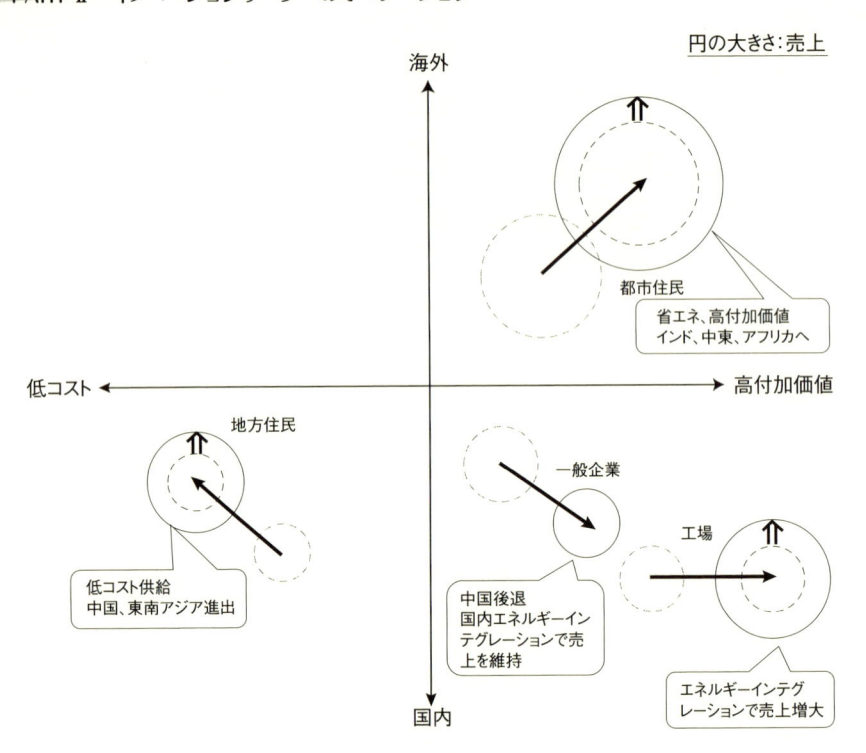

PART II　イノベーションリーダーのオペレーション

円の大きさ：売上

（ポジショニングマップ：縦軸「海外／国内」、横軸「低コスト／高付加価値」）

- 都市住民：省エネ、高付加価値　インド、中東、アフリカへ
- 地方住民：低コスト供給　中国、東南アジア進出
- 一般企業：中国後退　国内エネルギーインテグレーションで売上を維持
- 工場：エネルギーインテグレーションで売上増大

　このポジショニングマップをベースとして、ボードメンバーが戦略を議論していく。
　ポジショニングマップは戦略分析ツールではなく、ボードメンバーが立案する戦略のディスカッションツールである。

第 2 章　戦略立案の変革

（3）　顧客が第 1 ビューのケース

①　顧客戦略ベクトル

（2）の事業戦略ベクトルを顧客セグメントにて行う。たとえば、先ほどのプラント建設会社で考えれば次のようなものである。

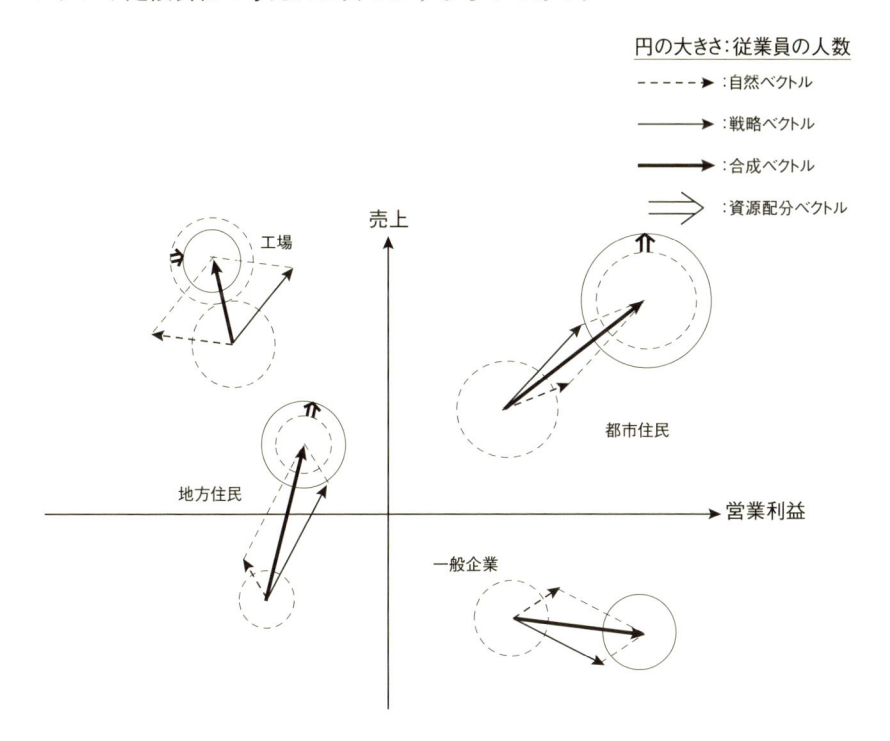

②　顧客別事業戦略ベクトル

これも同様に顧客別に事業 – 顧客マトリクスから事業戦略ベクトルを作る。たとえば上の「都市住民」についてやってみよう。

245

海外　　　円の大きさ：売上

エネルギー事業

低コスト ─────────────── 高付加価値

社会インフラ事業　　水資源事業

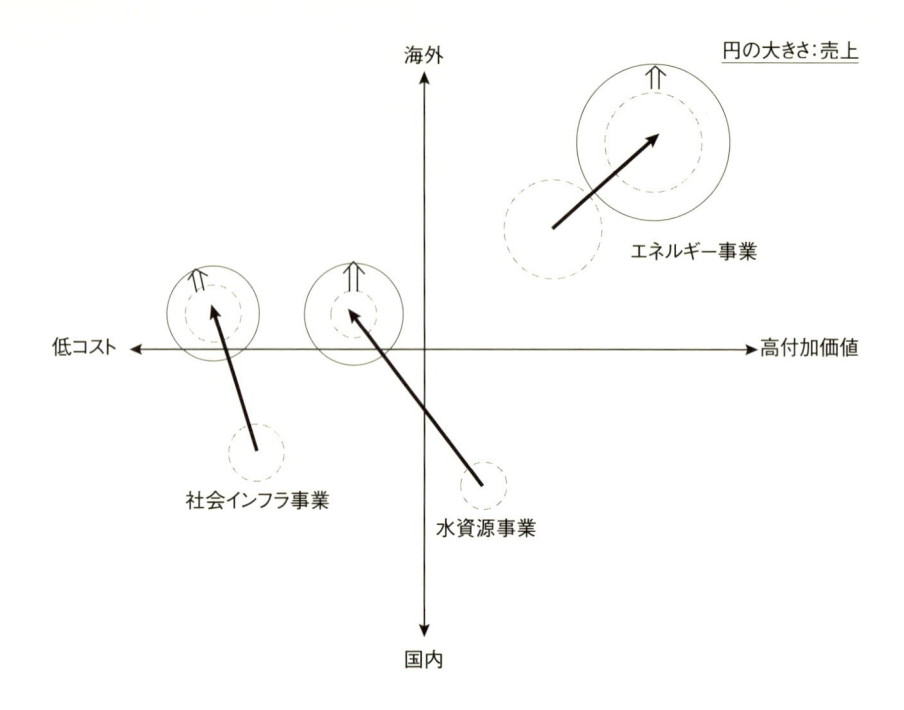

国内

（4）　組織戦略ベクトル

　事業戦略ベクトル、顧客戦略ベクトルとともに、組織としての進むべき方向を決めなくてはならない。これが組織戦略ベクトルであり、「組織をどのように変革していくか」というイノベーションリーダーの意思である。そのベクトルは戦略であるから、むろんどれが正しいといったものではない。組織メンバーがどの方向なら合意しうるかということを"ものさし"として、ボードメンバーが経営者として意思決定するものである。したがって、前述の経営戦略委員会で従業員の各層の代表者の意見も聞くことが求められる。

　組織戦略ベクトルは理念であり、組織の未来の夢と言ってよい。だからミッション、ビジョンにここで決めたことを入れていくのが一般的である。

　組織戦略ベクトルは多くのディメンジョンを持っている。このディメンジョ

ンごとにそのベクトル（方向）を決めていく。ディメンジョンとしては次のようなものが考えられる。

① 変革か保守か

　組織戦略ベクトルの第1は、変革（変える）か保守（変えない）かを決めることである。むろん、イノベーションリーダーであるので変革を選定する。そしてイノベーションリーダーにとって最大の変革対象は組織である。変革とは「過去を反省することではなく、未来を考えること」である。

　組織戦略ベクトルは改善ではなく変革である。「良いものは残し、悪いものは変える」。これは改善である。現状の組織の問題点（上記の「反省」）を解決するものではなく、未来の組織を創ることである。そして116ページで述べたとおり、従業員だけを残し、あとはすべて捨て、未来の姿を描くことである。そしてその姿に対して「今と比べてどうか」という視点を持たないことである。

　A（現状）という組織からB（変革）という組織へ変えると、必ず組織内から不満が出る。それはAで働きやすかったのに、Bに変わって働きづらくなったという人がいるからである。組織で働くすべての人にベストな働く環境など作れるはずもない。もちろんBには問題点がたくさんあるが、Aにだって問題点はたくさんあったはずである。

　組織全体を考えてイノベーションリーダーがBと決めたのなら、誰かの不満によってB´に改善してはならない。B´でも必ず不満は出るし、これを改善してB´´とやっていけば組織はどんどん悪化していく。家で言えば、全体最適化を図ってきちんと設計して作ってから、キッチンが狭いからと言って広くすれば、リビングが狭くなり不満が出る。

　イノベーションリーダーにとって大切なことは、Bと決める前にその不満（問題点）を知っておくことである。そしてそれによってBを変えるのではなく、なんとかその問題点をBのままで解消する方法がないかを考える。132ページで述べたように、案の選定時に「起きうるリスク」をとらえておき、これをヘッジすることを考える。たとえば、機能別組織（営業本部、生産本部、……）を事業別組織（226ページの会社ならエネルギー事業部、社会インフラ事業部、

……）に変革すると決めたら、とりあえずその「組織でやってみる」のではなく、そこでどんな問題が出るのかを前もって考えてみる。たとえば事業ごとにセールスマンがいることで、「同じ顧客にセールスマンが２人行ってしまう」というリスクをつかみ、「事業部を越えた営業本部を作り、ここで調整する」とヘッジしていく。

Bに変革した後で予想もつかないいろいろな問題点が出てきたら（環境変化で起きることもある）、その問題点を改善していくのではなく、もう一度ゼロベースで組織を考え、Cに変革することである。

組織は全体設計なしに個別最適化を図れば、問題点としてさらに深刻なものが生まれてくる。

② 競争か和か

組織内のメンバーを競争させるのか、それともチームワークを重視するのかといったことである。この組織戦略ベクトルは人事評価、昇格、給与などに大きな影響を与える。

従来からなんとなく持っていた仮説がある。それは「人は競争させると切磋琢磨して業績、能力が向上する」というものである。この仮説を多くの人は否定できないと思う。一方、競争志向には問題点がある。それは組織目的である能力よりも、はっきりと形の出る業績を競争してしまうことである。こうなると、組織として幸せになれることでも、個人の業績に結びつかないものはやろうとしなくなる。また「能力の競争」も必ずしも幸せとは限らない。たとえば、競争は相対的な評価を求めるものであり、突き詰めて考えれば自分の能力が上がり、他人の能力は上がらないのがベストという構造となってしまう。187ページで述べたように、組織の行う最大テーマは人材育成（誰かが誰かを育てる）であり、この「他人の能力の向上を図る」という仕事から見ると、「競争」は大きな問題となってしまう。

そう考えていくと、やはり「和」をベースとするのがイノベーションリーダーのとるべきベクトルだと思う。

以前少しだけ付き合った会社の社訓に「人生は勝者にとっては楽しく、敗者

にとっては悲惨な道だ」というものがあった。その会社の人事評価は社訓どおり業績中心であり、結果を出した者のみが上がっていくという組織（私の印象であり、必ずしもそうなのかはわからないが）であった。その会社と少しの間付き合ってみて感じたのは、「確かに組織として業績は出しているが、随分ギスギスした会社だなあ」というものであった。一方、前述の高砂熱学工業は「人の和と創意で社会に貢献」という社是を持っている。そしてこのミッションについて議論してもらうと、多くの人が「人の和、これこそ我が社だ」と合意している。そして自分たちがいつの間にか組織内の競争（××支店には負けたくない）に陥ってしまったことを反省し、組織として今何をなすべきかを考え始める。

難しいテーマではあるが、変革を志向するイノベーションリーダーなら「和」というベクトルを選択し、変革に伴う痛みを皆で分かち合って夢を共有することであろう。そうすれば自然とイノベーションリーダー自身も「俺が、俺が」というタイプではなく、「組織全体の幸せを願う人」が選ばれ、ボードも「和」をベースとした協調性の高いものになっていくはずである。

③ 能力主義か成果主義か

次に考えなくてはならないことは、能力と業績のどちらを優先させるかである。つまり能力主義か成果主義かということである。これは片方だけを追いかけるということではなく、トレードオフの関係になっている時、どちらを優先させるかということである。

たとえば、ある特定の仕事を行うポストに誰を就かせるかという時にA、B2人の候補者がいたとする。Aは未経験者で、彼がやれば業績は出ないかもしれないが、その仕事をやることで能力が上がる。一方、Bはその仕事の経験者であり、能力も高く、業績はAよりも上がると考えられる。しかしBにとってこの仕事はもう「できる仕事」であり、能力は上がらない。この時、組織としてA、Bのどちらをそのポストに配置するかである。

ここで「業績」を優先させれば、Bにそのポジションを与える。これが成果主義である。

居酒屋などをチェーン展開するワタミグループは「グループ社員の仕事に対する心構え」の中で「勝つまで戦え、限界からあと一歩進め、結果がすべてである」と書いている。つまり業績第一である。

しかし従業員ガバナンスであり、変革を志向し、本書のこれまでのベクトルに合意しているイノベーションリーダーなら、躊躇なくAを選ぶ。そしてBには新しい仕事のチャンスを与える。今日の業績よりも明日の業績向上（＝能力向上）が優先され、組織全体の能力が上がることにもなる。これが能力主義という組織戦略ベクトルである。

能力主義とは、業績を上げるために能力を上げるものではない。従業員の能力を上げることが組織の（皆が集まった）目的であり、その結果を測定する手段として業績を使う。

この能力主義の理念はミッションに取り入れることが求められる。つまり組織内に徹底するだけでなく、パブリック・リレーションズの1つとしてとらえるべきである。能力主義、すなわち「今日の業績よりも明日の業績を上げる能力にカネが配分される」ということを社会、特に株主、投資家に訴え、合意してもらう必要がある。

④　年功序列

従来、日本企業は年功序列という理念を持っていた。勤続年数によって昇格、昇給していくものである。これを多くの会社はなぜか「悪」と考え、若手抜擢を掲げている。私は外から会社を見ているが、この若手抜擢をやったほとんどの会社で組織のムードは逆にダウンし、業績もそれほど上がっているとは思えない。若手抜擢のねらいは「組織の活性化」と言われるが、それによって活性化した会社を見たことがない。ただ会社として誕生した時から若手抜擢型で、他社に比べ活気のある会社は見たことがある。その違いとして考えられるのは、前者（年功序列→若手抜擢へ変えた）は、その組織戦略ベクトル変更に従業員の合意が得られていないことである。そのため抜擢された若手は突然の昇格に戸惑い、自分の部下に年上、先輩のいることでストレスを溜め、抜擢されなかった若者にはこれまではなかった不信や不満（これまでは年功で一緒に昇格して

いた）が生まれ、若手が抜擢されることで本来は昇格できるはずのベテランはポストを奪われてやる気をなくし…といったものである。

　では変革時に年功序列のベクトルに回帰するべきか？　答えはノーである。組織においては「適材適所」が原則である。これは理念（そう考える）ではなく道理（当然のこと）である。経験を重ねるだけで次のポストに就くというのはこれに反している。もちろん「若手」という年齢だけで昇格させるのもこれに反している。

　また会社が成長していく中での年功序列では、上位ポスト（管理職）をどんどん増やすことができたが、変革を志向する成熟企業ではこれができない。つまりプレイヤーから管理職に昇格するというビッグイベントに関して、そのポストを用意できない。そのため担当課長（仕事はプレイヤーであるが待遇は管理職）という不思議なポストを作らざるを得なくなる。ここで少しでも業績が悪化すると、直間比率（この場合はプレイヤーと管理職の比）が高すぎる（管理職が多すぎる）と、社会（特に投資家）から指摘され、リストラ（中高年管理職の早期退職勧奨）をせざるを得なくなってしまう。

　結論から言えば年功序列をとることは難しい。だからと言って若手抜擢というのも問題がある。ここに用いられるのは理念ではなく道理である。つまり「適材適所」である。先ほどの例で言えば管理職に向いている人は管理職、プレイヤーに向いている人は年齢が上がってもプレイヤーというものである。そしてこれをうまく進める潤滑油を考える。たとえば、課長という名前をやめてマネジャーにするといったことである。課長は「長」であり、目上－目下の関係を生む。マネジャーは「マネジメントをプロとして担当する人」であり、マネジメントは「プレイヤーが仕事をやりやすい環境を整える」という仕事である。つまりマネジャーとプレイヤーは仕事の分担である。この経営者の意思を、ネーミングを通して組織へ伝えていく。

⑤　創造力と論理性

　創造力と論理性は、一人ひとりを見ると「両方同じくらい」ということはない。つまり、その人の能力を相対的に見て「創造力が高い人」と「論理性が高

い人」という2つのタイプに分けられる。この2つのタイプを、どのように配置していくかという基本的なベクトルが必要である。

　変革に強く求められるのは創造力である。ここでの組織設計は、上司と部下ではなく、「支援する人」（「サーバー」と表現する）と「支援される人」（「クライアント」と表現する）とモデル化する。そして変革時にはクライアント側に創造力、サーバー側に論理性を求める。変革の先頭に立つプレイヤー（商品開発、マーケティング、……）をクライアント、これを支援するマネジャーをサーバーとして設計する。したがって、変革プレイヤーには創造力の高い人を、そのマネジャーには論理性の高い人を配置していく。もちろん限られた組織メンバーの中でやっていくのだから、すべてこのとおりにはできない。ただこの「クライアントには創造力、サーバーには論理性」というベクトルを組織に持つことである。

　創造力の高いプレイヤーが多い営業部門には論理性が高いマネジャーを置き、その部門長には創造力の高い人を置く。論理性の高いマネジャーがプレイヤーとともに部門長を支援すると考える。つまり営業部門長＝クライアント、営業マネジャー＝サーバーである。こうして創造的な営業戦略を部門長が立案し、その戦略をうまく計画としてまとめること（論理性が求められる）をマネジャーが行う。

　ボードメンバーでは、事業部門長（創造力）を機能部門長（論理性）がサポートするといったものである。

　そう考えると自ずと変革のリーダーたるトップはクライアント（創造力）、トップサポート（経営スタッフ）はサーバー（論理性）として設計していくことになる。

⑥　意欲

　変革を志向するのであるなら、組織の各メンバーの持つ「変革への意欲」を組織戦略ベクトルに組み込んでいきたい。

　しかしこれはいくつかの課題を抱えている。

　1つは「今の仕事に満足してがんばっている人」をどう考えるかである。変

革とは組織メンバーの仕事を変えることになる。この時に次の新しい仕事への意欲を感じない人も必ず出てくる。

　これについては「その仕事を理解していないので、意欲を持てない人もいる」という仮説を持つ。だからその人が担当するかもしれない"次の仕事"の魅力を、組織としてきちんと伝え、その意欲を確認するというのが常道であろう。たとえばプレイヤーを変革マネジャーにするのなら、プレイヤーとしての仕事に満足している人に変革マネジャー養成セミナーを受講させ、変革、マネジメントという仕事を理解させ、そのうえで新しい変革マネジャーという仕事への意欲を問う（変革マネジャーをやりたいか）というものである。

　もう1つの課題は「意欲」をどう評価するかである。つまり「意欲があるか、ないか」をどう判断するかである。たとえばマネジャー昇格で、口に出して表情に出して「マネジャーになりたい」という人と奥ゆかしく心に秘めている人がいた時、これをどう評価するかである。これは、性格の出やすい面談ではなく、レポートなどにより、心の中の意欲を公平に判断可能な評価ツールを使うべきであろう。

　結論として、イノベーションリーダーであれば組織戦略ベクトルに「意欲のある人に求めるポストを」という理念を持つ。

4　経営目標作成

（1）　年度目標

　事業戦略ベクトル立案時に、売上、利益といった長計のゴール目標は事業ごと（顧客ごと）に算出されている。

　ただ長計作成時点で、各年度の目標を作らなくてはならない。会社によっては10年長計を作り、ここには10年後のゴール目標だけを書き、この中を3年、3年、4年くらいの3つの中計に分け、第1次中計だけに年度目標を持つという形をとることもある。つまり10年目のゴール目標と、1年目、2年目、3年目の目標だけを作るというものである。

PART II　イノベーションリーダーのオペレーション

　イノベーションリーダーは 40 ページで述べたとおり、基本的には長計期間の任期を担うと考える。そうなると長計期間中の各年度目標を作らないとつじつまが合わない。現状において、株主・投資家に約束する年度目標は売上と利益がその中心となっている。

（2）　売上目標

　238 ページの表を使って考えてみよう。売上目標は既存事業（顧客が第 1 ビューなら既存顧客）と新規事業（新規顧客）の 2 つに分けて考えるのが一般的である。

①　既存事業（既存顧客）
　基本的には 10 年間を一定の伸び率と考えてみる。エネルギー事業は現在 900 億円で、10 年後は 1,200 億円なので 10 年間で 1,200÷900＝1.33 の伸びである。これを 10 年間かけて伸ばしていくのだから $\sqrt[10]{1.33}$＊ ≒ 1.03、つまり毎年 3％ずつ伸ばせばよい。

②　新規事業（新規顧客）
　新規事業は参入当初は伸びが低く、その後伸びることが多い。そこで 2 段階くらいに分けて考える。

　水資源事業であれば前半 5 年と後半 5 年で考える。10 年間で 500 億÷100 億＝5 倍なので、平均伸び率は $\sqrt[10]{5}$＝1.174……。

　そこで前半 5 年を 10％の伸びと考える。5 年間で $(1.1)^5$ ≒ 1.61 倍となる。残り 5 年間で 5÷1.61 ≒ 3.1 倍にするので、$\sqrt[5]{3.1}$ ≒ 1.25、つまり後半 5 年間は毎年 25％の伸びとなる。

　これを一覧表にすると次ページの表のようになる。

第2章　戦略立案の変革

事業	現在	1年目	2年目	3年目	4年目	5年目
エネルギー資源事業	900	927(1.03)	955(1.03)	983(1.03)	1013(1.03)	1043(1.03)
設備プラント事業	600	600(1.00)	600(1.00)	600(1.00)	600(1.00)	600(1.00)
社会インフラ事業	300	315(1.05)	331(1.05)	347(1.05)	365(1.05)	383(1.05)
水資源事業	100	110(1.10)	121(1.10)	133(1.10)	146(1.10)	161(1.10)
合計	1900	1952(1.03)	2007(1.03)	2063(1.03)	2124(1.03)	2187(1.03)

事業	6年目	7年目	8年目	9年目	10年目
エネルギー資源事業	1075(1.03)	1107(1.03)	1140(1.03)	1174(1.03)	1200(1.02)
設備プラント事業	600(1.00)	600(1.00)	600(1.00)	600(1.00)	600(1.00)
社会インフラ事業	402(1.05)	422(1.05)	443(1.05)	470(1.06)	500(1.06)
水資源事業	201(1.25)	252(1.25)	315(1.25)	393(1.25)	500(1.27)
合計	2278(1.04)	2381(1.05)	2498(1.05)	2637(1.06)	2800(1.06)

（　）内は前年比

* $\sqrt[10]{1.33}$ は「何を10回掛けたら1.33になるか」ということ。$\sqrt[10]{1.33} = 1.33^{\frac{1}{10}}$なので、エクセルの指数計算の関数「POWER」を使えば計算できる。数値の欄に「1.33」、指数の欄に「1/10」と入れれば1.0289……と出る。

（3）　利益目標

利益については237ページで述べたように限界利益率、固定費を予測しながらこれを行う。たとえば次ページのようなものである。

PART II　イノベーションリーダーのオペレーション

事業		エネルギー資源事業	設備プラント事業	社会インフラ事業	水資源事業	合計
1年目	売上	927	600	315	110	1952
	限界利益率	0.4	0.31	0.44	0.49	0.38
	固定費	290	175	80	50	595
	営業利益	81	11	59	4	154
2年目	売上	955	600	331	121	2007
	限界利益率	0.39	0.31	0.44	0.49	0.38
	固定費	300	175	85	10	570
	営業利益	72	11	61	49	193
3年目	売上	983	600	347	133	2063
	限界利益率	0.39	0.32	0.43	0.48	0.38
	固定費	310	175	90	90	665
	営業利益	73	17	59	−26	123
4年目	売上	1013	600	365	146	2124
	限界利益率	0.38	0.32	0.43	0.48	0.38
	固定費	320	175	95	110	700
	営業利益	65	17	62	−40	104
5年目	売上	1043	600	383	161	2187
	限界利益率	0.38	0.33	0.42	0.47	0.38
	固定費	330	175	100	130	735
	営業利益	66	23	61	−54	96
6年目	売上	1075	600	402	201	2278
	限界利益率	0.37	0.33	0.42	0.47	0.38
	固定費	340	175	105	140	760
	営業利益	58	23	64	−46	99
7年目	売上	1107	600	422	252	2381
	限界利益率	0.37	0.34	0.41	0.47	0.38
	固定費	345	175	110	150	780
	営業利益	65	29	63	−32	125
8年目	売上	1140	600	443	315	2498
	限界利益率	0.36	0.34	0.41	0.46	0.38
	固定費	345	175	115	160	795
	営業利益	65	29	67	−15	146
9年目	売上	1174	600	465	393	2632
	限界利益率	0.36	0.35	0.41	0.45	0.38
	固定費	345	175	120	180	820
	営業利益	78	35	71	−3	180
10年目	売上	1200	600	500	500	2800
	限界利益率	0.35	0.35	0.4	0.45	0.38
	固定費	345	175	125	200	845
	営業利益	75	35	75	25	210

　最後にミッション、ビジョン、戦略ベクトル、経営目標を長計としてまとめ、これを社会へ発表し、株主を中心とした各ステークホルダーの合意を得る。

第3章

資源の調達・配分の変革

PART II　イノベーションリーダーのオペレーション

　ここではヒト、モノ、カネ、情報といった経営資源別に調達・配分の具体的な方向を決めていく。ただ各経営資源が絡み合っているので、次のようなステップで進めていくのがノーマルである。

1 ヒトの調達・配分

ヒトの調達・配分は前記の組織戦略ベクトルをベースとして進めていく。

（1）　ヒトの調達

ヒトの調達については採用と、マイナスの採用と言える退職の2つについて設計する必要がある。

① 採用
（ⅰ）　採用のベクトル
（a）期間

　経営塾などで自社の採用業務についての意見を聞くと、「即戦力を中途採用で欲しい」という意見が挙がることが多い。しかし一般的な労働契約は1年ごとに更新するものではなく、期間の定めのないものであり、後述するように定年に達するまで働くのが原則である。つまり、今だけを見つめて「人手が足りない」という理由で採用することはあり得ない。今は人手が足りなくても、しばらくすると仕事が減っていく可能性があれば、現在のメンバーでがんばって残業してでもその仕事をこなしていくのが基本であろう。ヒトを採用する時は、将来にわたってリストラ（人余り現象）という不幸な意思決定（投資家が求めても）は絶対に避ける必要がある。

　採用は長期的な人材計画である。つまりイノベーションリーダーの作る長計の1項目となる。10年の長計を考えるなら10年後の組織を計画する。これは10年の間にどれくらいの人数が退職し、どれくらいの売上、利益を達成することを計画するのか、そのために必要な人数、能力は…と考えていく

第3章　資源の調達・配分の変革

ものである。

（b）新卒か中途か

これまでの日本企業では学校を卒業した人をその年に採用するという新卒採用が基本であった。そして会社に人手不足の感が出ると、中途採用（他社での勤務経験者を採用する）で調整するというのが一般的な姿であった。

この新卒か中途かを考える時、大切なポイントは給与体系である。後で述べるように年功給はどうしても必要である。年功給はその会社に何年勤務したかによって支払われる給与である。中途採用では、一般に「その仕事ができる人」を雇うことが多く、給与体系も新卒とは異なる形となっている。しかし年功給と矛盾してしまう。中途採用者が他社で働いてきた期間を年功給に組み込むことは、後述する年功給の性格から考えてつじつまが合わない。

そうなると新卒採用、中途採用という識別をなくし、いわゆる初任給（最初の給与ベース）は同じで、仕事ができるようになった時点（新卒なら新人教育終了後、中途採用ならすぐに）で、その能力に見合った能力給が支給されるという形をとるべきである。

（c）職種別採用か総合採用か

たとえばメーカーであれば、営業職、技術職、スタッフ職といった形で職種別に採用するか、それとも採用してから職種を決めるかという「採用する形」を考えなくてはならない。

これは総合採用（職種を決めずに一括で採用）が基本であろう。能力主義で適材適所をベースとし、ヒトは組織の中で配置されていく。そしてヒトは定年まで働く。つまりその会社に30年以上働くことを前提として考えなくてはらない。入社時の能力、本人希望（営業がやりたい）で30年にもわたる仕事を決めるわけにはいかない。入社時（大学卒なら22歳くらいの時）に少しだけ見える能力からの適性、そして働いてもいない仕事の希望よりも、働いてから見せる能力、働いたうえでの希望の方が大切なことはわかると思う。

また状況に応じて営業、技術、スタッフといった職種の人数バランスを変えていくことが必要であり、ビジネスモデル自体を変革していくことも当然

予想される。さらには「組織の和」を組織戦略ベクトルにするのであれば、組織の成果は組織メンバー全員で協力して出していくものとなる。

そう考えれば総合採用とし、かつ職種間異動を可能なものとして組織設計するのが当然であろう。

(ⅱ) 採用人数
(a) マネジメントの期待感

経営者の仕事であるヒトの調達において、「何人採用するか」（正確には「したいか」）は最大の意思決定事項と言ってよい。経営塾でのディスカッションでは「若い人をどんどん採用してほしい」という意見も多く挙がる。

ここで大切なことは「付加価値分配率を一定にして給与総額が決まる」というモデルを採用していることである。このモデルの下で、付加価値にはすぐに貢献しない人を採用すれば、その瞬間は組織内にいる人たちの給与は下がる。まずこれを経営者がマネジャー、プレイヤーに理解させる必要がある。そして新入社員の給与分は今のメンバーが稼ぎ、いずれ新入社員が戦力となり、自分たちとの間にシナジーを生み（和の原点）、将来の自分たちの給与も上げていくという期待感を持ってもらう。そのためにはこの期待感を持った人をチームリーダーたるマネジャーに配置していくようにする。

(b) 募集人数

募集してから採用するのであるから、最初に募集人数を決めておく。これについては私の過去の著書でも述べたが、付加価値分配を前提としたモデルを採用して長計を作成する。

長計スタートを0年として、まずは1年目の募集人数を考える。ここでは長計に目標として掲げた利益から、1年目の目標付加価値額（V_1）を計算し、0年目（V_0）から1年間でどれくらいの伸びとなるかを計算する（$r_1 = \frac{V_1 - V_0}{V_0}$）。そのうえで1年でどれくらいの生産性の伸びを期待するか（p_1）を考える。生産性とは「1人あたりの付加価値額」である。

この条件で以下のように募集人数を決める。

第3章　資源の調達・配分の変革

S_0…0年目（現在）の総メンバー数　　S_1…1年目の総メンバー数
V_0…0年目の付加価値額　　　　　　V_1…1年目の付加価値額
m_0…0年目の退職見込み数　　　　　n_1…1年目の募集人数
p_1…1年目に期待する生産性の伸び率
r_1…1年目に期待する付加価値額の伸び率

とおけば次のような式となる。

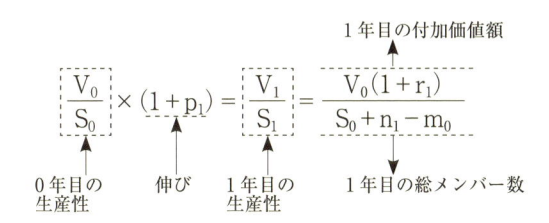

$$\underbrace{\frac{V_0}{S_0}}_{\text{0年目の生産性}} \times \underbrace{(1+p_1)}_{\text{伸び}} = \underbrace{\frac{V_1}{S_1}}_{\text{1年目の生産性}} = \frac{\overbrace{V_0(1+r_1)}^{\text{1年目の付加価値額}}}{\underbrace{S_0 + n_1 - m_0}_{\text{1年目の総メンバー数}}}$$

これを解くと次のようになる。

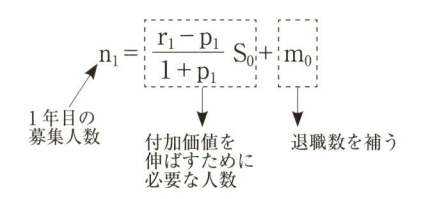

$$\underbrace{n_1}_{\text{1年目の募集人数}} = \underbrace{\frac{r_1 - p_1}{1+p_1} S_0}_{\substack{\text{付加価値を}\\\text{伸ばすために}\\\text{必要な人数}}} + \underbrace{m_0}_{\text{退職数を補う}}$$

同様に2年目、3年目、……と長計期間中の募集人数を計画する。

長計で各年度利益、給与を設計し、付加価値を計算すれば、上記の式で募集人数は設計できることになる。

（c）応募人数

当たり前の話だが、募集人数と応募人数は一致しない。ここでは2つのケースが考えられる。

1つは募集人数＜応募人数である。就職氷河期が続く近年では大企業でよく見られる現象である。この時は相対評価*で採用を決める（より優秀な人を採用する）のだが、絶対評価的要素も取り入れる。つまり採用のMUST条件を決めることである。MUST条件は採用するための最低条件であり、

このMUST条件を満たす応募者が募集人数より少なくても採用はしない。

もう1つは募集人数＞応募人数の時である。この時は上記MUST条件を満たした人は原則として採用する。

どちらのケースでもあり得る「人員不足」となった場合にどうするかを決める必要がある。これについてはいくつかの方法が考えられる。

1つは再募集である。中途採用を含めて他社に応募して採用されなかった人を募集することである。

2つ目は、採用できるまで自社従業員ではなく、他社のパワーを用いることである。派遣社員、業務外注といったことである。これはいずれ従業員を採用できた時にやめることが原則である（だからテンポラリーでの契約とする）。しかし、この「契約切れ」がパブリック・リレーションズに与える影響が大きい。「採用できるようになる」ということは労働供給（就職したい人数）が需要（総募集人数）を上回っている不景気の時であり、その契約切りは失業、倒産といった悲劇を招き、派遣切り、下請切りといった形で社会から非難されるリスクがある。そう考えると自社ではできない仕事をアウトソーシング、アライアンスするという形で、人手ではなく能力を求める時以外は非常に危険な手と言える。

3つ目はその採用人数をもとに長計の数字を変更することである。つまりその人数をベースとした経営目標（売上、利益）へと変える。長計はローリングしたり（毎期向こう10年分の計画を立てる）、見直しを行うことも多い。そのタイミングで売上、利益も修正することである。

4つ目は、その人員でしのぐと考え、経営目標を変更しないことである。これには2つの手を打つ。1つは生産性の伸びを上げることである。具体的には機械化、IT化といったもので、カネの投資によってこの不足する人的パワーを補う。もう1つは最後の手となる残業である。最も現実的な対応であるが、この時は組織メンバーに2つの点から納得してもらう必要がある。1つはヒトを採用しない分、「1人当たりの付加価値分配」が増えること、つまり給与がアップすることである。もう1つは次年度はなんとか採用を増やすことである。つまり1年だけしのぐということである。これを受け、次の

1年間はイレギュラーな形での採用（採用のためのパワーを大幅に増やす）を行うことを約束する。
＊　291ページ参照。

(ⅲ)　採用業務
採用という仕事に関して、経営者が担うのは次の3つである。
(a) 採用組織の決定
　採用業務を担当するチームを作ることである。
　多くの会社ではこのチームを人事部などの採用担当者で構成している。この採用業務に関し、経営塾のディスカッションでは「現場を意識した採用になっていない」「現場の欲しい人が来ない」という声が必ず挙がる。しかし現場に採用業務を任せれば、"今の現場"だけを見つめ、"今欲しい人"を採用してしまう。どうしても長い目で見ることができない。
　そこで採用組織を、経営スタッフの人事部門と現場マネジャーのプロジェクトチームとして、1年ごとにテンポラリーに組織化する。以下のようなイメージである。
・プロジェクトの責任者はボードメンバーの中の1名。
・プロジェクトの中心メンバーは人事部門の採用担当マネジャーおよび何名かの採用スタッフ。彼らはこれが本業。
・プロジェクトメンバーに現場のマネジャー（ロワーマネジャー、ミドルマネジャー）を部門ごとに選定する。
　このプロジェクトチームは募集、採用評価という2つの機能を担う。
　募集という仕事の目標は、より多くの人に応募してもらうことではなく、より多くの人に自社、自社の仕事、自社が求める人材を知ってもらうことにある。社会にいる就職希望者への情報提供、つまりパブリック・リレーションズの1つと言える。だからイノベーションリーダーの仕事であるが、これをプロジェクトチームに権限委譲する。
　現状は多くの会社が自社Webサイト、就職サポート会社などから、学生へ情報提供（募集）を行っているが、これに次の2つの変革を行う。

1つは、プロジェクトチームをリーダーとした従業員全員が行うことである。つまり募集時期には、会社の全従業員が自らの人的ネットワークを使って、足を使って、就職に関する自社情報を伝えていく。採用プロジェクトチームに各部門のマネジャーがいるのでこの人を中心として募集活動を行う。

2つ目は、専任のプロジェクトメンバー（採用スタッフ）が行う募集活動である。これはプロ野球のスカウトマンのような感じである。大学などを回り（あるいは他のプロジェクトチームメンバーに訪問してもらい）、めぼしい人には直接会って自社情報を伝え、応募の意思を確認するものである。

採用は長い目で見れば組織として最も大切な仕事の1つであり、イノベーションリーダーが変革すべき最大の仕事とも言える。そして採用という仕事のポイントは最後の採用評価より、募集活動というパブリック・リレーションズにある。

(b) 採用基準の決定

採用評価のための具体的な基準は、経営者の意向をベースとして上記プロジェクトチームで決定する。

能力主義から考えて、採用の基準は広い意味での能力である。明るさ、人柄といったものも、「人とのインタフェース能力」と考える。

採用では前述のように「今の仕事ができるか」という即戦力としての能力評価ではなく、組織に何十年といるのだから、その人が持っているポテンシャル能力に着目する。プロ野球で言えば、「今、野球がうまいか」ではなく、運動神経（基本的な運動能力）を見ることである。プロジェクトチームでこの基礎的なポテンシャル能力の項目およびそのグラビティを決め、ボードの承認を得る。ちなみに私は自著でポテンシャル能力を7つに分けている。創造力、論理性、問題解決力、集中力、信頼性、コミュニケーション力、リーダーシップである。

この能力項目、グラビティは自社のミッション、業務などを考えて設計する。たとえば創造力10、論理性7、問題解決力5、……といった感じである。

(c) 採用の決定

採用の決定という仕事は、能力評価と合否判定という2つに分かれる。

能力評価はプロジェクトチームの仕事であり、1人の応募者に対して複数の人間が行う。評価手段は面談、グループディスカッション、レポート作成、ペーパーテストといったものを、採用基準に基づいて設計する（むろんいくつかの組み合わせが妥当である）。複数の評価者はこれらの手段を用いて、各応募者を能力項目ごとに10点満点で採点する。併せて評価者はコメントを付記する（創造力9点「アイデアは豊富で、周りを刺激するものがある」）。そしてこれにグラビティを加味して計算し（創造力がグラビティ10で評価9なら10×9＝90点）、その合計点を出し、評価者の平均点を出す。この時、前述のMUST条件として"700点以上"などと決めておく。

そのうえでボードがこれら評価結果を見て、合否判定を行う。場合によってはMUST条件をクリアした人をイノベーションリーダーが面談等を行い、最終決定する。

いずれにしても最後の採用決定は、ヒトの調達の責任者であるイノベーションリーダー（経営者）が行う。

② 退職

退職は大きく3つのパターンに分かれる。1つ目は会社側が決定する退職である。これはさらに2つに分かれる。1つは懲戒免職などの組織ルールの違反によるもの、もう1つはいわゆる"クビ切り"である。前者はそのコントロールの設定がすべてであり、すでに述べた。後者は従業員ガバナンスにおいて、なんのルール違反もしておらず働く意思のある従業員の生活の糧を、特定の従業員（経営者といえども）が奪うということは考えられない。したがって本書で述べることはない。

2つ目は従業員の意思によるもの、いわゆる自己都合退職である。3つ目は定年退職である。この2つについて考えてみよう。

(ⅰ) 自己都合退職

これも大きく2つに分かれる。1つは会社側の要望によるものである。典型的パターンは「定年前に、退職金を上乗せして自主退職者を募集する」という

ものである。会社が行う事業が変わり、新しい事業への対応が難しい人に、退職金を上乗せすることで、自らで退職を判断してもらうというものである。広義のリストラである。従業員ガバナンスにおいては例外措置であるが、場合によってはやむを得ないこともある。たとえば次のようなものである。

「地方で生まれた地場会社と都市部で成長した会社が対等合併し、その本社組織を大都市に置くことにした。地場会社の経理部門でスペシャリストとしてやってきた人は、大都市の本社へ転勤してもらわなくてはならない。しかし、この人は『転勤がない』ことを条件に入社し、プライベートでは親の介護をしているため、転勤ができない。このように入社時の約束を守れない人たちには退職金を上乗せし（会社の方のペナルティとして）、そのうえで地元での適職を見つけてもらう」

事業の選択と集中を図るべく、事業売却、M&A（合併と買収）、そしてグローバル化がなされている現代企業においては、それほどレアなケースではなくなりつつある。

もう1つは完全に自分の意思で退職するものである。これに関して経営の打つ手はない。各従業員には「会社を辞める」という基本的権利が保障されている。もっと言えば、その人の能力が生かせる別のステージが見つかったら、組織は祝福以外のことはできない。

（ⅱ）　定年退職

2006年に高齢者雇用安定法が改正され、国は会社に65歳までの雇用を確保することを求めている。具体的には定年の定めの廃止、定年の引き上げ、定年後の継続雇用制度の導入という3つの方策の中から、会社が選択することを求めている。さらに2013年に改正され、65歳以下の定年を定めている会社では、希望者全員を継続雇用の対象とすることを義務付けた（従来は労使協定で対象者を限定することができた）。

これで従業員は希望すれば、65歳までは働ける社会となったのである。

多くの会社では現在60歳定年をとっている。そして経営者としての選択肢は上の3つである。しかし年功給があることを考えると定年をなくすことは考

えられない。年功給は勤務期間に合わせて支給していくもので、どこかでこれを止めないとどんどん給与は上がってしまう。つまりこの年功給をなくす時を決めなくてはならない。本書ではこれを定年と定義する。次は「定年の引き上げ」であるが、これも難しい。組織全体として60歳定年で給与設計をして、60歳までにそこまでの年功給をもらっておいて、ルール変更で引き続き年功給を受けることは、いくらなんでも不公平である。年功給の停止時期、つまり定年を変えることはできない。

したがって定年は現状のままとせざるを得ない。

ただこの考え方に従うと、年功給は勤務期間によって決まるのだから、定年も勤務期間（たとえば「入社35年で年功給停止＝定年」）で行うべきである。そうでないと入った年齢によって年功給は大きく変わってしまう。しかし上記の法律を考えると、年齢で決めざるを得ない（今後も年齢で定年をソーシャルコントロールしていくことが予想される）。そうなると入社時の年齢を年功給の設計に考慮するしかない。それが学歴による給与区分の理論的バックボーンである。高卒入社（18歳くらい）は大卒入社（22歳くらい）より4年長く勤めることができるので、年功給を多く受ける分、初任給は低く設計する。これは決して能力ではなく、年功給設計上のことである。

これを考慮に入れ、60歳定年として、以降は継続雇用というスタイルをとるのがノーマルである。継続雇用では年功給はゼロとなり、ベースは新入社員の初任給と同じで、あとは能力給、業績給が加味される。したがって、定年まで年とともに上がってきた給与は大きくダウンすることになる。

一方、退職金も年功給的要素が強いので、定年時に受け取ることにすべきである。つまり継続雇用というよりも「再雇用」という表現が妥当であり、毎年労働契約が更新される（ただし、法律で65歳までは会社側に再契約が義務付けられている）。

現行の法律、年功給を考えると、これ以外の方法をとることはつじつまが合わない。もう1つの方法である年功給をなくすことは、すでにもらっている人を考えると、途中の廃止は考えづらい。

この適用は課長、部長、執行役員など役職を問わない。ただし取締役は労働

契約を終了し、退職金をもらい、役員としての給与体系（年功給がない）となっているので、このルールは適用されない。執行役員でも同様の構造（年功給を廃止した給与体系）をとるのであれば、その定年、再雇用は適用除外とする。

役職定年（課長は50歳、部長は55歳を過ぎると役職から外す）を導入している会社もあるが、その理論的バックボーンがどう考えても見当たらない。

（2） ヒトの配分

採用したヒトを、どのように組織へ配分していくかということである。
これは次のようなステップで行う。

① 組織構造の設計

組織は25ページで述べたように、事業ごとのラインと機能スタッフという構造が基本である。

ここでラインの事業部門の分け方はミッションに依存している。お客様第一主義なら顧客別の事業部門となり、その顧客が地域ごとにセグメントされるなら26ページのような地域別の支社のような組織となる。お客様第一主義であっても、顧客が法人で業種、業態別とするのが妥当であれば、官庁事業部、金融事業部、製造事業部といった区分になる。一方「技術の××」であれば技術単位の事業部門となる。たとえば、使用技術による事業セグメントであり、IT事業部、社会インフラ事業部、省エネ事業部…といったものである。

そしてこの事業部門の長はボードメンバー＝イノベーションリーダーである。

変革時にはさらにここへ新規事業部門を入れるのが普通である。よく使われるSBU（Strategic Business Unit：戦略事業単位）はその概念である。すなわち損益責任を担う既存事業部が手を出せない「長期にわたる投資やヒト」（利益が出なくても明日のために我慢する）を必要とする事業を担当する部門である。

一方、機能スタッフは当然のことであるが、営業支援、技術支援、……といっ

た形で機能別となる。

② 各部門へのヒトの配分

各部門へのヒトの割り当てはすべてボードにて決定する。ボードメンバーは特定部門の利益代表者（自部門の人を多くしたい、人を減らして利益を出したい）ではなく、会社全体の利益を目標とする人（会社の業績が上がらなければ評価されない）である。むろん最終意思決定者はトップである。

（ⅰ） 経営スタッフ部門への配分

経営企画部、人事部、情報システム部、財務部、……といった経営スタッフへ何人配分するかであるが、これは現状をベースとするしかない。現状の人数、配置状況をベースとして経営スタッフ比率（全従業員の何％が経営スタッフか）を決定する。この限られた人数の中でなすべき仕事の優先順位（絶対にやらなければならないこと、やるべきこと、やった方がよいこと）を付けて、サポート機能によってチームを決め、その品質と生産性を上げることを目標とする。そのため経営スタッフの人事評価は、サポート機能評価と生産性評価が中心となる。むろん、経営スタッフ比率が一定なので、全従業員が増加すればその人数は増えることになる。

（ⅱ） 機能スタッフ部門への配分

これはBF比率（BusinessとFunctionの比率、つまりラインの事業部門と機能スタッフ部門の人数比）をボードで意思決定する。変革時にこの組織へ移行することも多いので現状の比率がない。そうなると、組織変更時には「エイヤ」で決めるしかない。そのうえで両者の稼働状況を見て、この比率を毎期直していく。

たとえばBF比率10％と決定してやってみたら、機能スタッフが忙しく「事業部門から機能サービスが受けられない」という声が多かったら、この比率を上げる。逆に事業部門のロワーマネジャーから、プレイヤー不足で"残業の嵐"となっているという声が多かったら、この比率を下げる。むろんこれはボード

で決定する。

　BF比率によって機能部門全体の人数が決まったら、これをそのサポートするプレイヤー（営業、設計、サービス、……）人数の比で按分する。営業マンが200人、エンジニアが300人、サービスが500人なら機能スタッフの人数を営業：設計：サービス＝2：3：5で配分していく。この比率は先ほどの稼働状況でいじることはない。

（ⅲ）　事業部門への配分

　全従業員から経営スタッフ、機能スタッフを除いた人は、すべて事業部門へ配分される。そのうえで各事業部門へ再配分するのだが、これをボードメンバーが全体最適化を考えて意思決定する。

　まずは新規事業部門（SBU）への配分であるが、これはその事業立ち上げに必要な人を見積もり、その人数分を割り当てる。このSBUの人数を引いたものが既存事業への配分である。ここでの原則は2つある。1つはボードから見たものである。これが240ページの資源配分ベクトルである。

　2つ目は現場、特にロワーマネジャーの合意である。新規事業部門を作り、かつ戦略ベクトルに基づいて配分すれば、現状より人数が減らされるチームが出てくるのは当然である。このチームは配分された人数で仕事をこなしていくしかない。262ページで述べたように生産性の向上か、それでもダメなら残業である。

　ここで現場の合意を得るには2つのポイントがある。1つは「新規事業部門が生んだ利益も既存事業部門に回ってくる」という約束である。もう1つは後で述べる予算システムとのドッキングである。つまり「人数の多いところほど目標は高くなる」ということである。そしてその目標達成によって各チームへ給与というカネの分配をするという仕組みである。さらには人数比以上に高い目標を掲げれば、その分そのチームは多くの給与分配を受けることを保障することである。ここでは「目標と人数の公平さ」、もっと言えば不公平感の解消を第一とすることである。あってはならない状況は、「声の大きいマネジャーがヒトをたくさん取り、かつ目標も低い」というものである。この不満を絶対

に出さないようにするのが目標管理と予算システムといえる。これについては後述する。

③ 部門内での配分

各部門内での各チームへの配分は、イノベーションリーダーたる部門長が行う。ただしその配分ベクトルはボードで決めておく。たとえば次のようなものとする。

・チーム編成は管理範囲に基づいて行う。つまり上司が部下を何人持てるかを設計することがベースである。これにもとづいてチーム（課など）が作られ、この管理範囲分の人数がチームに配分される。そのロワーマネジャー（チームのマネジメント）の人数が、部門長の管理範囲を超えた場合はミドルマネジャー（部長）を設ける（つまり部長を作る）。
・事業部門内で階層化（課、部）が求められる時、末端のチームは機能別（営業、設計、サービス、……）を原則とする。そのうえでロワーマネジャーにはそのチームのトッププレイヤーを充てていくことを原則とする。
・機能スタッフ部門、経営スタッフ部門が階層化する時は、そのサポート機能に応じてチームを作る。

④ マネジメントシステムの設計

配分されたヒトが、組織の中でどうやって能力を発揮していくかを設計する必要がある。実はこのマネジメントがヒトの配分の最大テーマである。ただこれは給与システムの設計を行い、その設計の下で考える必要がある。したがって、本書では給与というカネの配分と合わせて述べることとする。

2 投資＆ファイナンス計画

会社における「モノの調達」のコアは設備などへの投資、すなわち「固定資産の調達」である。この固定資産を調達するために行われるのがカネの調達であり、これがファイナンスである。またカネの面から見れば、投資は「カネの

配分」の一部と考えられる。本節では設備などへの投資とファイナンスをセットで考え、それ以外のカネの配分については次項のマネジメントシステムの設計でヒトの配分とともに述べることとする。

ここでは投資計画を考えてから、その投資に必要なカネを計画（ファイナンス計画）していく。

（1） 投資計画

投資によって得られる固定資産は、長期にわたって事業に使用されるものであり、ヒトの調達と同様に長計で計画すべき項目である。

① 現状の把握

まずは現状の決算書から、次の3つの値を計算する。

・**設備額**

現在の手持ちの設備額を捉える。B/S（貸借対照表）の「有形固有資産＋無形固定資産」（＝設備資産とよぶ）がこれに当たるが、この中で事業に使用していない資産（他社の株、長期貸付金など）を控除しておく。

・**減価償却費**

直近のキャッシュフロー計算書より、設備資産に対する減価償却費（のれん償却等は入れない）をとらえる。前期この分だけ上記の設備資産を使用したと考える。

・**平均耐用年数**

設備額を減価償却費で割って、全設備資産の平均耐用年数を求めておく。

② 投資金額

設備投資を次の3つに分けて考える。

（ⅰ） 現状設備の維持額

現状設備をその耐用年数を迎えた時点で取り替える。ここでは長計期間中、

毎期均等額の取り替えが発生し、上記減価償却費分だけ投資していくと考える（使った分だけ投資）。

（ii） 既存事業の投資額

既存事業で使用する現状設備への投資増加額を計画する。個別に見積もってもよいが（既存事業をどんどん拡大していく時）、この段階では既存事業から新規事業へシフトするヒトの分だけ投資すると考えるのがノーマルであろう。1人当たりざっと1,000万円と考え、これにシフト人数を掛け、さらに平均耐用年数を掛けて投資額を決定する。これはシフトしていく時点に投資額を計画しておく。さらに平均耐用年数の終了時に、同金額を投資額に入れる。

（iii） 新規事業の投資額

新規事業への投資額を、新規事業部門担当のイノベーションリーダーが投資時期を含めて計画する。ベースとなるのは上記の新規事業へシフトするヒトの数である。これに「1人当たりの設備投資額」を掛けて計算する。この額は当該事業についての自社の金額をベースとする。なければ他社データ、自社の類似事業などからこれを見積もる。また平均耐用年数が経過した時点で、同金額を投資額に入れておく。

この（ⅰ）〜（ⅲ）によって長計の期間内の各期の投資額を計算する。

例として254ページの長計の企業で考えてみよう（平均耐用年数は7年とする）。

（単位：億円）

	1年目	2年目	3年目	4年目	5年目	6年目	7年目	8年目	9年目	10年目
現状資産の維持額	40	40	40	40	40	40	40	40	40	40
既存事業の投資額	—	10	10	10	—	—	—	—	10	10
新規事業の投資額	50	100	200	50	—	—	—	50	30	30
合計	90	150	250	100	40	40	40	90	80	80

（2） ファイナンス計画

① 内部ファイナンス

この投資額は、まずは手持ちの現預金（流動資産にある有価証券もこれに含

める）および各期の営業キャッシュフローで賄うことを考える。営業キャッシュフローは206ページで述べたとおり「利益＋減価償却費」で求める。

利益（最終利益）は次のようにして計算する。

「各期の利益＝長計で設定した営業利益×（1－実効税率）×（1－配当性向）」

実効税率とは利益（正確には所得だが）に対する法人税、住民税、事業税などの課税比率のことである。配当性向とは税引後利益に対する配当金額の割合である。配当は183ページで考えたとおり利益の一定比率とするので、配当性向は長計期間中一定と考える。

減価償却費は前述の3つのタイプの設備資産について考える。

・現状設備の維持…長計中維持していくので、現在の減価償却費を充てる。
・既存事業への増加投資、新規事業費の投資…投資予定額を平均耐用年数で割って求める。

そのうえで投資を自らのファイナンス（手持ち現金＋営業キャッシュフロー）で賄えるかを検討する。

先ほどの例で考えてみよう。

256ページの長計および前ページの表を使って、以下のように計算する（0年目の手持ち現金は50億円。実効税率は0.4、配当性向は0.3で計算している）。したがって、利益は256ページの営業利益に（1－0.4）×（1－0.3）を掛けて計算している。

（内部ファイナンスのみ）　　　　　　　　　　　　　　　　　　　　　（単位：億円）

	0年目	1年目	2年目	3年目	4年目	5年目	6年目	7年目	8年目	9年目	10年目
投資額		－90	－150	－250	－100	－40	－40	－40	－90	－80	－80
利益		65	81	52	44	40	42	53	61	76	88
既存設備と手持ちの減価償却		40	40	40	40	40	40	40	40	40	40
既存追加設備の減価償却			1	3	4	4	4	4	4	4	4
新規事業設備の減価償却			7	21	50	57	57	57	57	57	53	50
期末手持ち現金	50	72	66	－39	6	108	211	324	397	490	592

② 外部ファイナンス
（i） エクイティファイナンス

　先ほどの表で仮に手持ち現金がマイナスとなっている期がある時は（前ページの表なら3年目）、その期の前に外部からのファイナンスが必要となる。

　上場会社で言えばエクイティファイナンス[*1]を第一に考える。しかしエクイティファイナンス（増資）は自社の意思だけでは難しい。第3者割当増資[*2]であれば、その相手（出資元）が見つかればOKであるが、ガバナンスの危険が伴う。上場会社ならやはり公募増資[*2]で進めたい。

　この増資では株の発行による（発行株数が増大するので）株価のダウンが既存株主のリスクとなる。しかし時価発行増資を考えると、時価（その時の株価）が1株当たり純資産[*3]を上回っていれば論理的には株価はその瞬間に下がることはないはずである。1株当たり純資産800円の時に1株1,000円で発行すれば1株当たり純資産は既存株主から見ると増加することになる（むろん1株当たり純資産だけで株価が決まるわけではないが）。

　ただこのエクイティファイナンス（増資）は、自社の株価の上下よりも、証券市場全体の株価のトレンドに大きく影響される。株価全体が上昇トレンドであればよいが、下降トレンドの時は証券市場は新株発行を嫌がる。証券市場は市場全体の株価が下がっているのに、さらに新株が発行されることを拒否する。

　そのため長計のような将来計画を考えるのは極めて難しいが、とりあえず手持ち現金がマイナスになる直前期にエクイティファイナンスを予定しておく。

　そのうえで発行済株数の増加により配当が大きくなるので、配当性向を変えて先ほどの計画を修正する。

　先ほどの例で2年目に50億円のエクイティファイナンス、3年目以降の配当性向を0.35にして計算してみると次のようになる。

PART II　イノベーションリーダーのオペレーション

（エクイティファイナンスをした場合）　　　　　　　　　　　　　　　　　（単位：億円）

	0年目	1年目	2年目	3年目	4年目	5年目	6年目	7年目	8年目	9年目	10年目
投資額		−90	−150	−250	−100	−40	−40	−40	−90	−80	−80
利益		65	81	48	41	37	39	49	57	70	82
既存設備と手持ちの減価償却		40	40	40	40	40	40	40	40	40	40
既存追加設備の減価償却			1	3	4	4	4	4	4	4	4
新規事業設備の減価償却			7	21	50	57	57	57	57	53	50
エクイティファイナンス				50							
期末手持ち現金	50	72	116	7	49	148	248	358	426	514	610

*1　株を発行することで資本金が増え（増資）、その現金が手に入る（ファイナンス）。このファイナンスをエクイティファイナンスと言う。一方、借金によってカネを得ることをデットファイナンスと言う。

*2　特定の人（法人も含めて）に株を割り当てる（発行する）ものを第3者割当増資、不特定多数の人から募集するものを公募増資と言う。

*3　B/Sの「資産−負債」で計算した値。会社を解散すればこの分のカネが株主の手に渡る。したがって株主資本（株主の出したカネ）とも言われる。

（ⅱ）　デットファイナンス

　エクイティファイナンスが不可の時の計画も作る必要がある。残った手段はデットファイナンスである。これには銀行借入、社債があるが、この時点ではどちらという判断はせず、借入金利だけを想定する。この金利は財務部門などのプロが想定すべきである。

　先ほどのエクイティファイナンスをデットファイナンスに置き換えて、金利を3％と想定すると次のようになる。

第 3 章　資源の調達・配分の変革

（デットファイナンスをした場合）　　　　　　　　　　　　　　　　（単位：億円）

	0年目	1年目	2年目	3年目	4年目	5年目	6年目	7年目	8年目	9年目	10年目
投資額		−90	−150	−250	−100	−40	−40	−40	−90	−80	−80
利益		65	81	50	42	39	40	51	59	73	86
既存設備と手持ちの減価償却		40	40	40	40	40	40	40	40	40	40
既存追加設備の減価償却			1	3	4	4	4	4	4	4	4
新規事業設備の減価償却			7	21	50	57	57	57	57	57	53	50
デットファイナンス				50							
期末手持ち現金	50	72	116	9	53	153	255	368	438	529	629

（ⅲ）　デットファイナンスができなかったケース

さらにはデットファイナンスができなかった場合も計画する。この時は投資計画を変えるしかない。当然のことながら、利益計算も変更することになる。たとえば次のようなものである。

変更投資額表　　　　　　　　　　　　　　　　　　　　　　　　　（単位：億円）

	1年目	2年目	3年目	4年目	5年目	6年目	7年目	8年目	9年目	10年目
現状資産の手持額	40	40	40	40	40	40	40	40	40	40
既存設備の投資額		10	10	10	—	—	—	—	10	10
新規事業設備の投資額	50	100	100	50	—	—	—	50	30	30
合計	90	150	150	100	40	40	40	90	80	80

変更ファイナンス表　　　　　　　　　　　　　　　　　　　　　　（単位：億円）

	0年目	1年目	2年目	3年目	4年目	5年目	6年目	7年目	8年目	9年目	10年目
投資額		−90	−150	−150	−100	−40	−40	−40	−90	−80	−80
利益		65	81	52	44	40	42	53	61	76	88
既存設備と手持ちの減価償却		40	40	40	40	40	40	40	40	40	40
既存追加設備の減価償却			1	3	4	4	4	4	4	4	4
新規事業設備の減価償却			7	21	36	43	43	43	43	43	33	23
期末手持ち現金	50	72	66	46	77	165	253	353	411	484	560

③　手持ち現金が余剰

手持ち現金が大きく余剰した場合について考えてみよう。

274 ページの例で 0 年目の手持ち現金が 300 億円だった場合である。

PART II　イノベーションリーダーのオペレーション

　ここでは設備投資を増加する手もあるが、その投資に見合う顧客ニーズがなければ、さらにはニーズがあってもそれを使う人がいなければ、設備投資をしてもその分利益を下げてしまうだけとなってしまう。だからといってカネを手元に置いていても仕方がない。そうなると、自社の事業にシナジーを生む会社のM&Aやアライアンスへの投資が考えられる。つまり他社の事業に投資するものである。これは株価の上昇を期待するマネーゲームではなく、自事業の利益、営業キャッシュフローを増加させるものに投資することを考える。

　2年目に100億円、6年目、8年目に200億円の投資を入れると次のような表になる。

（単位：億円）

	0年目	1年目	2年目	3年目	4年目	5年目	6年目	7年目	8年目	9年目	10年目
投資額		−90	−150	−250	−100	−40	−40	−40	−90	−80	−80
利益		65	81	52	44	40	42	53	61	76	88
既存設備と手持ちの減価償却		40	40	40	40	40	40	40	40	40	40
既存追加設備の減価償却				1	3	4	4	4	4	4	4
新規事業設備の減価償却		7	21	50	57	57	57	57	57	53	50
M&A			−100				−200		−200		
期末手持ち現金	300	322	216	111	156	258	161	274	147	240	342

　ただ、このケースではこの投資による利益増加分を見積もっておき、長計に考慮しておく必要がある。

3　マネジメントシステムの設計

　各部門、各チームへのカネの配分、および部門間でのヒトの配分を支えるものがマネジメントシステムである。経営者としてのイノベーションリーダーから見れば、マネジメントシステムはヒト、カネという資源を連係して配分していく仕組みと言える。またイノベーションリーダーは部門長としてこのマネジメントの一部を担当する。

　マネジメントシステムは以下のような形で設計していく。この変革マネジメントシステムについて書いたものが、前に述べた拙著『マネジメント3.0』で

ある。詳細はこれを参照してほしい。

（1） マネジメントシステムのフレームワーク

イノベーションリーダーが設計する変革マネジメントシステムのフレームワークは以下のようなものである。これらはもうすでに本書で説明してしまったものも多いが、ここで整理しておく。

① システム × オペレーション

マネジメントは「システム×オペレーション」という形で、2つの要素に因数分解できる。マネジメントのための「仕組み」とその「遂行」である。

マネジメントシステムについてはイノベーションリーダーがそのベクトルを提示し、詳細な設計は専門職としての人事部門スタッフが行う。一方、マネジメントオペレーションはマネジャーがこれを仕事として行う。マネジャーの中でマネジメントオペレーション対象がプレイヤーの者がロワーマネジャー、対象がマネジャーの者がミドルマネジャーである。

② 権限委譲

マネジメントにこれまで何度も出てきた権限委譲という考え方を採用する。マネジャーがマネジメントする権限は、自らの上司から委譲される。

権限委譲とは、組織の上位者が持っている権限を下位者に委譲することである。ここでは、上位者にも権限委譲される仕事の"結果"についての責任が残る。もちろん委譲された下位者にも責任はある。つまりこの責任を両者で共有することである。この責任を共有するという面から、「誰にどんな権限を委譲するか」という権限は上位者が持っているのが当然である。

マネジメントにおける権限委譲は、「本来権限者」である上位者に対して、その一部の権限に関する実行計画を下位者が提出し、権限者である上位者の了承をもってなされる。つまりマネジャーには計画作成能力が強く求められることになる。この計画を支えるのは論理性という能力である。

③ PDCA サイクル

マネジメントについて PLAN（計画）、DO（実行）、SEE（評価）の 3 段階とし、さらに SEE を CHECK と ACTION の 2 つに分ける PDCA サイクルを採用する。

④ マネジメントサービス論

マネジャーはその対象者（ロワーマネジャーならプレイヤー）にマネジメントというサービスを提供する人と定義する。

マネジャーはマネジメント対象者に計画というサービスを提供するだけではなく、その計画を 1 人で実行しうる能力がない時はこれをサポートし（例外処理）、さらには他チームのマネジャーなどにそのチームメンバーの協力を得るように調整する。

したがって、マネジャーはマネジメント対象者の DO を見つめ、例外事項、他チームや他部門との調整事項をプレイヤーからの要請に頼らず、自らその発見し、これを行うことが求められる。

⑤ 目標管理システム

多くの会社ではすでに目標管理システムを導入している。ただその目的や使い方がはっきりせず、単に「目標」を設定するだけ、さらには上司が部下へ目標を指示するものとして使っていることも多い。

ここで目標管理を「組織内すべてのメンバーが、自らの目標を自らで立て、この目標を上司と調整のうえ、組織目標と一致させる仕組み」と定義する。ねらいは、「各人が自分で考えた目標をすべて合わせれば、組織の目標になる」というものである。

（2） 予算システムの変革

この予算システムも多くの会社で導入されているが、実体は予算（あらかじめ目標を計算しておくという意味）ではなく、ノルマや努力目標となっている

ことが多い。

　目標管理システムが個人の目標設定なら、予算システムは会社における組織目標設定のためのシステムである。すなわち、組織の最終目標である利益目標をどのようにして各部門、各チームへ振っていくかというものである。予算システムにおいては237ページで述べた限界利益率を用いる。つまり下の式がそのベースである。

　（目標利益＋固定費）÷限界利益率＝目標売上

　対外的に最終的な約束となっているのは目標利益であり、これを現場でマネジメント可能な目標売上、目標経費（固定費）、目標限界利益率（平均目標売価、平均目標原価などで計算される）という数字に分解していく。

　254ページで述べたように、各事業部門では長計段階ですでにこの数値が計算されている。これを事業部門内の各部門、各チームへ次のようなステップで振り分けていく。

①　各部門で予測

各部門で次のような予測を行う。

（ⅰ）　売上予測

　売上を生む部門（営業部門がその典型）が販売価格水準（限界利益率設定時に決められている）を前提として売上の予測を行う。具体的には26ページのような会社では、各支社にいる現場の営業マンが前年度実績をベースとして担当顧客ごとに売上予測を行い、これを各アカウント（売上を計算する単位となるチーム。課、部など）ごとにそのマネジャー（アカウントマネジャーという）が積み上げる。

（ⅱ）　原価予測

　原価部門（メーカーなら工場、サービス業ならオペレーション部門、流通業なら購買部門）が原価水準を見積もり、上記の販売価格水準から予測限界利益率を計算する。

（ⅲ） 経費予測

上記2つの部門も含め、全部門が自部門で当期必要となる経費を予測し、これを積み上げる。

② 予測利益の算出

「予測売上×予測限界利益率－予測経費」で「予測利益」を算出する。

③ 予算調整

多くの場合、目標利益＞予測利益となる（逆であれば予算はここで確定する）。

（ⅰ） 売上調整

事業部門内の各アカウントに経営計画で計算した目標売上を配賦する。配賦基準はヒト（セールスマンなど）、カネ（経費）の配分比である。つまり多くのヒト、カネが配分されたアカウントの目標が高くなるということである。

そのうえでこの「配賦売上」と①の「予測売上」の調整を行う。つまりこの2つを一致させるべく努力をするということである。

たとえば、販売価格水準を変えることである。値下げによる予測売上の増大（配賦売上も上がる）、値上げによる予測利益の増大（予測売上は下がる）といったことを経営サイド（経営スタッフとしての経営企画部などが担うことが多い）と各アカウントマネジャーが調整する。あるいはこれと並行して経費調整、つまりプロモーション等のカネの増減を考え、これによる売上、利益の変化を見る。そして最後はヒトの調整である。配賦基準の最大のものは配賦されたアカウントチームの人数であるので、この調整によってアカウントの配賦売上を調整する。アカウントがヒトを減らすことで、全社としてヒトという資源が余剰になることがある。この分は新規事業部門に充てる。

（ⅱ） 原価調整

目標原価と予測原価を調整する。資材購入といった出銭の調整だけでなく、ヒトを減らして生産性を上げることで、予測原価と目標原価を一致させる。減

らしたヒトは新規事業部門に充てる。

（ⅲ）　経費調整
目標経費と予測経費の調整を行う。いわゆる経費査定である。（ⅰ）、（ⅱ）で調整した部門についても、再度経費調整を行う。

（ⅳ）　利益調整
（ⅰ）～（ⅲ）でどうしても調整できなかった場合は、経営計画の目標利益を下げることで調整するしかない。

④　予算確定
上の（ⅰ）～（ⅳ）の調整をもって予算は確定する。すなわち「各アカウントが目標売上を達成し、原価、経費を守れば事業部門としては目標利益を達成する」という仕組みを作る。ここでのキーポイントはむろん、売上予算の達成である。

（3）　給与システム＆人事制度の変革

①　給与システム変革の原則
最大のカネの分配は182ページで述べた給与分配である。ここまでですでに給与総額は設計されているので、あとは組織メンバー個々人への給与分配ルールの設計である。これが給与システムである。

この給与システム変革は大きな痛みを伴う。それはこれまでと同じ能力で、同じ仕事をやり、同じ結果を出しても、給与がダウンする人が出てくることである。給与総額が決まっている中で、各人の分配である給与システム（分配ルール）を変えれば、全員がアップすることはなく、当然のことながらダウンする人もいる。さらには付加価値分配から考えて、業績が悪い時（利益が悪い時）にこれを行えば、給与総額が減ることになり、多くの人の給与はダウンすることになる（変革しなくてもダウンする人もいたが、ダウンする人の割合が大き

くなる)。そしてこれが従業員の生活を直撃してしまう。

そこで給与システム変革では、次の2つを原則とせざるを得ない。

第1原則：給与システム変革は最終的なゴールを決めて、そこへ向かってゆっくりと少しずつ進める。

第2原則：給与システム変革は業績の良い時は大きく変え、悪い時はあまり変えない。

さらにもう1つ考えなければならないことがある。

給与システム変革のベースは付加価値分配である。これにより結果として利益と給与が比例することになる。つまり利益が2倍になれば給与総額(給与ベースと考えてよい)も2倍になる。しかし利益が半分ならば給与ベースは半分になる。といっても付加価値の一定比率を給与総額にすれば、利益はそれほど大きく動かない。付加価値に占める給与総額の割合は大きいからである。

ただ業績によって動くようになることは事実である。これを全従業員にそのまま適用するわけにはいかない。新人も経営者も同じように連動させるわけにはいかない。

そう考えれば、組織の下位層は業績にあまり反応しないようにし、上位層に行くほど反応を大きくしていくのがノーマルである。特に下位のプレイヤー層は労働組合との給与調整が必須であり、あまり大きく動かすことはできない。

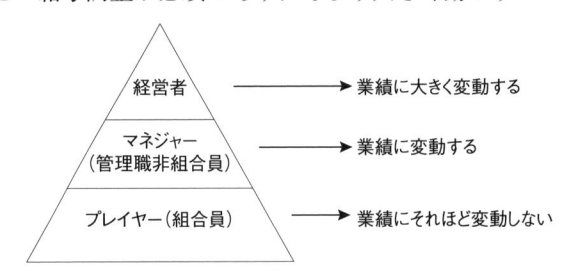

```
         経営者         ──→ 業績に大きく変動する
      マネジャー
    (管理職非組合員)     ──→ 業績に変動する
   プレイヤー(組合員)    ──→ 業績にそれほど変動しない
```

ここで問題となるのは中間層のマネジャーである。年功序列がやや薄れたとは言え、この層は年齢的に家計の資金需要が大きい。40代半ばで住宅ローン、子供の教育費を抱え…、といったものである。この人たちの給与を急に業績連動にしてしまうと、人によっては生活設計を破綻させる危険がある。しかし業績連動にしないで利益が赤字となった時は、「この層をターゲットにしたリス

第3章　資源の調達・配分の変革

トラをせざるを得ない」という悲劇を招きかねない。

そうなると第1原則に基づいてゆっくりとやるとともに、これから先にマネジャー、経営者となっていく人には、上記の給与システムに合意のうえでなってもらうようにする。

これが第3の原則である。

第3原則：変革給与システムに合意した人が、次のポストに就く。

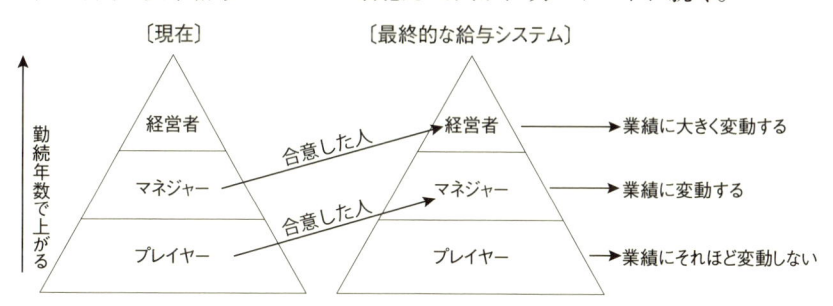

〔現在〕　　　　　　〔最終的な給与システム〕

勤続年数で上がる

経営者 ──合意した人→ 経営者 ──→業績に大きく変動する
マネジャー ──合意した人→ マネジャー ──→業績に変動する
プレイヤー　　　　　　　プレイヤー ──→業績にそれほど変動しない

②　給与システム変革のベクトル

給与システムはファイナンス同様にその道のエキスパートが細かくシミュレーションしながら（給与システムを変えると給与総額、給与分配率、利益はどう変化するか）行うべきものである。しかし経営者としてその基本的ベクトルを決定する必要がある。その基本の基本はそのルールを全従業員が合意できるものにすることである。今までの本書の内容に合意していれば、給与システムのベクトルは次のようなものになろう。

（ⅰ）　何に対して給与を分配するか

給与は組織メンバー各人への付加価値分配であるが、それが何に対して分配されるのかを設計しなくてはならない。

・時間給

働いた時間に対して分配される給与である。プレイヤー（労働法の対象）に対してはこれが法的に求められる。すなわち「所定の労働時間を決め、それを超えた分については一定のルールで支払う」というものである。

・年功給

　今期の業績（付加価値）は今期の労働だけではなく、過去の労働からも生まれたと考えられる。先人たちの作ったブランド、ビジネスモデル、ノウハウ、得意客、評判が今期の業績を生んだというものである。だから過去の累積の労働時間に給与が分配されるべきと考えるものである。さらには過去の会社が生んだ付加価値の一部が、給与として分配されず組織に内部留保され、明日のために使われている。したがって、これによって生まれた付加価値を過去働いた人（過去この分だけ給与分配を減らされた人）が受け取る権利があるというものである。これが「年功給＝長く勤めた人ほど給与が高い」ということの理論的バックボーンである。組織のメンバーがこれに反対する理由が見当たらない。

・業績給

　給与総額が付加価値（利益）の一定比率で決まるのだから、利益という業績にどれくらい貢献したかを各人の分配に考慮するのは当然である。これが業績給である。そしてこの貢献度のベースとなるのが、目標管理システム、予算システムである。すなわち「自らが考え、組織と合意した目標を達成することで、組織の目標利益に貢献する」と考えるものである。

・能力給

　この3つの給与だけでは、特にプレイヤーに2つの問題が起きる。1つは時間給から来るものである。198ページで述べたように「働いた時間で払われる」とすれば、同じ仕事を1時間で終わる人より、2時間かかる人が2倍（残業は割増されるので2倍以上）の給与分配を受けることになってしまう。そこでその個人の仕事の生産性を考慮に入れる必要がある。これが能力給の原点である。「早く終わらせることができる人＝能力の高い人」は多くの給与分配を受けるというものである。

　2つ目の問題は業績給である。個人の貢献度（個人目標達成）に対して給与が払われることがわかると、どうしても無理をしてでも目標を達成するようになり、短期的な業績ばかりに目が行ってしまう。長期的に見ると不利益なことでも短期的に目標を達成できるなら、そちらを追いかけてしまう。この問題をカバーするのも能力給である。それは各個人の能力を上げることで長期的な業

績が得られるという仮説であり、249ページで述べた能力主義である。この各個人の能力の高さに給与が分配されるのが能力給である。つまり能力を上げれば仮に短期的に業績が出なくても、給与が上がるというものである。

・その他

上記以外は「手当」という形でイレギュラーに支払われるものである。扶養手当、住宅手当といった生活給的なものや、通勤手当といった税法上非課税として認められるものである。生活給は給与分配を考えると矛盾も多いが、「和」を理念とすればその説明もつく。「子供がいて出費が多い人は、少し給与分配を多くする」ということである。むろん給与総額が一定の中で、誰かに手当を払えばそれ以外の人の給与は下がることになるが、それでも「良し」としようということである。

これらのことをベースとして以下のように給与システムのベクトルを作る。

(ii) プレイヤーの給与システム

プレイヤーの給与は基本給、残業代*、賞与の3つで構成される。

・基本給

給与のベースとなるものである。284ページで述べたようにプレイヤーの業績連動を弱くすることから、年功給、能力給をベースとして（長く勤め能力の高い人ほど給与が高い）、業績給を加味する形とする。そのためには能力ランキング（資格制度とよばれることが多い）を作る必要がある。一般職4級、3級、2級、1級といったもので、この能力ランクで基本給が決定される。昇格（上の級に行くこと）には能力と業績の要素を組み合わせる。つまり一定の能力を持ち、目標を達成した人が昇格するというものである。ここに能力評価と業績評価という人事評価が必要となる。

・残業代

基本給を所定労働時間で割って賃率（時給）を求め、法のルールに基づいて残業代を計算する。

・賞与

PART II　イノベーションリーダーのオペレーション

基本給とは逆に業績をベースとして、能力を加味するといった形とする。具体的には、目標の達成度合いに応じて、能力ランキングに基づく一定の賞与が受けられるというものである。

* 時間外手当と言われるが、先の手当の定義と異なるのでこう表現する。

（ⅲ）　マネジャーの給与システム

先記したようにマネジャーは管理職であり、一般に非組合員である。自らが自らの仕事を決めていると考え、残業代は支払われない。ここでは賞与を含めた年俸制*というのが一般的である。

年俸はやはり能力ランキング（マネジャー3級、2級、1級など）とチームの目標達成率で計算されるが、その業績連動度をプレイヤーより大きくする。

* 年度当初に1年分の給与額を決めるもの。給与支払いは毎月である。

（ⅳ）　経営者の給与システム

業績給の問題点は時間的なズレである。一般に前年度の目標達成率が今年度の給与計算のベースとなる。したがって、前年度の業績が良くて今年度になって急激に悪化すると、今年度の給与が大きく増え、利益は大きく下がることになる。これをカバーするのが経営者と言える。今期の給与総額からプレイヤー、マネジャーの給与総額を引いたものを原資として、それを各経営者があらかじめ決められた比率（社長執行役員、専務執行役員、常務執行役員、ヒラ執行役員というランキング）で分配する。

（ⅴ）　退職金

退職金は年功給の後払いと考える。そしてこの仕組みを途中で変えることは極めて困難である。つまりルール継続しかない。これから入ってくる人だけルールを変えることも考えられるが、そうなると先輩社員よりこの人たちの方が年収が高くなることもあり（退職金を先払いするので）、不公平感が生まれてしまう。

これら給与システムのシミュレーションは、前述のように給与設計のプロがしっかり行う必要がある。

（4） 人事評価システムの変革

① 人事評価の目的

イノベーションリーダーから見て、人事評価は次の3つの目的を持つ。

・**公平な給与配分**

前記のとおり、従業員個々人への給与分配に業績給、能力給があることから、業績評価、能力評価という2つの人事評価を必要とする。この評価結果に基づいて給与が分配されるということである。

ここでの人事評価システムの"ものさし"は「公平さ」以外にない。人事評価もマネジメントであるから「システム×オペレーション＝結果」と因数分解して考える。この結果の公平さを担保するのはオペレーションではなく、システムである。つまり、できる限りオペレーションによるブレをなくすように人事評価システムを設計しなくてはならない。

・**人員配置の CHECK & ACTION**

各メンバーのポジションを決める人員配置は、イノベーションリーダーの権限委譲を受けたマネジャー（直属の上司）によってなされる。この人員配置という仕事を評価する（適切に配置されているか）のも人事評価の目的である。評価には当然のことながらその"ものさし"となる目標が必要であり、そのためにマネジャーが計画を作ることが必要となる。この計画に書かれた配置でねらいどおりの業績を上げたか、能力を高めたかを CHECK し、次回はどのような人員配置をすればよいか（人事異動）を考える（ACTION）。

・**組織力向上＝人材育成の PLAN**

組織としての能力は、各個々人の能力の和とそのシナジーからなっている。イノベーションリーダーは各人の人事評価を通して、この組織能力を評価する（CHECK&ACTION）。そしてこれを次に述べる人材育成の PLAN へと生かしていく。

PART II　イノベーションリーダーのオペレーション

② 人事評価システムのベクトル

（ⅰ）目標管理システム

　人事評価システムのベースとなるものは目標管理システムである。すなわち自分が立て、組織と合意した目標をものさしとして、それを達成したかを評価するものである。ここでのポイントは「目標」である。いかにこの目標に上司・部下双方が合意するかである。そして目標が決まれば、誰がやってもできるだけ同じ評価結果になるように人事評価システムを考えることである。

（ⅱ）評価者

　誰が評価するかである。これは被評価者（評価を受ける人）の上司、つまりその人のマネジメントを担当している人しかない。①の目的で述べたとおり、人事評価は人員配置のCHECK&ACTION、人材育成のPLANでもある。つまりこの3つはセットで進めるべき仕事である。そう考えればこのマネジメントを担う人以外にない。

　しかしこうなると組織に多くの評価者が存在することになり、メンバーから「評価者（上司）によってブレがある」という意見が必ず出る。これをプロテクトする方法が2次評価である。2次評価とは評価者の上司が同じ被評価者を重複して評価することである。つまりプレイヤーの評価を課長がやるだけでなく、部長も行うということである。

　これは取り入れるべき手法である。プレイヤーに関する評価情報は課長が一番持っているはずである。だからプレイヤーの評価は課長がやるべきである。2次評価で着目すべきはプレイヤーではなく、その上司（課長）である。2次評価を部長が課長の「人事評価という仕事」を評価すると考える。これは業績評価でなく、能力評価である。つまり課長の「人事評価という仕事を公平にやる能力」を対象として、部長が評価する。そしてこの課長の人事評価は当然、その人の給与、昇格へも考慮される。

　人事評価は被評価者（上の例ではプレイヤー）と評価者（課長）の共同作業である。そしてその結果は被評価者の給与、さらにはビジネスマン人生（配置、昇格など）を決めることになる。そう考えると、この共同作業の相手である評

価者の給与、ビジネスマン人生をも決める形にしないと被評価者側に不満が出る。

評価者の人事評価のポイントは「被評価者との目標の合意性」にある。これが予算システムの中で最も困難と言える予算調整という仕事の精度を上げる。目標の調整は互いに真剣勝負とすることである。

多面評価という仕組みを併用している会社も多い。これは「上司が部下を評価する」というスタイル以外のものを総称している。その典型は「部下が上司を評価する」というものである。ただこれをそのまま「上司の人事評価」に取り入れるのは乱暴である。上司は人事評価の教育を受けて、仕事として部下の評価を行い、自らもその仕事の評価を受ける。一方、部下はなんの教育も受けず、さらに難しい「部下が上司を評価する」という仕事を担い、その評価結果に対してなんの責任も負わない。こうなるとどうしても被評価者としての感情（良い評価をしてくれなかった、してほしい）が評価を左右していく。

取り入れるのであれば、使用目的は2つ考えられる。1つは先ほどの課長（評価者）の人事評価の参考情報として部長（評価者の上司）が使うということである。もう1つはコントロールで述べた「目安箱」である。つまり人事評価の不公平さ（ルールどおりやっていないなら不正）を通告してもらうものである。こう考えると多面評価とは言わず、「あなたの人事評価について率直な意見を聞かせてください」というアンケート調査になろう。

(ⅲ) 相対評価、絶対評価

相対評価とは他の人の評価結果が自らの評価に影響を与えるものであり、絶対評価とはその影響を受けないというものである。現在、多くの会社では相対評価を取り入れている。その理由は2つある。1つは、人事評価結果はその人の給与に直結するので、上司としては「部下の給与を上げてやりたい」という気持ちが必ず働くことである。ここで絶対評価にすると皆が好評価となり、給与総額が増大してしまう。2つ目は、「評価のバラツキ」である。絶対評価では評価者は1人（2次評価でも2人）であるが、相対評価は「評価調整」とい

うことが必要となり、結果として評価者は複数人となり、そのバラツキが減る。

しかし、相対評価の最大の問題点は目標管理を意味のないものにしてしまうことである。人事評価のポイントは目標の合意であり、その目標を達成すればどういう結果になるか（給与、昇格、……）が計画時点でわかっていることである。これが相対評価ではできない。自分がいくらがんばって目標を達成したとしても、他人も高評価なら、その果実が実らないことになる。

ここでイノベーションリーダーが目指すべきベクトルは絶対評価である。ただし、この実施には3つの条件がある。1つは目標管理システム、予算システムの充実である。すなわち各自が合意した目標を達成すれば組織目標である利益目標を達成し、給与総額も上がるということが担保されている必要がある。そしてこの目標をベースとして絶対評価を行う。2つ目は、前述の「上司が部下に行う人事評価」という「仕事」を、人事評価する仕組みを取り入れることである。3つ目は、評価者に対して教育を行うことである。その教育を通して人事評価という仕事をプロとしてやる「意識」（ノウハウというよりも）を持たせることである。

この3つによって上記「相対評価を導入する2つの理由」を排除する。

1つ目は、部下の給与が上がるように甘く評価すれば、2次評価で自らの人事評価という仕事の評価が下がり、上司自らの給与が下がってしまうことである。

2つ目は、人事評価のポイントが評価をする前の目標調整にあることを知り、この目標調整＝予算調整がプロとして担う仕事であることを知ることである。これによって評価のバラツキを小さくする。

つまり絶対評価への移行は、他のマネジメントシステムの変革が終わって、最後の最後に行うべきものといえる。

③　人事評価システムのフレームワーク

人事評価システムの細部の設計も、やはりその道のプロフェッショナルが行うべきである。経営者としてはそのフレームワークを提供する。人事評価システムも給与システム同様に3階層に分けて考える。

第3章　資源の調達・配分の変革

（ⅰ）　プレイヤーの人事評価システム

前述のとおり業績評価と能力評価に分けて行う。

（a）業績評価

次の4項目を考える。

- **個人業績評価**

  個人の業績は、その人の仕事の目標に対する結果である。つまり業績評価は個人の目標管理の中心と言ってもよい。この項目はその人の仕事によって異なる。売上、原価、作業時間、作業量といった直接的な目標だけではなく、顧客のサービス評価といった定性的な目標でもよいが、数値化しておく必要がある。

- **チーム業績評価**

  プレイヤーが所属しているチームの業績を、各人の評価対象に必ず入れる。これはチームの予算目標（売上、原価、経費、時間）の達成度合いで評価する。

- **チーム貢献度評価**

  チーム業績に個人としてどれくらい貢献するかを目標管理に入れ、評価する。

- **プロセス評価**

  その仕事の結果だけでなくプロセスを評価しようとするものである。これによって前記した「結果ばかりを追いかける」という問題点をヘッジする。プロセス評価にはそのものさしとしての行動計画が必要となる。「行動計画どおり行動したか」である。

（b）能力評価

能力評価は目標管理システムによってすべて行うのだが、これを給与、昇格に用いるのであれば、組織としての標準的なものさしが必要となる。287ページで述べた能力ランキングである。たとえば次のようなものである（セールス職の例）。

PART Ⅱ　イノベーションリーダーのオペレーション

職種	ランク	対象業務	レベル	対象業務	レベル	対象業務	レベル	対象業務	レベル
セールスマン	6級	取引条件折衝	D						
	5級	取引条件折衝	C	販売情報収集	D	顧客情報収集	D		
	4級	取引条件折衝	C	販売情報収集	C	顧客情報収集	C	与信	D
	3級	取引条件折衝	B	販売情報収集	B	顧客情報収集	B	与信	C
	2級	リテールサポート	C	与信	B	商品決定	C		
	1級	リテールサポート	B	商品決定	B				
セールスリーダー	3級	取引条件折衝	A	与信	A				
	2級								

レベル	定義
A	マネジメントができる。
B	人に教えられる。 マニュアルを開発できる。
C	1人でできる。
D	マニュアル、指導下でできる。

この項目をベースに本人と上司で調整して目標を立てていく。

(c) ウエイト調整

　人事評価の総合点を出して数字にしておかないと給与分配には使えない。そのためには各項目のウエイト調整が求められる（イメージは264ページの採用評価で述べたとおりである）。

　ここでイノベーションリーダーはそのベクトルを提供するのが仕事である。プレイヤーレベルではまず業績評価と能力評価のウエイトを決めなくてはならない。これは284ページで述べたように業績連動を小さくするために、「業績評価＜能力評価」とする。さらに業績評価の4項目のウエイトを決める。仮にチーム業績評価以降の3項目のウエイトを上げれば「和」の要素が強くなる。個人業績評価を上げれば「がんばった人にはがんばったなりの」という成果主義の色が濃くなる。

　イノベーションリーダーがベクトルを指示し、人事部門がそれをもとに給

与がどうなっていくかをシミュレーションして調整する。

(ⅱ) マネジャーの人事評価システム
これも業績評価、能力評価に分けて行う。
(a) 業績評価
・**チーム業績評価**
　前述のとおりチーム予算目標の達成度合いである。
・**部門の業績評価**
　所属している部門の業績目標達成度合いも考慮する。
・**会社全体の業績評価**
　会社全体の業績目標達成度合いも必ず入れる。マネジャーは管理職であり、組織の代表という意識を持たせる。
・**部門および全社の業績への貢献度**
　プレイヤー同様に、部門および全社の業績へどういう形で貢献するかを目標管理に入れ、これを評価する。
・**プロセス評価**
　マネジャーとしてのマネジメントプロセスも評価する。したがってマネジャーにも行動計画が必要となる。
(b) 能力評価
　このためにマネジャーについてもプレイヤー同様に能力ランキング表が必要となる。この項目にはチームリーダーとしての日常のマネジメント以外に、人事評価、人材育成というマネジメント項目も入れる。

(ⅲ) 経営者の人事評価
経営者（ボードメンバー）の評価項目はたった1つ、全社目標の達成度である。

④ 昇格システム
これまでのものは期間ごとの人事評価であるが、能力ランキング表にあるラ

ンクのアップシステム（昇格システム）を設計しなくてはならない。

（ⅰ） 通常の昇格

能力ランクの昇格については、前述のとおり能力評価および業績評価を用いる。業績目標を達成した人のうち、次のランク（3級の人なら2級）の能力項目を満たしていることを上司が1次評価する。これだけではどうしても上司によって不公平になってしまうので、2次評価を部門長であるイノベーションリーダーまたはそのスタッフとしての人事部門が行う。この昇格評価の結果で前述の基本給が決定する。

（ⅱ） ロワーマネジャーへの昇格

プレイヤーの2級から1級といったものではなく、プレイヤー（一般職）からロワーマネジャー（管理職）への昇格は、次のようなフレームワークとする。

（a） 資格とポジション

ロワーマネジャーはチームのリーダーであり、チームの数だけ必要となる。チームの数は271ページで述べたとおり管理範囲をベースとして設計されるが、流動的な要素を持っている。だから新しいマネジャーが必要となるたびに、プレイヤーの中からマネジャーを選んでいくのは好ましくない。「マネジャーを担いうる人」をプレイヤーの中から選んでおいて、状況に応じてマネジャーというポジションに就くという形が現実的である。これがよく使われる「資格」（マネジャーというポジションに就く資格がある）という言葉の意味である。

したがって、マネジャー資格を持っている人はマネジャー以外にも存在することになる。この人を「スペシャリスト*」と表現することが多い。つまりマネジャー資格を持っているのだが、マネジャーではなくプレイヤーの人である。

このマネジャー資格を持った人は労働法の制約を考えると、すべて管理職（非組合員）と定義しておくべきであろう。つまり給与は年俸制になり、残業代はなくなる。これにはもう1つの意味がある。それは39ページで述べ

たように「マネジャーからプレイヤーへ」という道を用意しておかないと、組織運営ができないからである。これを「降格」ではない方法を考えなくてはならない。そのためマネジャーとスペシャリストを合わせて「リーダー」などと表現し、リーダーを管理職扱いとして、組織をフレキシブルに保っていくことが求められる。

* 従来はこれを管理職に対して専門職とよんでいた。しかしここではこの人をも法的には管理職とするので、「スペシャリスト」と表現する。

(b) 昇格評価

リーダー昇格のための評価項目は3つとなる。1つはトッププレイヤーである。マネジメントに例外処理(プレイヤーができない仕事をやる)が求められることを考えると、リーダーはプレイヤーの能力ランキング表をすべて満たしていることが求められる。これについては現在の直属の上司が審査する。つまり昇格には上司推薦が必要となる。

しかし、変革時には必ずしもそのチームのトッププレイヤーたるリーダーをマネジャーにすることができないこともある(新しいマネジメントを担う適任者がそのチームにいない)。それでもこの条件を付けることがチームとしての規律を作る。たとえば、エンジニアのトッププレイヤーがマネジャー資格を取り、セールスのマネジャーを担うといったものである。他分野であっても、その組織のトッププレイヤーならチームメンバーは彼について行く。

2つ目は「本人がリーダーになりたいか」である。ここではマネジャーとスペシャリストの道があり、リーダーになっても部下を持つマネジャーでなく、プレイヤー(スペシャリスト)のままの道があることを伝える。そうすれば、ほとんどの人はこのリーダー昇格に手を挙げると思う。

3つ目は、当然のことながらリーダーとしての条件(インテグリティ、能力、……)を満たしているかである。これについては部門長であるイノベーションリーダーが人事評価を行う。この設計については拙著『マネジメント3.0』を参考にしてほしい。

（ⅲ）　経営者への昇格

これについてはこれまで述べてきたとおりである。経営者＝イノベーションリーダーである。

（5）　人材育成システムの変革

①　人材育成のベクトル

イノベーションリーダーは人材育成に次のようなベクトルを持つ。

（ⅰ）　組織目的

能力主義を前提とすれば「人材育成＝従業員の能力向上」は、会社という組織の目的そのものである。業績を上げるための手段でない。人材育成の目標は能力向上であり、その向上度を図る1つのものさしが業績である。

（ⅱ）　人材育成へのカネの分配

人材育成は組織の目的であるので、そこで必要とするカネは費用（出ていくカネ）ではなく、手元に残るカネ（付加価値）の分配である。したがって、その分配比率を給与分配率のように一定にしておくか、設備投資のように投資額を見積もり、あらかじめ株主などのステークホルダーの了解をとっておく必要がある。そのタイミングは長計承認の時である。

（ⅲ）　マネジメントの一環

人材育成はマネジメントの一部である。したがってそのシステムは経営者および経営スタッフで作成し、そのオペレーションをマネジャーが行う。人材育成は組織の第1目的であるので、マネジャーの第1の仕事であり、この仕事を遂行するために人事評価システムを必要とする。というよりも人事評価システムは人材育成システムの一部と言ってよい。部下の能力を上げることが上司であるマネジャーの仕事であり、人事評価の目的である。したがって、マネジャー自身の人事評価の最重要項目は人材育成マネジメントであり、部下の能力をど

れだけ上げたかである。

② 人材育成の手段
人材育成は大きく次の2つの手段に分かれる。

（ｉ） 人員配置
仕事をすれば能力が上がる。人材育成の最大の手段は「仕事をすること」である。組織の目的が能力向上にあるというのはこういう意味である。

組織設計の基本も、どういう組織にすれば従業員の能力が上がるかであり、マネジャーによる人員配置マネジメント（誰にどんな仕事をやらせるか）のベクトルも、249ページのとおり「業績よりも能力が上がるポジションに就ける」である。

ここでの人材育成は能力開発と考える。つまり能力の顕在化である。従業員がすでに持っている能力のうち、未だ使われていない部分を新しい仕事をやらせることで顕在化（開発）していくことである。

新規事業開発もそのためと言ってよい。業績が伸び悩んでいるから新しい仕事を見つけるのではなく、今まで以上に組織能力を発揮するために、未だ使っていない組織能力を生かすために、新しい事業にチャレンジする。

つまり次のように考えることである。

「我が社の能力からして業績はこんなものではない。もっと能力を生かせる事業がある」

（ⅱ） 教育
人材育成の手段のうち人員配置以外のものを教育と言う。教育は次の3つに分かれる。

（ａ） OJT（On the Job Training）
仕事をやる時にコーチ（OJT指導員）をつけるなどして、教育していくものである。組織における教育のコア部分である。ここで大切なのはコーチであり、彼にこれが「組織から与えられた自分の本業の1つ」であることを

PART II　イノベーションリーダーのオペレーション

理解させる。したがってコーチ自身の目標管理に OJT という仕事を入れ、目標を作り、それをもって人事評価する。つまり指導相手の能力をどれだけ上げたかが、コーチの受ける人事評価となる。そしてコーチがうまくできた人は、それをメインの仕事とするマネジャーへと昇格していく。

(b) Off-JT

勤務時間中に、コミットメントされた仕事を止めて教育を行うものである。セミナーなどがその代表である。ここでのポイントは、Off-JT はイレギュラーな手段ということである。つまり人材育成の最後の手である。人材育成マネジメントのレギュラー手段は、人員配置とその新しいポストの仕事ができない時の OJT である。

Off-JT をイレギュラー手段とすべき理由は 2 つある。

1 つはカネがかかることである。他の人材育成手段に比べ格段の差がある。その最大のものは「受講者の仕事を止める」ということである。この時も受講者へ給与が分配されている。組織内の他の人は給与を生みだす付加価値を上げているのに、受講者はその付加価値の分配を受けて個人の能力を上げている。しかもその能力向上によって能力給という給与分配をも受ける。まずはこれを受講者に理解させることである。自らがセミナーを受けている時も仕事中であり、給与分配を受けている。

したがってセミナー受講者は受講前に能力向上の目標を上司と作り、受講後その能力評価を受けることが求められる。

さらに経営者としては公平さを保つために、受講者の選定について戦略ベクトルを持たなくてはならない。つまり誰を教育するかである。これには「あまねく型」（皆公平に）、「手挙げ型」（受けたいと言った人が受ける）、「底上げ型」（能力が低い人が受ける）、「トップダウン型」（能力が高い人から受ける）といったベクトルも考えられるが、イノベーションリーダーは「指名型」を選択する。「教育の目的から考え、組織として誰を受けさせるかを判断して指名する」というものである。その指名権限は組織代表としてのイノベーションリーダーにあるが、人材育成部門を作って、そこに権限委譲するのがノーマルである。

第3章　資源の調達・配分の変革

　Off-JT をイレギュラー手段とすべき2つ目の理由は、本来、人材育成はマネジャーの本業であるためである。セミナーなどの Off-JT は、一般にチーム内でやるのではなく、チームを越えて受講者を集め、人材育成部門がオペレーションする。マネジャーができない、個々のマネジャーがやるよりも1か所に集めた方が合理的だから人材育成部門がこれを代行するというものである。たとえば、「新しいマネジャーを育成するためにマネジャー候補生を教育する」ということは、現在のマネジャーがやることは難しい。それはマネジャーを変革するために行うのだから、今のマネジャーの OJT では教育ができないからである。

　マネジャーには本来自らが行う仕事を、自らの力不足で人材育成部門にサポートしてもらっていることをよく理解させる。「部下にこんな教育をしても無駄」と発言するマネジャーがいるのは問題外である。教育は組織として企画され、それを本来の担当である自分が能力不足でできないから代行してもらっていることを理解していない。こういったマネジャーを排除しないとOff-JT は崩壊していく。

(c) 自己啓発支援

　自己啓発とは従業員が勤務時間外に自らの意思で自らの能力向上を図るものである。したがって本来はマネジメントの対象外のはずである。しかし、イノベーションリーダーは「組織メンバーの自己啓発を支援していくこと」をマネジメントサービスの一環として行うように考える。それは組織が能力向上を目的としているのだから、当然といえる。

　この自己啓発支援には2つのものがある。1つはカネによる支援である。先ほどの人材育成投資の一貫としてこれを行うものである。通信教育の受講支援、自己啓発セミナーの開催、公的資格取得費用の援助といったものである。

　もう1つはヒトによる支援である。この支援担当者はむろんその人の上司である。この対象はプレイヤーの自己啓発が最も多いので、ロワーマネジャーがその中心となる。ここでのロワーマネジャーの役割は、キャリアプラン（これから先、組織でどんな仕事をしたいか）の作成支援である。プレイヤーの

PART II　イノベーションリーダーのオペレーション

キャリアプラン、それを実現するために欠けている能力、その能力を身に付ける方法を、プレイヤーとマネジャーで話し合い、場合によっては組織の支援を求めていくものである。つまりマネジャーによるキャリアカウンセリング (123ページ参照) である。カウンセリングは第3者が行うものであるので、ここでのマネジャーは現在の「上司-部下」という関係ではなく、自らのチームから離れた後のキャリアを第3者としてカウンセリングしていく。そのうえでこのマネジャーのキャリアカウンセリングをサポートする部門スタッフを人材育成部門に設置する。

4　情報の調達と配分

最後の経営資源は情報である。これは情報システムとコミュニケーションシステムの2つに分けて考える。

(1)　情報システム

情報システムとは組織内の各メンバーが持っている情報を組織全員で共有しようというものである。この情報システムも専門性の高い分野であり、経営スタッフとしての情報システム部門がこれを担当する。イノベーションリーダーはこれまでと同様にフレームワークとベクトルを設計する。

①　フレームワーク

情報システムのフレームワークはWeb型に変革することである。

従来の情報システムは次ページの図のような共有データベース型とよばれるものである。

データをサーバーなどの1か所に集中して持ち、クライアント (利用者) が基幹系と情報系に分けて使っていくというものである。基幹系とは、財務会計、販売管理、仕入管理、生産管理といった特定の仕事に使うものであり、情報の使い方が固定的なもの (この使い方をプログラムと言う) である。近年では

第3章　資源の調達・配分の変革

ERPパッケージといった既製品が使われている。情報系とは、マネジメントを中心としてその情報をさまざまな形に加工して使うものである。近年ではエクセル、アクセスといったパソコン向けデータ利用ツールを使うのが一般的である。

```
[情報系]                                              [基幹系]
  エクセル、アクセス    サーバー           クライアント
        ┌─────────────────────┐
    🖥   │  共有      ERPパッケージ │   🖥
  利用者  データ抽出 データベース        │  利用者
        └─────────────────────┘
```

一方、イノベーションリーダーが変革するWeb型とは、次の3つのことを原則とする情報システムである。
・データは発生したところ（チーム、部門のサーバー）で、発生した状態のまま加工せず保管する。
・利用者はデータのアドレス帳（データがどこにあるか）をポータルサイト（利用者が最初に見るページ。利用メニューが書いてある）に持っていて、必要なデータを自らで収集して利用する。
・常に一定の使い方をしている時は、情報システム部門が情報ビュー（＝情報の見方。情報利用スタイルのこと）を用意して、自らのポータルサイトでそれを指定すれば使えるようにする。

そのイメージは次ページのようなものである。

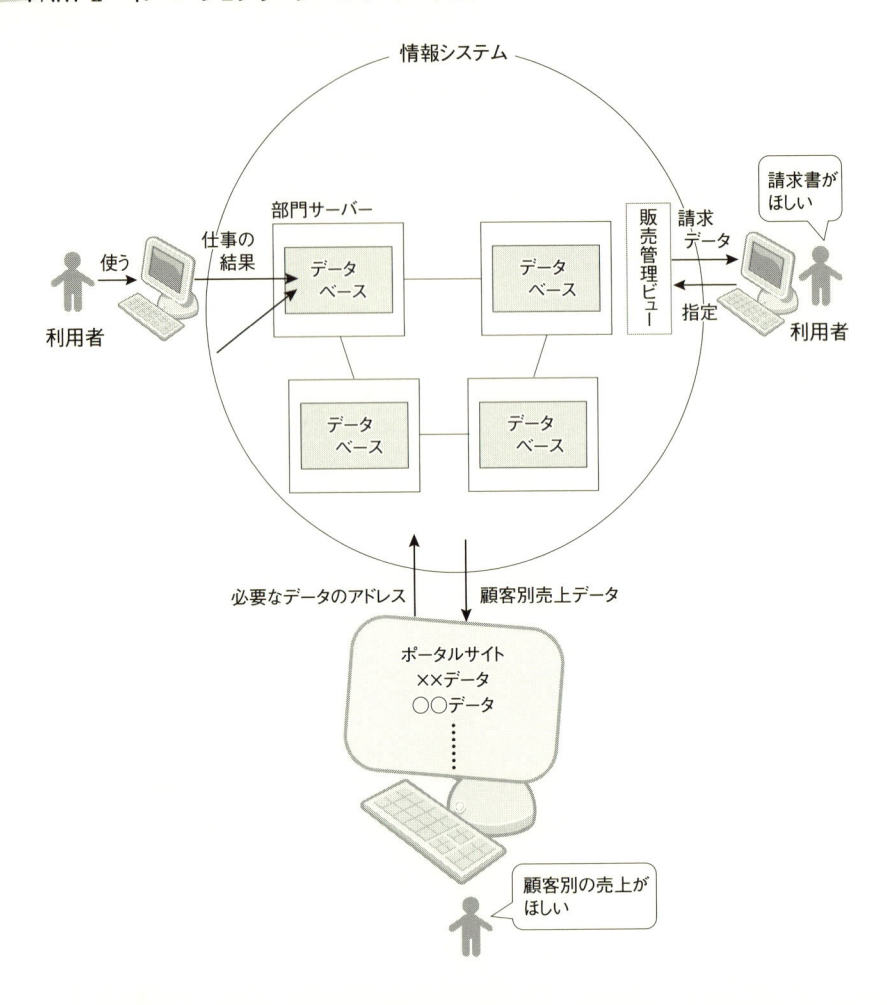

PART II　イノベーションリーダーのオペレーション

現在のインターネットと同じ構造である。すべてのサーバーが接続されており、利用者側からはこれらが1つに見え、どのデータがどこにあるのかがわかっているというものである。

ここでの情報システム部門は、利用者のサポートという部門スタッフの機能も担う。具体的には次のようなものである。

・データのアドレス管理

・ポータルサイト（メニュー）の設計（Yahoo!やアマゾンドットコムのようなイメージ。データを見つけやすいようにする）
・情報ビューの作成（特定利用者の利用スタイルを設計）

② 変革のベクトル

上記のようなフレームワークの下で、イノベーションリーダーは現在の情報システムを変革する。そのベクトルは次のようなものである。

（ⅰ）カネについて

現在の「年当たりの情報システムコスト」を情報システム部門に算出させる。ハードウェア購入費、システム開発費（使用年数で割り、年当たりとする）といったITベンダーへの支払いだけでなく、情報システム部門の人件費、設備の場所代、通信費、……といったすべてのコスト（TCO：Total Cost of Ownershipと言う）を対象とする。

これをベースに長計期間内の情報システムへの投資額を決定するのだが、これはなかなか難しい作業である。考えられるベクトルはいくつかある。1つは給与同様に付加価値の一定比率とするものである。しかし、ITの進歩（技術革新で年々コストが下がる）を考えるとやや問題がある。2つ目は、個別に投資額を見積もることである。しかしこれも誰がどうやってそれを行うかが難しい。3つ目は、1人当たり情報システム費をベースとするものである。しかしこれも情報システム費が固定費的な要素が高いことを考えると、ややつじつまが合わない。

そうなると現在の情報システムコストを長計中の年当たりの投資額としていくのがノーマルであろう。つまりこの範囲で最良のITを考えるということである。むろんこれは限度額であり、これより下げることができるのであればそうする。事務所家賃などと同様に考える。

（ⅱ）ITベンダーへの提案要求

この長計中の年当たりの投資金額から自社で発生する費用を控除し、その金

額をITベンダーへ提示する。ITベンダーにはその範囲内で上記のようなフレームワークをベースとして、具体的な情報システムを提案してもらう。家を買う時、自らの購入予算とライフスタイルを提示して、ベストな家の提案を受けるのと同じである。

(ⅲ) ITベンダーとの契約

提案書の内容を見て、自社にとって最もふさわしいITベンダーとSLA（Service Level Agreement）契約を結ぶ。SLAとは、ITベンダーとハードウエア、ソフトウエアの購入、その使用といった形で契約を結ぶのではなく、情報システムから受けるサービス内容についての契約を結ぶものである。そのサービスレベルの維持はITベンダー側の責任となる。そう考えるとクラウドサービス*のような利用形態がノーマルと言える。今後ITの進化（変化）があってもサービスレベルの維持、さらにはアップを求め、常にこのサービス提供元のベンダーをリプレース（変更する）することも考えていく。「より安く、より良いシステム」を常に求めていくことが情報システム部門の最大の目標となる。したがって、情報システム部門の人事評価はこれをものさしとして行う。

* クラウドとは雲（インターネットの絵でよく使われている）のことであるが、インターネットを使ってハード、ソフト、データなどの一括サービスを受けることをこう言う。

（2） コミュニケーションシステム

組織メンバー間の行うコミュニケーションをどのようなものにするかというベクトルを決めなければならない。

① 同期、非同期

コミュニケーションにおいて「同期」とはコミュニケーションメンバーが時を同じくして行うものである。面談、会議、電話などがこれに当たる。一方、「非同期」とは情報の発信と受信を別々のタイミングで行うものである。発信者は

第3章　資源の調達・配分の変革

情報が発生した時にこれを送り、受信者は自らの都合のよい時にその情報を受け取る。郵便、ファックスがその走りであり、現代はメール、ネットワーク掲示板（メールの宛て先を複数にしたものと考えられるので、以降はこれを「メール」と表現する）などがこれに当たる。

イノベーションリーダーは部門長として部門内のコミュニケーションツールを考える必要がある。ここには2階層のコミュニケーションが考えられる。

1つは部門長とロワーマネジャー（ミドルマネジャーも含めて）である。この関係は権限委譲であり、計画時は文書と面談、計画による委譲後はリアルタイム・アカウンタビリティであり、その中心は面談による同期コミュニケーションである（物理的に離れていればメールしかないが）。

しかし、イノベーションリーダーにとってもっと大切なことはもう1つのタイプ、プレイヤーとロワーマネジャーのコミュニケーションを設計することである。設計というよりもコミュニケーションの基本的ベクトルを作ることである。組織においては、経営者とマネジャー間のコミュニケーションより、このコミュニケーションの方がその量は圧倒的に多い。ここでのコミュニケーションスタイルが組織効率を決めるだけでなく、組織の姿をも作り、プレイヤーの仕事に大きな影響を与える。

このロワーマネジャーとプレイヤーの間のコミュニケーションは非同期を原則とする。それはマネジャー、プレイヤーともにその効率が上がるからである。

原則というのは、それ以外をとらないというのではなく、日常のコミュニケーションは非同期を基本とするというものである。トラブル発生、アイデア出し（ヒトが集まることでアイデアが集まる）などのイレギュラーなコミュニケーションは個別に対応していく。

② マネジメント効率

非同期にすることにより、以下の点でマネジメント効率が上がる。

・例外処理の効率が上がる

ロワーマネジャーにとって日常の最大の仕事はプレイヤーからの報連相（報告・連絡・相談）への対応である。このうち相談がマネジメント時間の中で最

PART II　イノベーションリーダーのオペレーション

も多い。これが例外処理である。すなわちプレイヤーが仕事をしている時にぶつかった問題に対して、マネジャーがこれを解決していくものである。この時マネジャーはこれを先入れ先出しで行ってしまう。つまり相談に来た順に処理していく。その相談内容のプライオリティは考慮していない。これを非同期に変えれば、出てきた問題をリアルタイムに見て、マネジャーの意思でその順番を決められる。「仕事の効率」は"やる順番"で決まる。

・結果が残る

　ロワーマネジャーとプレイヤーのコミュニケーションは、これが終了後、この結果に基づいてプレイヤーが行動し、しばらくして報連相がなされる。この間にリードタイムがあるため、次のコミュニケーションのスタートは過去の振り返りである。

　非同期コミュニケーションでは、過去の経緯は常にコミュニケーション結果として残っており、その情報をいつでも見られる。これによってマネジメント効率だけでなく、プレイヤーの効率も上がる。しかもプレイヤーとロワーマネジャー間の重要な問題は、その上司であるミドルマネジャー、部門長へのアカウンタビリティが求められることであるが、これもその結果を用いてノータイムで（非同期で）行うことができる。

　何月何日、誰が何を言い、その後どうなったかがすべて結果として残る。そのため「言った、言わない」「聞いていない」というコミュニケーションロスがなくなる。

　これによりマネジメント効率が上がり、管理範囲が拡大し、組織はフラットになっていく。この階層が少なくなることでさらにコミュニケーション効率が上がり、管理範囲は広がっていく。

・地域による管理範囲の制約

　従来は面談コミュニケーションをベースとしていたため、同一オフィス内でしかチームが組めなかった。これが管理範囲を小さくしていた。ロワーマネジャーの管理範囲が10人でメンバーが10人いても、これが5人ずつ別の地域で仕事をしている場合は、2チーム、2人のマネジャーを必要とした。メールを中心とする非同期コミュニケーションでマネジメントが可能となれば、地域

による管理範囲の制約が小さくなる。

③ プレイヤー効率

非同期によってプレイヤーのコミュニケーション効率も上がる。その理由は次のようなものである。そして組織で圧倒的に多いのはプレイヤーであり、この効率が組織効率向上に与える影響は極めて大きい。

・**会議の削減**

ロワーマネジャーとプレイヤーの会議はいろいろな意味で非効率である。会議はコミュニケーションメンバーが互いの都合を合わせて行われなければならない。ロワーマネジャー（1人）とプレイヤー（多数）の関係であれば、ロワーマネジャー1人の都合が優先される。多数のプレイヤーは自らの業務上、極めて都合が悪い時間帯であってもこれを調整しなくてはならない。しかも会議での情報は本人にとってなんの関係もないものでも聞いていなくてはならない。日常的なロワーマネジャーからプレイヤーへの連絡、プレイヤーからロワーマネジャーへの報連相は「会議」という手段を捨て、基本的にはメールで行う。これによって驚くほど効率が上がる。むろん、先ほど述べたトラブル対応、アイデア出しなどで意見交換が必要な時はこの限りではない。しかし、このアイデア出しなどもメールに慣れてくればFacebook、LineといったSNS＊のようなスタイルでやっていくことも可能となる。

・**仕事の効率向上**

マネジャー、プレイヤー間のコミュニケーションを非同期にしていくと、自然にチームの仕事自体が非同期になっていく。これがフレックスタイムであり、プレイヤーが最も効率の上がる時間帯に仕事をやることである。これによって仕事の効率は明らかに上がる（コミュニケーションを非同期にすることで下がる理由が見当たらない）。

・**能力向上**

皆が同期をとらずに仕事をやることは、各プレイヤーの効率アップだけでなく、能力の向上をもたらす。常にロワーマネジャーの監視下で、何かあればロワーマネジャーがプレイヤーの仕事を助け、場合によってはやってしまうこと

PART II　イノベーションリーダーのオペレーション

でプレイヤーの能力向上を妨げていることも多い。非同期にすれば、プレイヤーに仕事を任せるしかなくなる。つまりプレイヤーへの権限委譲がなされる。これによってプレイヤーの次期マネジャーとしての能力も開発される。仮に能力から言ってプレイヤーに任せることができない仕事でも、非同期によって管理範囲が広がることを考えると、「リーダー自らやる」のではなく、なんとかプレイヤーの能力を上げて、任せられるようにせざるを得ない。

* ソーシャル・ネットワーク・サービスの略。ネットワーク掲示板と同タイプのものであるが、「共有」ではなく、Web スタイルのもの。すなわち個人の掲示板と個人の掲示板をつないだもの。

④　非同期コミュニケーションの問題点

一方、非同期コミュニケーションの問題点として挙げられるのが「面と向かって話をすることが減って、なんとなく人間らしくない」というファジーな感情である。確かに非同期コミュニケーションは話したい相手が隣にいても用件をメールで送ることになる。しかし相手から見れば、仕事をしている最中に突然話しかけられたら迷惑であり、仕事が邪魔されてしまう。

もうわかったと思う。ロワーマネジャーとプレイヤーの間では、プレイヤーはこの非同期コミュニケーションに反対する理由は見当たらない。ロワーマネジャーは反対する人が多いが、その理由は自分の都合にプレイヤーが合わせてくれなくなるだけのことである。280 ページのマネジメントサービス論からいって、イノベーションリーダーなら自らの部下であるマネジャーの気持ちよりもプレイヤーを大切にしてほしい。そして「マネジャーはプレイヤーに力を出し切ってもらう環境を作ること」がマネジメントの目標であるということをマネジャーに知ってもらうことである。

エピローグ

　私は20数年間、ビジネスコンサルタントとして従業員ガバナンスの会社を外から見てきた。そして不思議に感じたことがたくさんある。

　どうしても理解できないのは、誰もなんのためらいもなく組織目標をいつの間にか「利益」という得体の知れない計算値としていることである。しかも組織内の多くの人が、その計算方法さえもよく理解していない。そのためなのか、この「利益」をなんとか出そうとして、少し信じられないような行動をとる。一緒に働いている仲間のクビを切ったり、自分たちの給与を下げてでも組織として利益を上げようとしたりする。
　そしてロワーマネジャーは自らで掲げた目標を何がなんでも、インチキをしてでも達成しようとする。その姿を部下が見て、「なんて人だろう。そこまでやるか」と思われても、いつの間にか麻痺してしまい、さほど気にしなくなる。そこまでして利益を上げても、なんの幸せもないことになぜか気づかない。
　ロワーマネジャーがこんな行動をとっていても、その上司たちは誰も注意せず、見てない振りをしている。
　もっと理解できないのは、利益を出すためなら使うカネを削ろうとする。会社は1人ではできない「たくさんのカネを使って大きな仕事をやるところ」のはずなのに、カネを減らしてビジネスサイズを小さくしても利益を出そうとする。しかもそこで稼いだカネを次の仕事に使わずに、手元へ残してしまう。今、日本中の成熟大企業で見られるキャッシュリッチ状態である。それはカネを使えば利益が落ちてしまうからである。そして「うちの会社はケチ」などと自嘲している。外から見れば自分たちが稼いだカネなんだから、もっと仕事が楽しくなるように使えばいいのにと思う。

　もう1つ不思議なのがプレイヤーを卑下していることである。プロ野球ならプレイヤーがスターであり、監督、フロントは日陰の存在である。プロ野球は

エピローグ

監督を目指すのではなく、皆スタープレイヤーを夢見て入ってくる。そしてそのプレイが体力的にできなくなって、仕方なく次の道を考える。

会社でも、新入社員はやりたい仕事を求めて入ってくるのだが、いつの間にか課長、部長を目指してしまう。しかし不思議と課長になっても、マネジメントよりもプレイをやりたがる。そして誰が決めたのか、いつの間にかカネを稼いでいるプレイヤーよりバックエンドにいる課長の給与が高く設定されている。

海外進出もそうである。皆が口を揃えて「日本のマーケットはもう限界。海外でビジネスをやるしかない」と言う。本文にも書いたが、何か戦前の大日本帝国のようである。

しかも驚くことに海外へ行って何をするかは深く考えていない。とりあえず「英語が話せる人間を育てよう」である。まさか海外へ行って、その国で日本人が稼いで、そのカネを日本へバックして、日本で働いている人たちに回そうというわけではないと思う。

私が経営塾、変革マネジャー養成塾をやらせていただいた会社では、私の疑問を受け入れて、受講者の方たちはこんなテーマについて一生懸命考えてくれた。そのディスカッションのアウトプットが本書である。

本書はこれまでの既成概念を捨て、ゼロベースで変革を進めた（進めている）会社のケーススタディである。決して変革への道筋を書いたセオリー本、マニュアル本ではない。

本書の内容を参考にしながら、これを否定し、自分たちなりの変革を目指す人への提案として本書を書いている。

前著『コーポレート・イノベーション』と同じ言葉で本書を締めくくりたい。
本書をトリガーとして、日本に「働くヒトのための新しい変革」が起こることが本書の願いである。

■著者紹介

内 山　力（うちやま　つとむ）

1955 年　東京都生まれ
1979 年　東京工業大学理学部情報科学科にてトポロジー（位相数学）を専攻。
　　　　卒業後、日本ビジネスコンサルタント（現日立システムズ）入社。
　　　　その後、退職してビジネスコンサルタントとして独立。
現　在　株式会社 MC システム研究所代表取締役
　　　　中小企業診断士、システム監査技術者、特種情報処理技術者
　　　　（URL）http://www.mcs-inst.co.jp

（著書）
『確率を知らずに計画を立てるな』『今すぐ仕事に使える「数学」』、『課長になれない人の特徴』、『「ビジネスの常識」が一冊でわかる本』、『会社の数字を科学する』、『誰でもできる！マーケティングリサーチ』、『人事マネジメントの基本』、『微分・積分を知らずに経営を語るな』（以上 PHP 研究所）、『「数学」を使えるビジネスマンはみな幸福である』（KK ベストセラーズ）、『マネジメントは「理系的思考」でうまくいく』（日本能率協会マネジメントセンター）、『マネジャーが知っておきたい経営の常識』、『IT 活用の基本』、『数字を使える営業マンは仕事ができる』、『中小企業診断士』（以上日本経済新聞出版社）、『マーケティング・イノベーション』、『コーポレート・イノベーション』、『「あなたの会社選び」をコンサルティングします』（以上産業能率大学出版部）、『マネジメント 3.0』、『ビジネスマンの数字活用力向上講座』、『ビジネスマンのナレッジ』、『組織を変革する手順』、『経営コンサルティングの基本』、『コンサルタント論』、『マネジャーのためのケーススタディブック』、『まわりから「仕事ができるね」と言われたい』、『企業の見方』、『コンサルティングセオリー』、『ソリューションビジネスのセオリー』、『ビジネスリーダーのセオリー』、『人材育成のセオリー』、『計数分析のセオリー』、『セールスのセオリー』、『会社のナレッジ』、『経理のナレッジ』、『マーケティングのナレッジ』、『IT のナレッジ』、『生産のナレッジ』、『流通のナレッジ』、『法律のナレッジ』、『経済のナレッジ』（以上同友館）、他多数

2014年4月20日　第1刷発行

イノベーションリーダー

Ⓒ　著　者　内　山　　　力

発行者　脇　坂　康　弘

発行所　株式会社　同友館

〒113-0033 東京都文京区本郷 3-38-1
TEL.03(3813)3966
FAX.03(3818)2774
http://www.doyukan.co.jp/

落丁・乱丁本はお取り替えいたします。　　　　　東港出版印刷
ISBN978-4-496-05044-2　　　　　　　　　　　　Printed in Japan

本書の内容を無断で複写・複製（コピー），引用することは，特定の場合を除き，著作者・出版者の権利侵害となります。また，代行業者等の第三者に依頼してスキャンやデジタル化することは，いかなる場合も認められておりません。

マネジメント3.0

内山 力 著

マネジメント3.0
従業員を幸せにする
日本型マネジメント

新たな時代のマネジメントを説く、
経営者・マネジャーの教科書!

温情主義の日本的経営、マネジメント1.0からアメリカ型のマネジメント2.0へと、企業経営の潮流は変化したが、しょせんアメリカ型は日本企業にはフィットせず、そこに幸せはなかった。そして今、先進的な企業はマネジメント3.0へと歩み出した!

第1章 マネジメント基本論
第2章 ガバナンスマネジメント論
第3章 マネジメントシステム論
第4章 マネジメントオペレーション論
第5章 マネジャー論

定価（本体2,200円＋税）

同友館

組織を変革する手順

疲弊した会社組織を再構築するロジック

内山 力 著

日本の会社組織は行き詰まっている!

環境変化に対処療法の「改善」で対応する日本企業。しかし小手先の改善はもはや限界を迎えている。会社組織を抜本的に再構築することが必要である。ここに、組織を変革するための考え方、手順を提案する!

第1章 ➡ 個と組織の関係を考える
第2章 ➡ 個と個の関係から組織を考える
第3章 ➡ チーム組織を設計する
第4章 ➡ チームとチームの関係を設計する
第5章 ➡ 企業組織を設計する
第6章 ➡ 企業と企業の関係を設計する
第7章 ➡ 企業と社会の関係を設計する

定価（本体2,000円＋税）

同友館